Jörg Thamer

Lahntal

Wandern für die Seele

20 Wohlfühlwege

AF649560

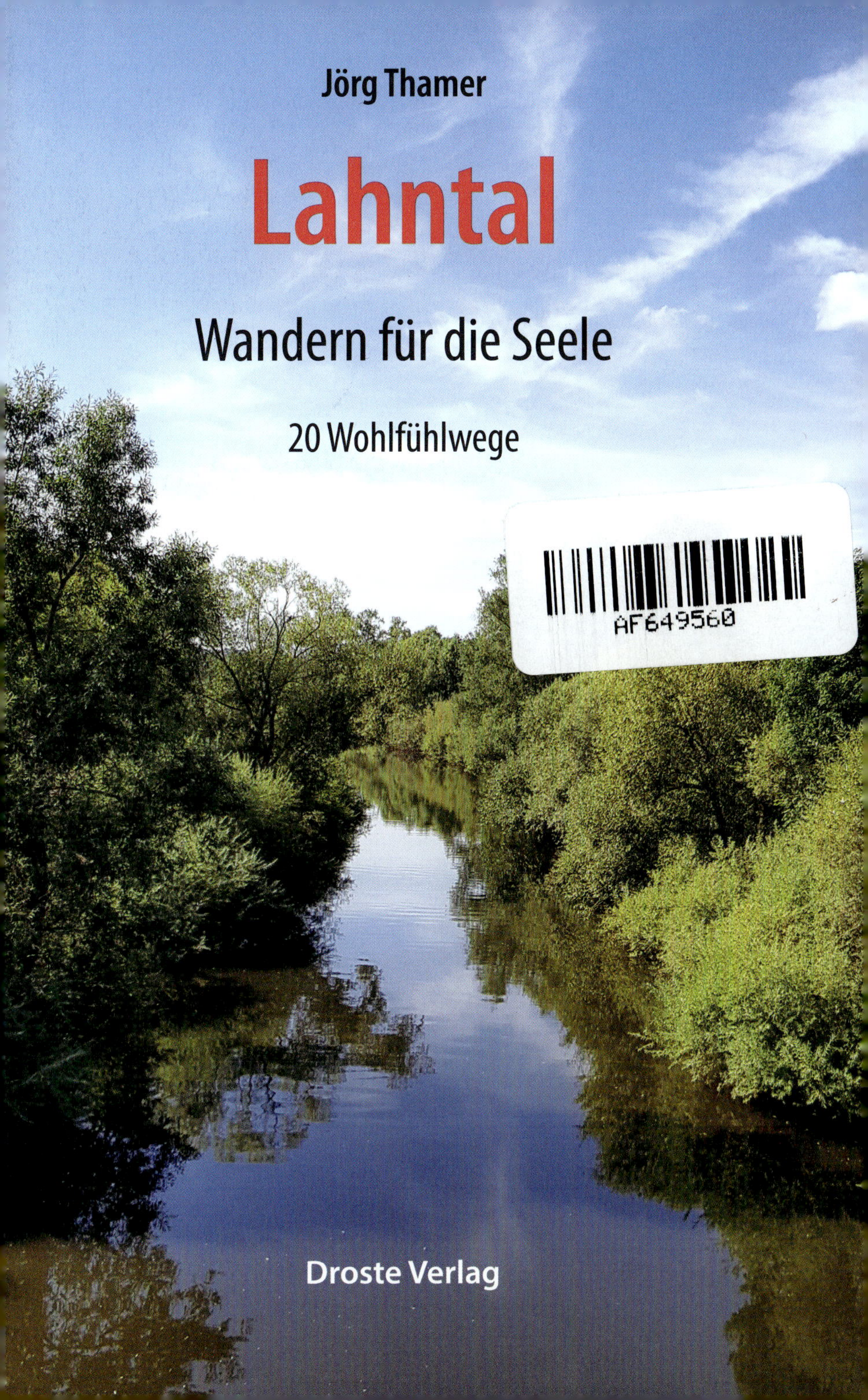

Droste Verlag

ALLE WANDERUNGEN AUF EINEN BLICK

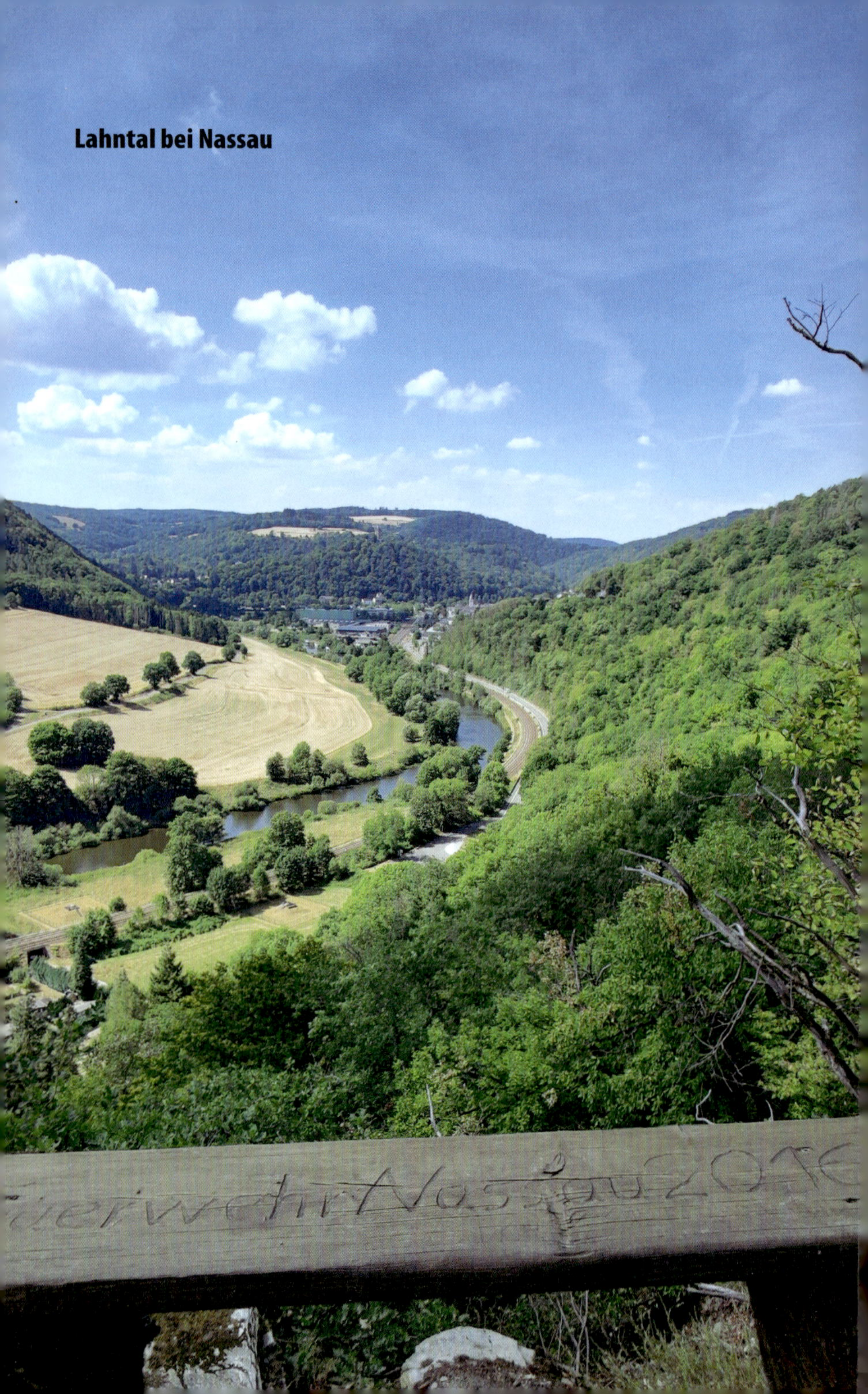

Lahntal bei Nassau

Liebe Wanderfreundin, lieber Wanderfreund,

unsere Welt wird immer hektischer und es tut der Seele gut, sich ab und an kleine Auszeiten zu gönnen. Ich möchte Sie inspirieren, dies an einem der beliebtesten deutschen Freizeitflüsse zu tun: an der Lahn!

Fröhlich glucksend entspringt sie in einem grün schimmernden Teich im Rothaargebirge. Das junge Bächlein Lahn durchfließt verwunschene Wälder und grüne Wiesen im oberen Lahntal. Der heranwachsende Fluss genießt die weiten Auenlandschaften Mittelhessens. Schließlich schlängelt sich die erwachsene Lahn, vorbei an steil aufragenden Felsen, durch die herrliche Mittelgebirgslandschaft von Taunus und Westerwald. Bei Lahnstein nimmt sie Vater Rhein in die Arme.

Die Lahn durchfließt herrlich unberührte Natur. Urige Fachwerkstädtchen, erhabene Schlösser und trutzige Burgen begleiten sie. Freundliche Beherbergungsbetriebe und gemütliche Einkehrmöglichkeiten verwöhnen nicht nur den Leib, sondern streicheln auch die Seele.

Begleiten Sie die Lahn und lassen Sie sich von ihrer Schönheit begeistern. Genießen Sie den Moment und sammeln Sie beim Wandern im Lahntal frische Kraft für den Alltag. Besinnung auf das Wesentliche, Auszeiten und die richtige Erdung – das wünsche ich Ihnen mit diesem Wanderführer.

Viel Spaß und großartige Erlebnisse beim Wandern im Lahntal!

Jörg Thamer

NATUR-INFO

KULTUR-INFO

TOUREN-/EVENT-INFO

GENUSS-INFO

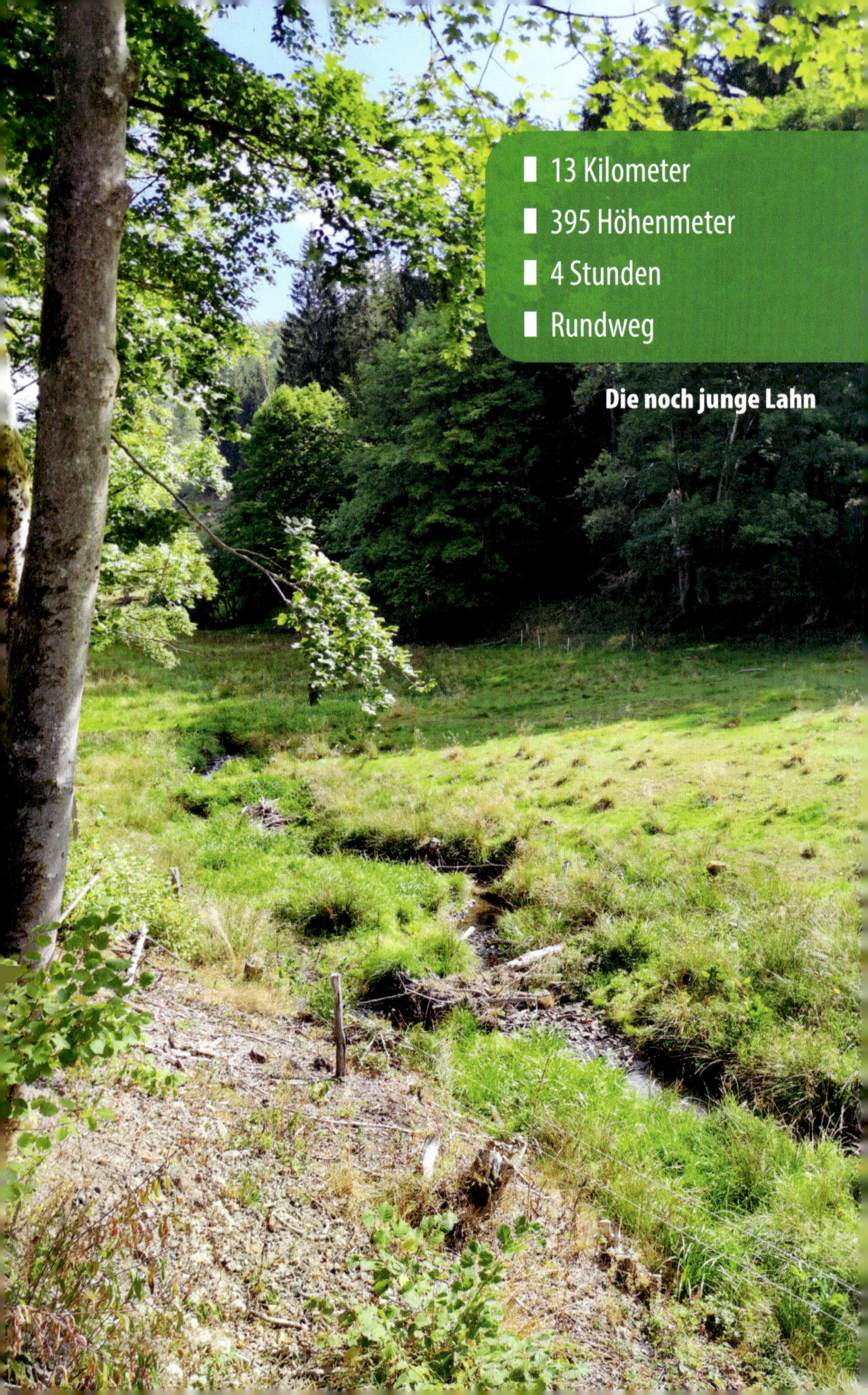

Die noch junge Lahn

Idyllische Quellen

Wo Lahn, Sieg und Ilm entspringen

Wir starten unsere Wanderung zu den idyllischen Quellen von Lahn, Sieg und Ilm am Wanderparkplatz, der direkt hinter dem **Jagdhof Glashütte** ❶ zu finden ist. Die kleine Siedlung Glashütte gehört zu Volkholz und liegt im Wittgensteiner Bergland. Vom Wanderparkplatz aus folgen wir den Wegmarkierungen des lokalen **Wanderweges A2** (weiß auf schwarzem Grund) und des **Zugangsweges des Rothaarsteiges** (liegendes schwarzes R auf gelbem Grund). Diese führen uns zunächst einige Meter geradeaus. Dann wenden wir uns nach links und schlendern durch eine kleine Talsenke, die der quirlige **Großenbach** durchfließt. Die beiden gut ausgeschilderten Wanderwege beschreiben danach eine Rechtskurve. Den in der Kurve nach links abzweigenden Weg ignorieren wir. Dafür halten wir uns kurz darauf an der nächsten Wegegabelung links und ein breiter Waldweg nimmt uns ganz gemächlich mit hinauf.

*Der Überlieferung nach wurden im Mittelalter am **Hexenplatz** rothaarige Jungfrauen gefoltert, um sie dazu zu bewegen, von ihrer angeblichen Hexerei abzuschwören. Gut, dass diese Zeiten inzwischen vorbei sind und der Platz seinen Schrecken verloren hat.*

Praktischerweise können wir uns weiter an den bekannten Wegemarkierungen orientieren, biegen weder rechts noch links ab und erreichen dann nach knapp 1,5 Kilometern den **Hexenplatz** ❷. Hier erwartet uns nicht nur eine wunderbare Aussicht, sondern auch die nach dem langen Aufstieg willkommene Rastmöglichkeit. Ein etwas unscheinbarer **Gedenkstein** erinnert an die gruselige Zeit der Hexenverfolgung.

Am Hexenplatz halten wir uns rechts, lassen ein Privatgrundstück rechts liegen und erreichen dann den **Aufmarschplatz der Kavallerie** ❸. Vermutlich im

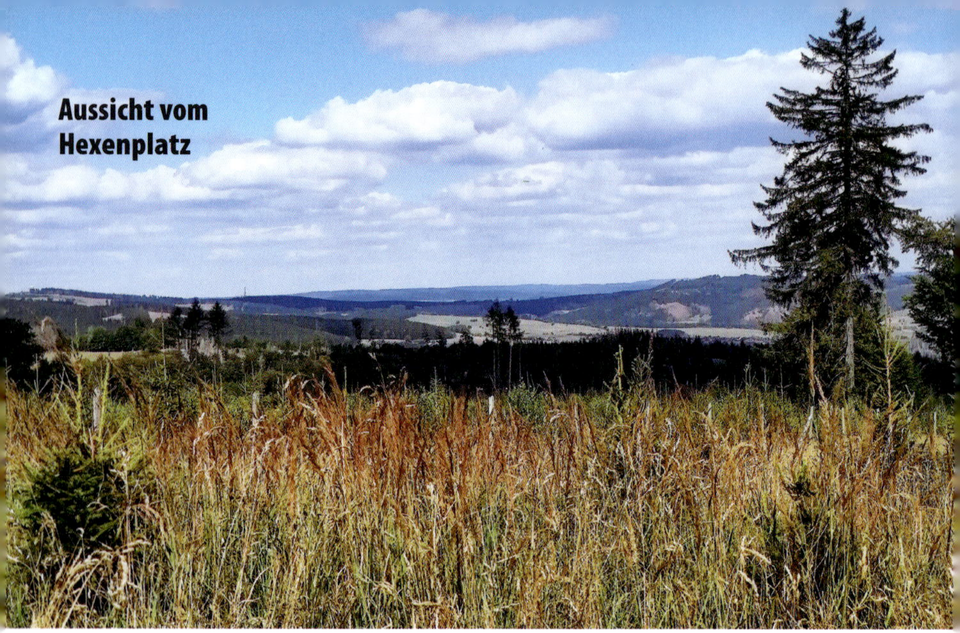

Aussicht vom Hexenplatz

Jahr 1568 marschierte die Kavallerie Wilhelms I. v. Oranien-Nassau zur Schlacht von Heiligerlee an dieser Stelle auf. Wir bestaunen nicht nur die entsprechende Gedenktafel, sondern auch zahlreiche Wegweiser zu Orten in Nah und Fern.

Keine Sorge. Das laut Wegweiser 295 Kilometer von hier entfernte Wilhelmshaven ist keineswegs unser heutiges Wanderziel. Aber die Siegquelle ist schon ganz nah. Wir wandern auf dem geschotterten Weg weiter und lassen die Ortschaft **Großenbach** rechts liegen. Nach knapp 600 Metern und weiteren herzerfrischenden Ausblicken erreichen wir die Großenbacher Straße und damit auch den **Rothaarsteig-Hauptweg** (liegendes weißes R auf rotem Grund). Um im **Landgasthof zur Siegquelle** ❹ einzukehren, verlassen wir hier unseren Wanderweg und nehmen den wenige Schritte langen Abstecher nach rechts gerne in Kauf.

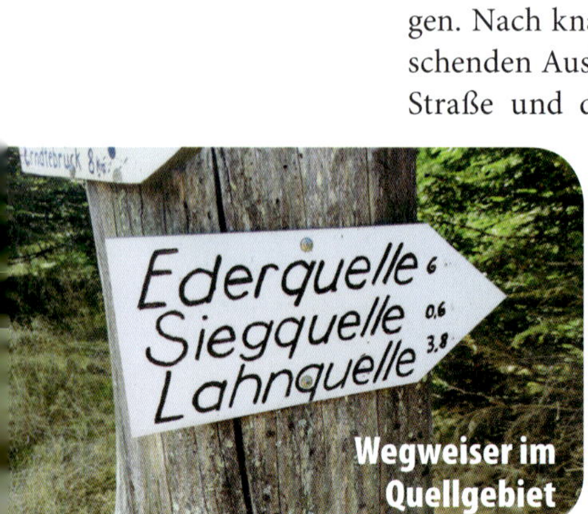

Wegweiser im Quellgebiet

Bei unserer Einkehr haben wir frische Kraft gesammelt und kehren zur Wegekreuzung zurück. Kurz dahinter führt uns der Rothaarsteig auf einem

Für die Seele

Wir wandern hinauf zu idyllisch gelegenen Quellen, aus denen das Wasser erfrischend plätschert – und das junge Bächlein Lahn führt uns wieder ins Tal hinunter.

schmalen Pfad links in den Wald hinein. Auf diesem Pfad gelangen wir kurze Zeit später zur **Siegquelle** ⑤. Was für eine willkommene Erfrischung! Über eine Holzzuleitung fließt hier das Wasser in einen großen Steinquader, von wo aus die noch spärlich fließende Sieg ihren Weg fortsetzt. Beflügelt wandern wir über einen Holzsteg weiter und überqueren die Landstraße, die unter dem Namen **Eisenstraße** bekannt ist. Bis ins Hochmittelalter wurde auf dieser Straße der Eisenhandel abgewickelt.

Auf der anderen Seite der Straße tauchen wir in einen Wohlfühlwald ein. Die Sonne wirft ihre Strahlen durch das herrlich grüne Blattwerk der Bäume. Wir

*Die gut 155 Kilometer lange **Sieg** mündet zwischen Bonn und Niederkassel in den Rhein. Ihr Name hat wohl nichts mit dem „Siegen" im Sinne von „gewinnen" zu tun, sondern könnte vom indoeuropäischen „seik" (rinnen, tröpfeln) stammen.*

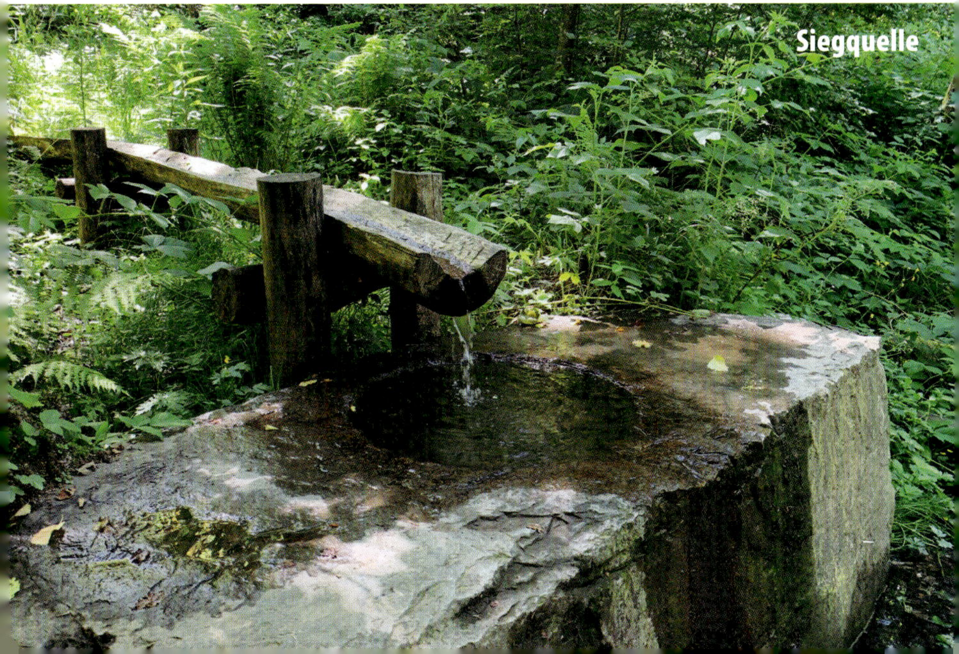
Siegquelle

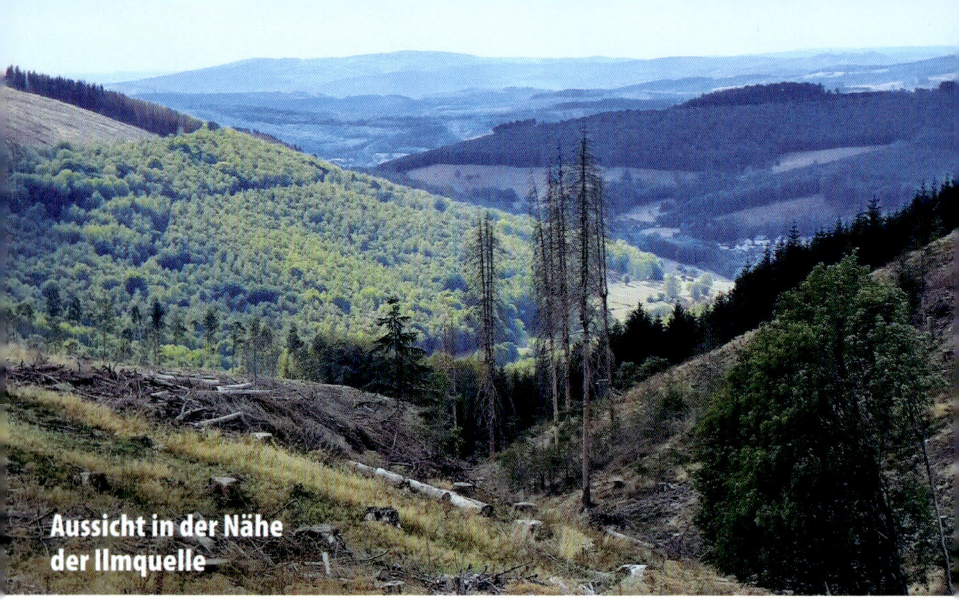

Aussicht in der Nähe der Ilmquelle

bleiben weiter auf dem Pfad des Rothaarsteiges und passieren eine einladende **Pausenhütte** an einem aufgelassenen Steinbruch. Den Weg säumen interessante wie lehrreiche Stationen eines **Walderlebnispfades.** Waldgitarre, Rindenfühler und Quellbrille laden uns zum Staunen, Fühlen und zur Achtsamkeit ein. Der gut ausgeschilderte Rothaarsteig nimmt uns nun auf die andere Seite der Eisenstraße mit. Dort bleiben wir aber nur für knapp 400 Meter.

Dann wechseln wir wieder auf die rechte Seite der Straße, wo die mit Steinen eingefasste **Ilmquelle** 6 auf uns wartet. Die Ilm ist ein nur etwa 2 Kilometer langer Zufluss der Lahn und wir werden heute sogar noch sehen, wo sie sich mit unserem Wanderfluss Lahn vereint. An der Ilmquelle wandern wir links über eine Freifläche, bis wir an eine Bank kommen.

Hier mündet der Pfad in einen Weg, dem wir nach links folgen. Gelb leuchten die Ginsterbüsche am Wegesrand. Wie herrlich es hier duftet! Nach 400 Metern biegen wir vor der Straße rechts in Richtung **Lahnhof** ab. Ein uriger Pfad führt leicht bergab. An der nächsten Freifläche wandern wir nun links wieder aufwärts. Auf diesem Weg mit prächtigen Ausblicken bleiben wir für etwa 500 Meter.

Am Ende der Freifläche, dort wo ein **Kilometerstein** des Rothaarsteiges steht, führt uns der Fernwanderweg auf einem asphaltierten Weg nach links. Kurze Zeit später überqueren wir wieder die uns schon bekannte Eisenstraße und biegen wenige Schritte später in den Pfad nach rechts ein. Auf diesem Pfad kommen wir nach kurzer Zeit zum **Lahnhof** und treffen dort erneut auf die wenig befahrene Straße.

Entlang dieser wandern wir nun bis zur **Lahnquelle ❼.** Grün schimmert das Wasser des Quellteiches in der Sonne. Gemütliche Bänke laden uns zu einer Auszeit ein. Entschleunigung pur! Und da wir nicht nur dem Körper, sondern auch der Seele etwas Gutes tun möchten, gönnen wir uns noch eine schmackhafte Einkehr im **Forsthaus Lahnquelle ❽.**

Nach unserer Pause setzen wir unsere Wanderung entlang der wenig befahrenen Straße fort. Wir passieren mit dem **Landgasthof Lahnhof** eine weitere Einkehrmöglichkeit und biegen später am **Knotenpunkt 25** nach links auf den Lahnradweg in Richtung Feudingen ab. Nach 750 Metern überqueren wir auf dem Schotterweg die noch ganz junge **Lahn**, die hier als kleines Bächlein durch ein grünes Tal mit saftigen

*Die **Lahn** durchfließt auf rund 245 Kilometer gleich drei Bundesländer. Von ihrer Quelle am Lahnhof in Nordrhein-Westfalen fließt sie einmal quer durch Hessen und erreicht dann in Rheinland-Pfalz den Rhein bei Lahnstein.*

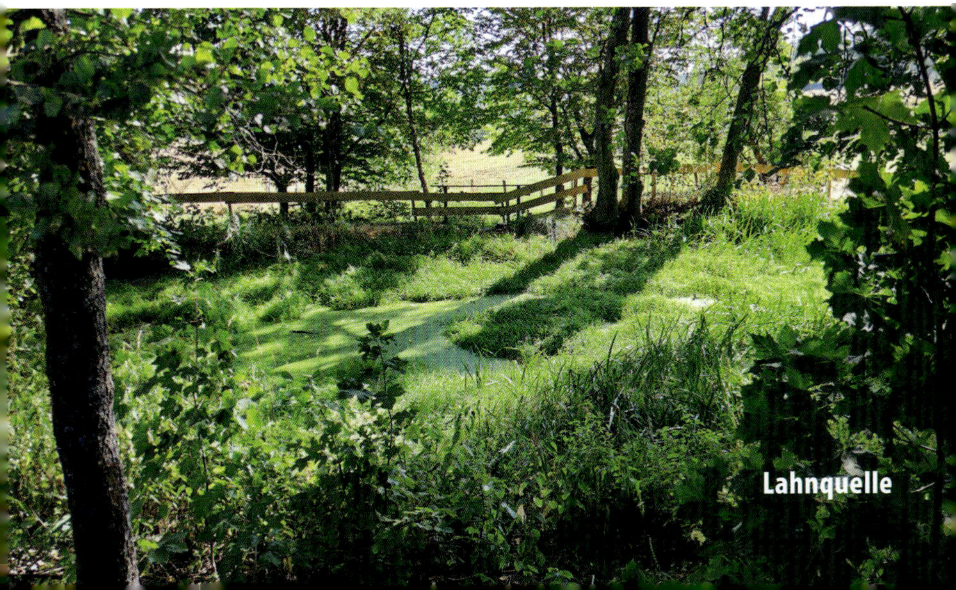

Lahnquelle

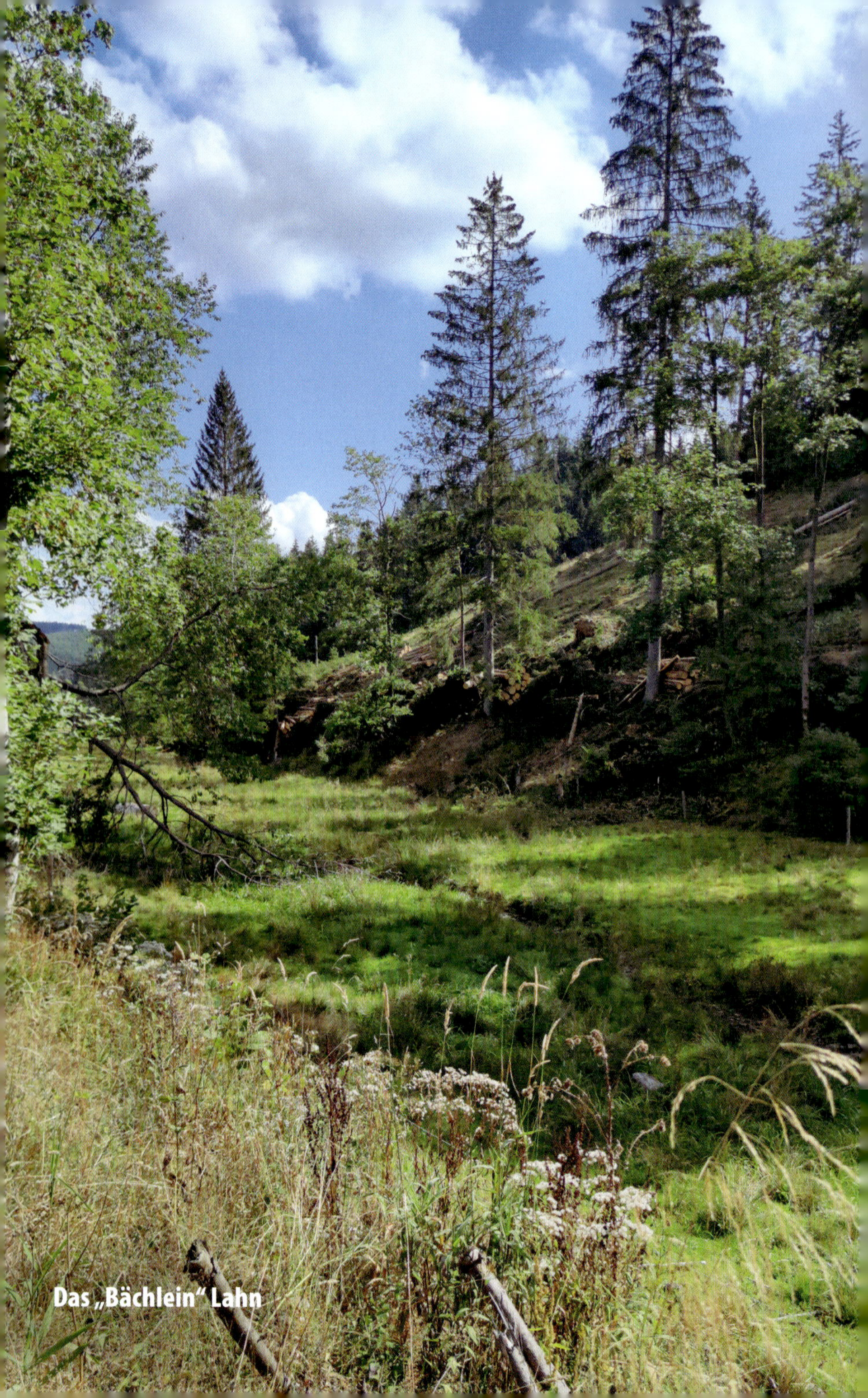

Das „Bächlein“ Lahn

Wiesen plätschert. Wir begleiten sie ab hier ein gutes Stück talabwärts.

Nachdem wir gut 1,5 Kilometer bergab gewandert sind, stößt von rechts ein Weg zu uns. Wir aber gehen geradeaus weiter, sehen rechter Hand einen Teich und links eine Schutzhütte. An dieser Stelle begegnen wir nun auch dem Bächlein **Ilm** wieder, das hier seine kurze Reise beendet und in die Lahn mündet. Wir folgen der Beschilderung des nun asphaltierten Lahnradweges und durchqueren kurze Zeit später den kleinen beschaulichen Weiler **Welschengeheu** ❾. Was für ein sperriger, langer Name für so einen winzigen Ort! Fast scheint in der, nach dem Lahnhof, ersten Siedlung an der Lahn die Zeit stehen geblieben zu sein. Nicht verwunderlich, denn Welschengeheu ist mit dem Auto nur auf der Kreisstraße 34 aus nördlicher Richtung zu erreichen und diese endet dann auch hier.

Hinter Welschengeheu biegen wir rechts auf den **Rundweg A7** ab und folgen diesem Richtung Glashütte. Wir überqueren die Lahn auf einer Brücke und halten

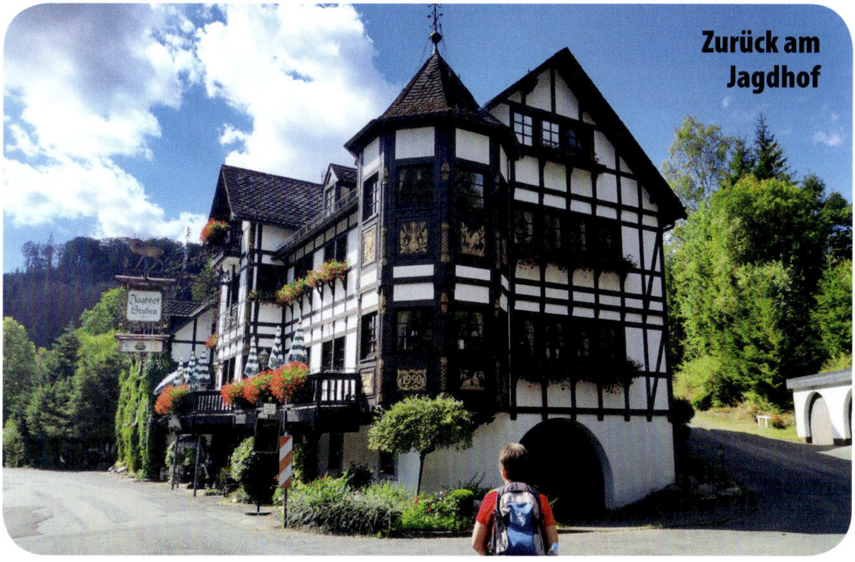

Zurück am Jagdhof

Auszeittour 1

uns dann am Waldrand links. Auf diesem schattigen Waldweg mit Ausblicken bleiben wir nun für 1,5 Kilometer. Bei **Glashütte** zweigt der A7 auf einem Pfad schräg links hinunter in den malerischen Wiesengrund ab. Hier sind wir auch wieder auf dem Zugangsweg des Rothaarsteiges. Ein schmaler Pfad führt über den Wiesengrund und eine **Holzbrücke mit Pausenbank** verführt uns dazu, weitere Auszeitmomente an der noch sehr jungen Lahn zu genießen.

Und wir sind ja auch schon fast am Ziel. Wir schlendern nun hinüber zum **Jagdhof Glashütte** mit den Jagdhofstuben. Hinter dem Jagdhof halten wir uns links auf dem Zugangsweg Rothaarsteig und sind wieder am Wanderparkplatz.

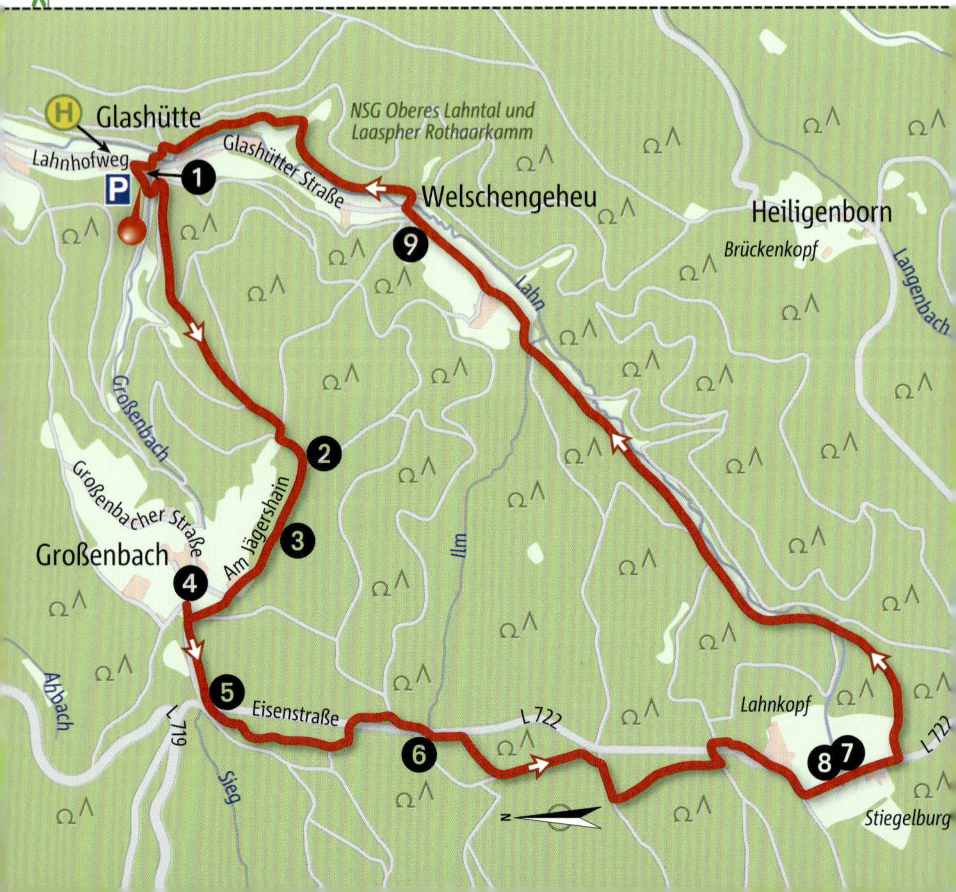

Entspannung ★★★★★
Genuss ★★★★☆
Romantik ★★★☆☆

WIE & WANN:
Naturpfade, Wald- und Wirtschaftswege. Beste Wanderzeit von April bis Oktober.

HIN & WEG:
Auto: Wanderparkplatz Glashütte, Glashütter Straße hinter dem Hotel Jagdhof, 57334 Bad Laasphe (GPS: 50.92062, 8.27925)
ÖPNV: Bus A383 oder A383 bis Haltestelle Glashütte

ESSEN & ENTSPANNEN:
Jagdhof Glashütte ❶ Glashütter Straße 20, 57334 Bad Laasphe, Tel. (0 27 54) 39 90, www.jagdhof-glashuette.de
Landgasthof zur Siegquelle ❹ Großenbacher Straße 2, 57334 Bad Laasphe, Tel. (0 27 54) 83 21, www.landgasthof-zur-siegquelle.de
Forsthaus Lahnquelle ❽ Lahnhof 1, 57250 Netphen, Tel. (0 27 37) 5 95 80, www.forsthaus-lahnquelle.de

ENTDECKEN & ERLEBEN:
Hexenplatz ❷
Aufmarschplatz der Kavallerie ❸
Siegquelle ❺
Ilmquelle ❻
Lahnquelle ❼
Welschengeheu ❾

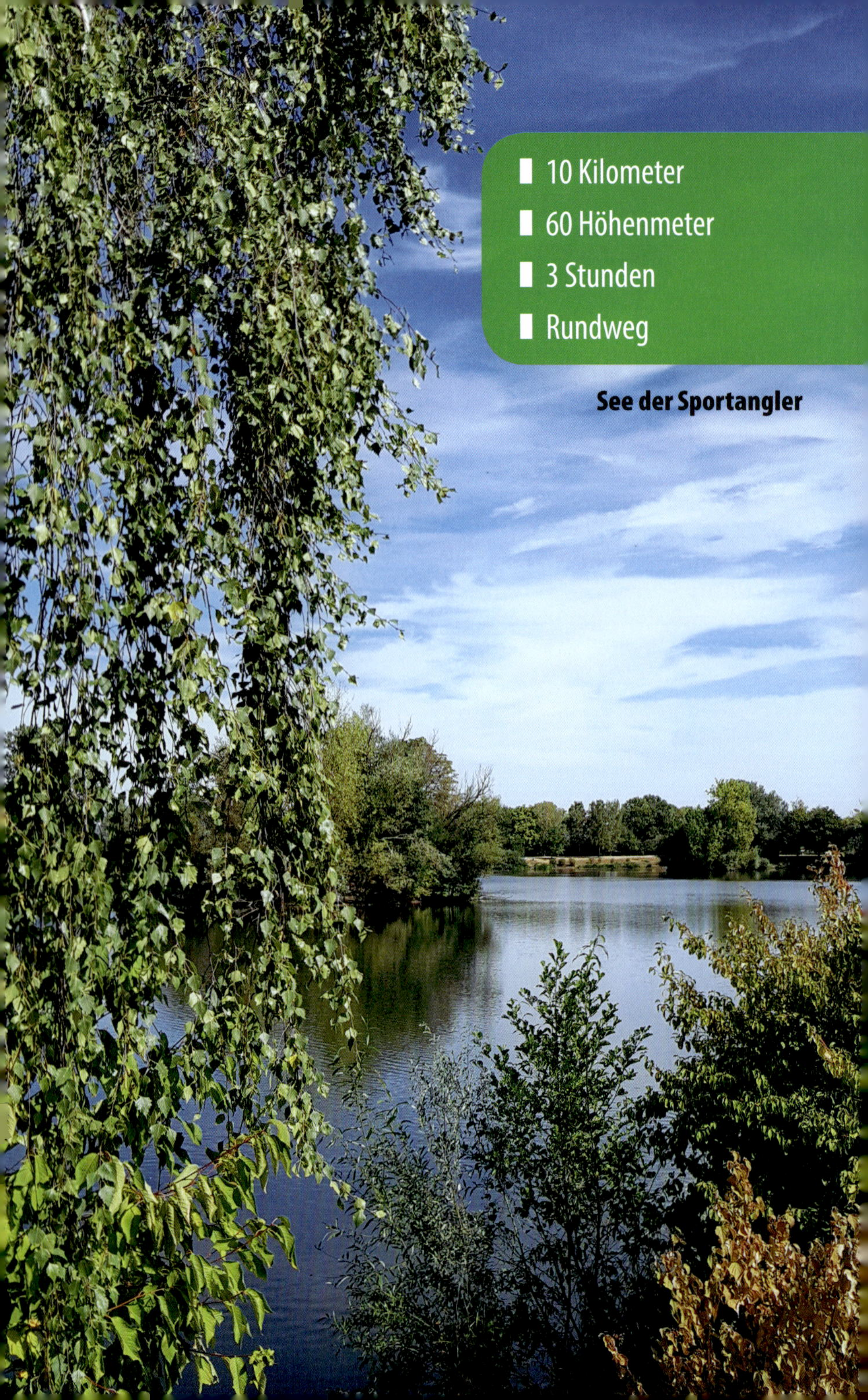

- 10 Kilometer
- 60 Höhenmeter
- 3 Stunden
- Rundweg

See der Sportangler

Im Auenland

Durch die Lahnauen bei Dutenhofen

Vom Bahnhof Dutenhofen aus wandern wir auf der Lahnstraße über die Brücke Richtung Atzbach. Gleich hinter der Brücke halten wir uns rechts auf dem Radweg, der einen Bogen leicht bergab beschreibt. Auf dem gut ausgeschilderten **Lahnpark Rundweg** (Lahnpark stilisiert in Gelb, Grün und Blau) nehmen wir den zweiten Weg nach links und erfreuen uns an dem ersten der zahlreichen Teiche in diesem Gebiet.

Am Ende des Teiches folgen wir dem Schotterweg geradeaus und befinden uns auch schon inmitten herrlicher Natur. Die Sonne scheint durch die altehrwürdigen Kiefern, die Vögel zwitschern und gemütlich wandern wir durch das **Naturschutzgebiet,** das als Angelzone ausgewiesen ist. Wir sind quasi von Wasser umgeben. Zur Linken erfrischt uns der Blick auf weitere Teiche und die sanft dahinfließende **Lahn.** Zur Rechten verwöhnt das tiefblaue Wasser des **Dutenhofener Sees** ❶ mit seinen malerischen Inseln unser Auge.

Die Lahnauen teilen sich Freizeitsportler aller Couleur. Wie es sich für einen See gehört, gibt es hier auch einen Segelclub. Vor dessen Bootsanlegern führt uns die Wegemarkierung links über die Brücke, und von dort aus geht es immer geradeaus weiter. Und auch hier sind wir von Wasser umgeben. Nach Norden blicken wir über einen idyllischen See. Im Hintergrund komplettieren der große **Dünsberg** und die **Burg Gleiberg** die Szenerie. Der See gehört zum Vereinsgelände des VSA (Verein Sportangler Gießen & Umgebung e. V.).

*Vier Kommunen – Gießen, Heuchelheim, Lahnau und Wetzlar – haben sich im Jahr 2010 zusammengeschlossen, um im **Lahnpark** Freizeitsport, Naherholung und Naturschutz zu vereinen. Etwaige Konflikte sollen durch Besucherlenkung minimiert werden.*

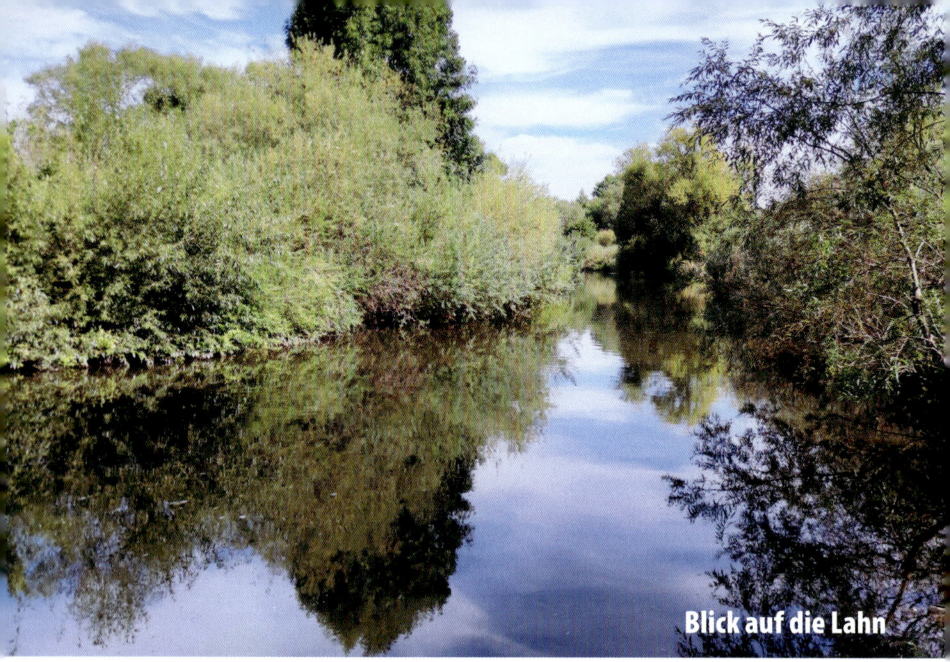

Blick auf die Lahn

Rasanter geht es südlich des Weges zu. Hier erfreuen sich Wasserskifahrer und Wakeboarder im **Wasserski- und Wakeboard-Zentrum Southlake** ❷ an ihrem Hobby. Sogar eine Lakelounge findet man hier. Bei geöffneter Anlage gönnen wir uns eine Auszeit und schauen dem spektakulären Treiben der Wassersportler zu. Ein Stückchen weiter führt uns der Weg am DLRG-Gelände durch eine Linkskurve und danach biegen wir, der Ausschilderung des Lahnpark Rundweges folgend, nach rechts ab.

Wir überqueren die Straße und biegen auf der gegenüberliegenden Seite auf den Radweg nach links ab. Etwas später überqueren wir auf einer Brücke die Lahn. Noch ein Stück und dann stößt von rechts der **Lahnradweg** zu uns und wir gehen weiter geradeaus. Unsere Augen erfreuen sich am Anblick der **Burgruinen Vetzberg und Gleiberg** in der Ferne. 300 Meter bleiben wir noch auf dem Lahnradweg. Danach wechseln wir wieder die Straßenseite, wandern über eine kleine Brücke über das Bächlein Bieber und biegen direkt danach rechts ab. Wir wandern auf dem nun geschotterten Weg auf **Heuchelheim** zu.

Für die Seele

Die Sonne wärmt unser Herz und durchflutet uns mit einem wohligen Gefühl. Im geschützten Auenland der Lahn findet nicht nur die Natur Ruhe und Erholung.

Den beschaulichen Ort haben wir bald erreicht. Wir schlendern immer noch an der Bieber entlang. Die Brücken über den Bach sind mit bunten Blumen geschmückt. Was für ein malerischer Anblick! Wir staunen über ein „schwalbenfreundliches" Haus auf der linken Seite und erreichen kurze Zeit später eine einladende **Pausenbank** an einer Holzbrücke. Entlang der Kirchstraße wandern wir nun an der reizvollen evangelischen **Martinskirche** ③ vorbei, deren ältester Teil schon im 13. Jahrhundert gebaut wurde und die mit dem Heuchelheimer Altar aus dem 15. Jahrhundert ein echtes Schmuckstück beherbergt. Hinter der Martinskirche wenden wir uns nach links und folgen der Marktstraße bis zu einer Fußgängerampel. Hier überqueren wir die Straße und orientieren uns

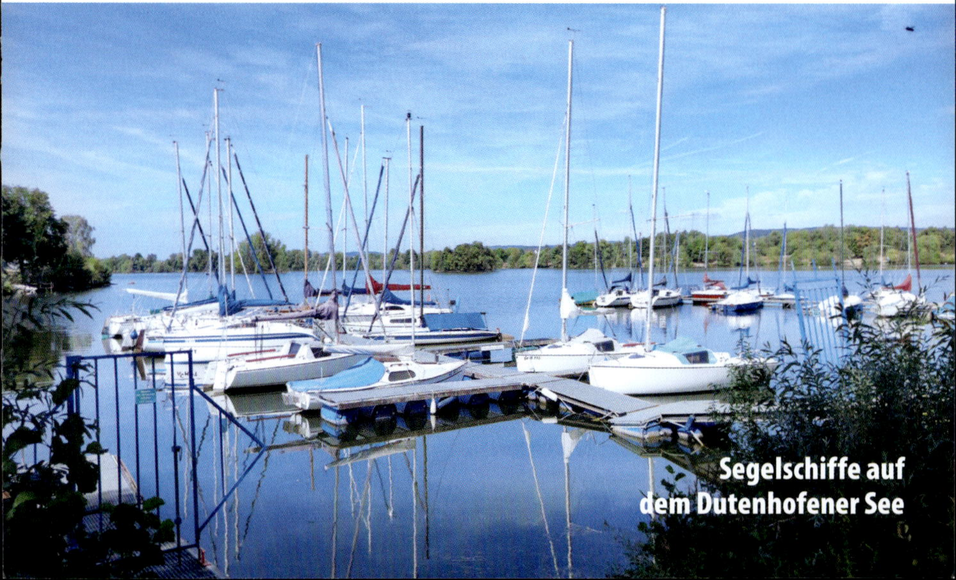

Segelschiffe auf dem Dutenhofener See

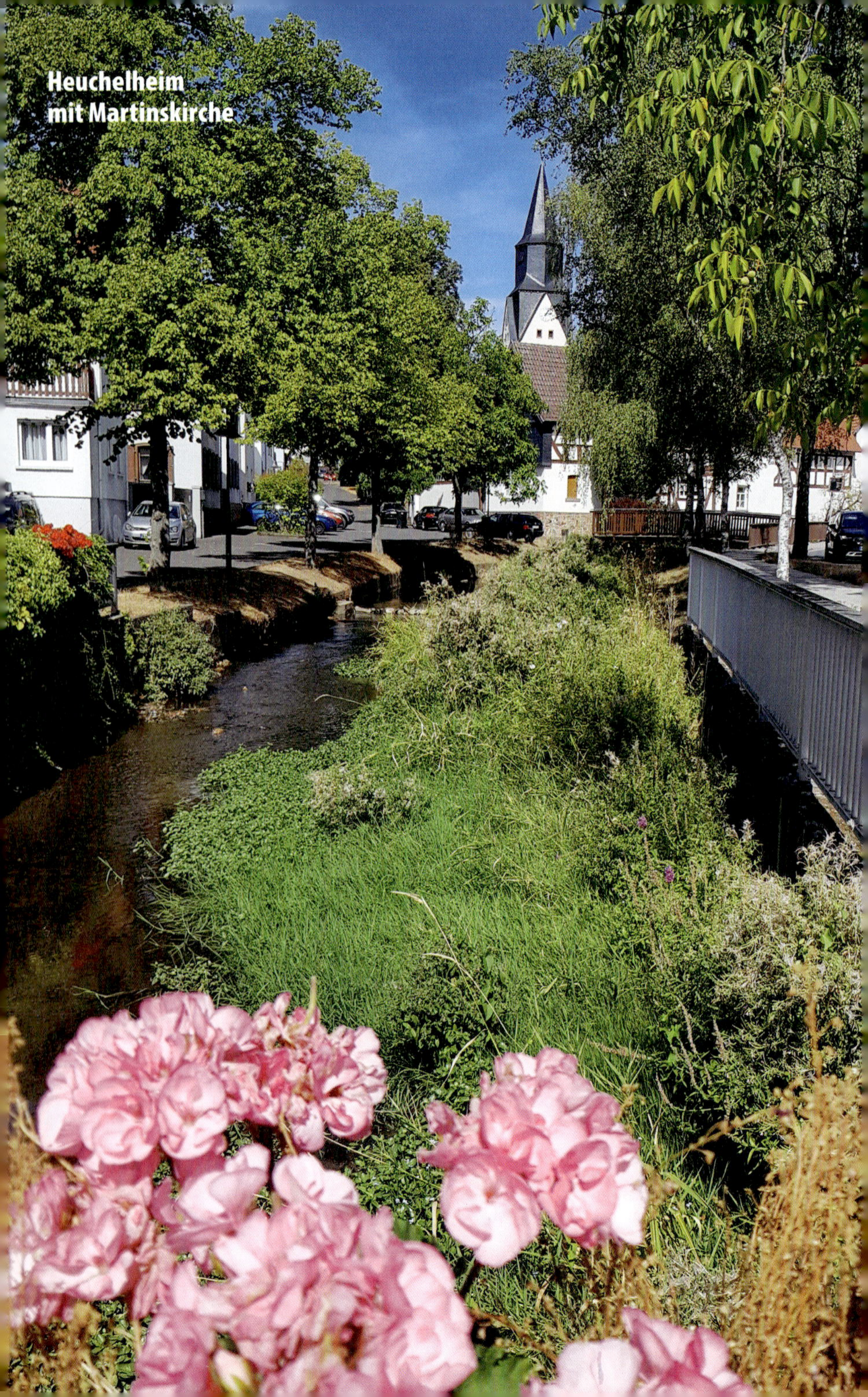

Heuchelheim
mit Martinskirche

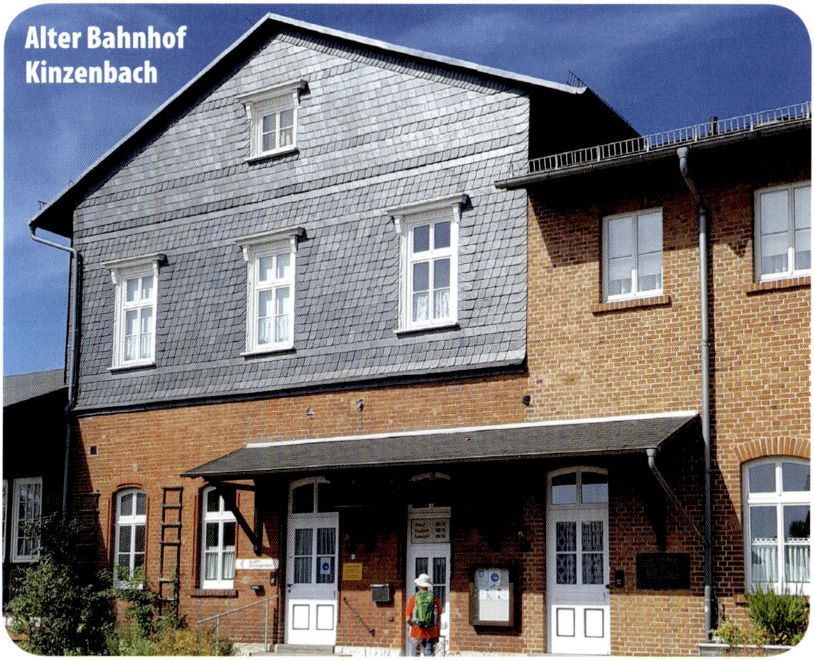

an der Ausschilderung, die uns über eine kleine Treppe hinaufführt.

Am Ende des Weges biegen wir links in die Kinzenbachstraße und kurz darauf wieder links in den Linnpfad. Auf diesem bleiben wir zunächst und wandern am Friedhof, der Kirche Maria Frieden und am Rathaus vorbei. Wir wenden uns nach rechts und spazieren kurz die Falkenstraße entlang. Bei der nächsten Möglichkeit zweigen wir links in den Akazienweg ab.

Auf dem Akazienweg bleiben wir ein gutes Stück bis zur nächsten Kreuzung. Das Backsteingebäude schräg rechts hinter der Kreuzung erregt unsere Aufmerksamkeit. An der Stirnseite aufgestelltes ehemaliges Bahninventar lässt erkennen, dass es sich hier um den alten Bahnhof des Heuchelheimer Ortsteils Kinzenbach handelt. Heute beherbergt das Gebäude das **Heimatmuseum Heuchelheim 4.**

*Seit 1988 wird der alte Kinzenbacher Bahnhof als **Heimatmuseum Heuchelheim** genutzt. Herzstück ist ein Tante-Emma-Laden aus den 50er-Jahren. Wie es sich für einen Bahnhof gehört, sind auf dem ehemaligen Bahnsteig zwei rote Schienenbusse aufgestellt.*

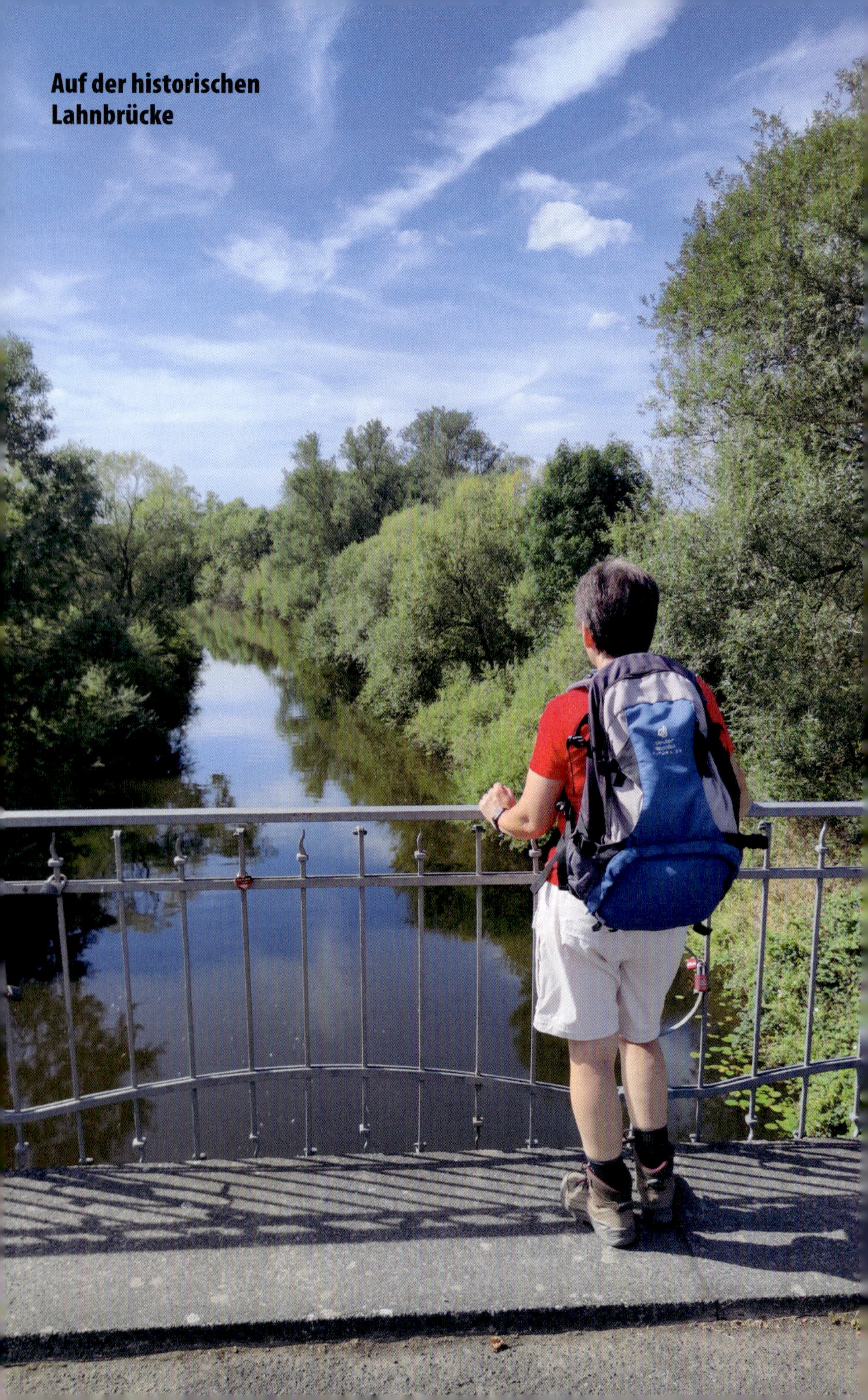

Auf der historischen Lahnbrücke

Wir verlassen das Heimatmuseum und setzen unseren Weg nach rechts über die Bahnhofstraße fort. Diese beschreibt schon bald eine Linkskurve. Wir aber gehen in der Kurve geradeaus auf den Radweg Richtung Atzbach. Wir lassen unseren Blick in die Ferne schweifen und schauen über die Lahnauen, durch die wir vor Kurzem noch gewandert sind. In der Ferne erkennt man sogar den **Feldberg im Taunus.** An der nächsten Wegegabelung halten wir uns links und folgen weiter dem Radweg. Zahlreiche Bänke versprechen eine ebenso erholsame wie aussichtsreiche Pause. Hier oben verlief übrigens früher die sogenannte **Kanonenbahn.** Reste der Trasse sind noch zu erahnen und eine Infotafel informiert unter anderem über die Geschichte der Bahn.

*Die militärstrategisch bedeutsame Bahnstrecke von Berlin bis zur Reichsgrenze bei Metz hieß im Volksmund **Kanonenbahn**. Die 18 Kilometer lange Teilstrecke von Lollar nach Wetzlar wurde 1878 eröffnet. Seit 1980 ruht hier der Bahnverkehr.*

Kurz vor dem Ortsrand von **Atzbach** führt uns die Wegemarkierung links hinab. Wir gehen am Friedhof entlang und folgen am Ende des Friedhofs dem asphaltierten Weg nach links. Der Weg nimmt uns durch eine Rechtskurve mit und trifft schließlich auf die Landstraße. Auf dem Radweg rechts der Straße wandern wir nun wieder Atzbach entgegen.

*Die **Lahnaue** stellt einen bedeutenden Lebensraum für Tier- und Pflanzenarten dar und genießt als europäisches Schutzgebiet einen hohen Stellenwert. 213 Vogelarten wurden nachgewiesen, darunter 15 gefährdete Rote-Liste-Arten.*

In Atzbach nutzen wir die Überquerungshilfe und halten uns kurz danach links in Richtung **Dutenhofen.** Auch an der nächsten Wegegabel entscheiden wir uns wieder für links und gehen auf dem asphaltierten Weg weiter. Schon kurze Zeit später sind wir wieder in den **Lahnauen** und genießen die geschützte Natur.

Die Lahnauen bieten zahlreichen Vogelarten Brutmöglichkeiten. Wir erfreuen uns an einem Storchennest und erreichen schließlich eine Absperrung. Hinter dieser geht es leicht links hinauf zu einer

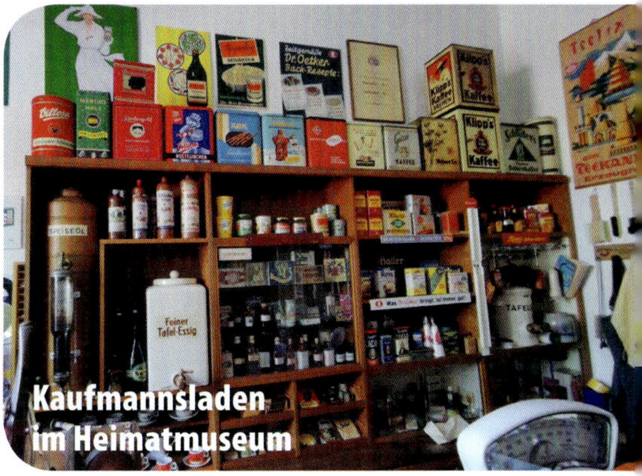
Kaufmannsladen im Heimatmuseum

Hütte, die der **Vogelbeobachtung** ❺ dient. Über einen QR-Code informieren wir uns über die hier vorkommenden gefiederten Freunde. Ob wir wohl Kormorane oder Reiher sehen?

Wir beenden unsere ornithologischen Studien und wandern auf dem uns schon bekannten Weg weiter. Auf der **historischen Lahnbrücke** ❻ überqueren wir die Lahn. Nun stehen wir vor einer schweren Entscheidung. Entweder gehen wir weiter zum Startpunkt der Wanderung oder biegen hier noch mal links ab. Denn bis zum **Strandbad Dutenhofener See** ❼ mit seinem gepflegten Restaurant **Zum Anker** ❽ mit tollem Blick auf den See sind es von hier aus gerade einmal 800 Meter.

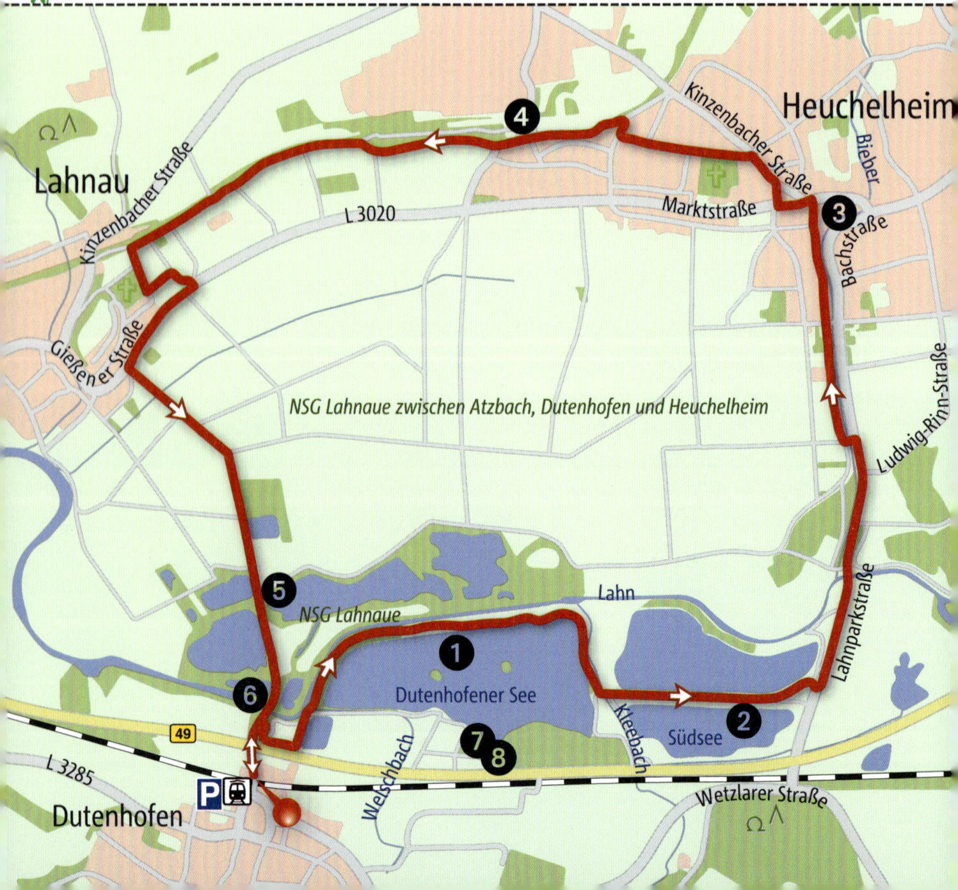

Entspannung ✱✱✱✱✱

Genuss ✱✱✱✱✱

Romantik ✱✱✱✱✱

WIE & WANN:
Breite Wirtschaftswege, durch die Ortschaften auf Bürgersteigen. Bitte Rücksicht auf Radfahrer nehmen. An sonnigen Wochenenden kann hier sehr viel los sein. Ganzjährig geeignet. Bei Lahnhochwasser sind Teile des Weges eventuell nicht begehbar.

HIN & WEG:
Auto: Parkplatz Bahnhof Dutenhofen, Grabenstraße 25, 35582 Wetzlar (GPS: 50.56427, 8.59776) oder im Ort
ÖPNV: RB 45 (Hessische Landesbahn) oder RB 40 bis Dutenhofen

ESSEN & ENTSPANNEN:
Zum Anker ❽ Dutenhofener See 1, 35582 Wetzlar, Tel. (06 41) 2 12 45, www.dutenhofenersee.de

ENTDECKEN & ERLEBEN:
Dutenhofener See ❶
Wasserski- und Wakeboard-Zentrum Southlake ❷ Lahnparkstraße, 35452 Heuchelheim, Tel. (06 41) 6 86 88 88, www.wasserski-heuchelheim.de
Martinskirche ❸
Heimatmuseum Heuchelheim ❹ Bahnhofstraße 30, 35452 Heuchelheim, Tel. (06 41) 6 17 59, www.heimatmuseum-heuchelheim.de
Vogelbeobachtung ❺
Historische Lahnbrücke ❻
Strandbad Dutenhofener See ❼

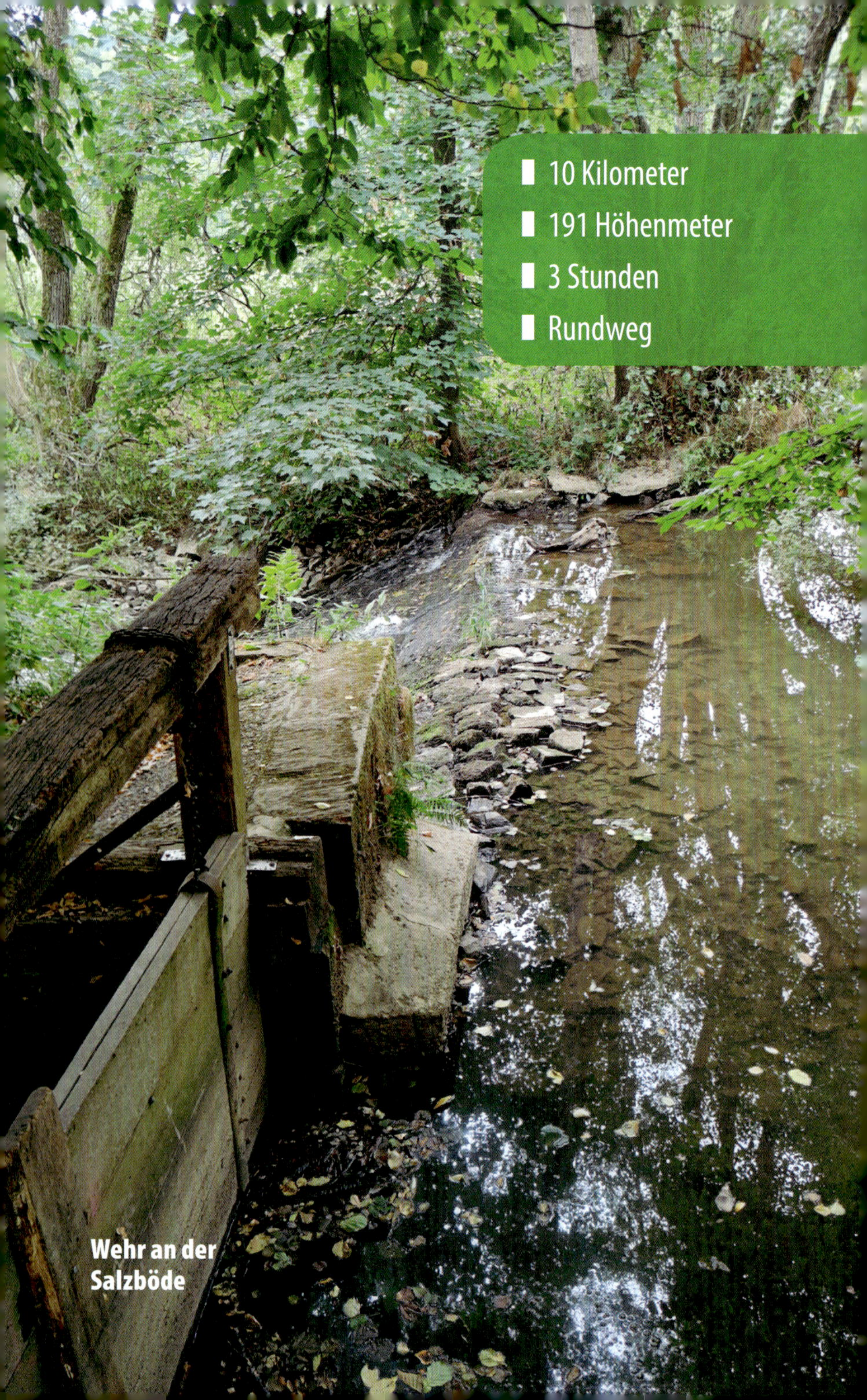

Wehr an der Salzböde

Rilkes Spuren

Berg und Tal bei Salzböden

Wir starten unsere Wanderung am **Dorfgemeinschaftshaus Salzböden**, wo wir auch parken können. Von hier aus halten wir uns auf der Bachstraße links in Richtung des beschaulichen Ortes. Hinter dem Dorfgemeinschaftshaus, dort wo rechter Hand die bei Einheimischen sehr beliebte **Pizzeria Da Gioia** ❶ mit ihrem einladenden Biergarten zu sehen ist, folgen wir dem **Lahnwanderweg** (rotes LW auf weißem Grund) nach links.

Der Ortsrand von Salzböden ist hier von Landwirtschaft geprägt. An der pittoresken Brücke über das Bächlein **Salzböde** überqueren wir die Straße und orientieren uns weiter an der Markierung des Lahnwanderweges in Richtung **Schönemühle.** Wir lassen den Spielplatz rechts liegen und schlendern gemütlich auf der Talstraße weiter. An den Häusern fallen uns blaue Schilder auf. Auf ihnen können wir lesen, unter welchem Namen die hier lebenden Familien in der hiesigen Mundart bekannt sind. Schön, dass die immer mehr in Vergessenheit geratene Tradition der „Dorfnamen" in dieser Region noch gepflegt wird.

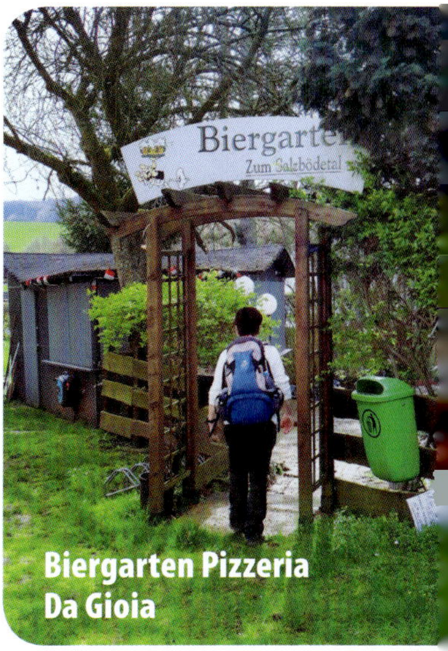

Biergarten Pizzeria Da Gioia

Zur Tradition im romantischen Tal der Salzböde gehören auch die vielen Mühlen, die früher hier betrieben wurden. Eine davon ist die Schönemühle, die heute ein beliebtes Ausflugsziel ist. Konditor Thomas Walther und das Team des **Café Schönemühle** ❷ verwöhnen hier mit hausgemachtem Kuchen und leckerem Eis im großzügigen, bereits im Jahr 1710 erbauten Mühlenanwesen.

Insgesamt standen früher acht Mühlen im **Salzbödetal.** Eine zweite werden wir heute noch erleben. Vorbei an einer Tafel mit alten Flurbezeichnungen setzen wir unsere Wanderung in Richtung Schmelz fort. An der Salzböde entlang wandern wir durch ein romantisches Tal, das in den Jahren 1905 und 1906 auch schon den Lyriker Rainer Maria Rilke beeindruckt haben soll.

„Die meisten Menschen wissen gar nicht, wie schön die Welt ist und wie viel Pracht in den kleinsten Dingen, in irgendeiner Blume, einem Stein, einer Baumrinde oder einem Birkenblatt sich offenbart." (Rainer Maria Rilke)

Uns begeistert im Salzbödetal auch das idyllische **Wehr** ❸ und der offene Blick über den Wiesengrund. Wir haben alle Zeit der Welt! Was spricht also dagegen, uns auf einer der zahlreichen Bänke eine Auszeit zu gönnen und den Reiz des Tales auf uns wirken zu lassen? Voller erholsamer Eindrücke kommen wir schließlich an der **Schmelz-Mühle** ❹ an. Im Selbstbedienungspavillon können wir uns hier mit kleinen Speisen und Getränken versorgen.

Von der Schmelz-Mühle aus folgen wir dem Wegweiser des **Lahnwanderweges** in Richtung Oberwalgern. Dieser weist uns auf einen asphaltierten Weg,

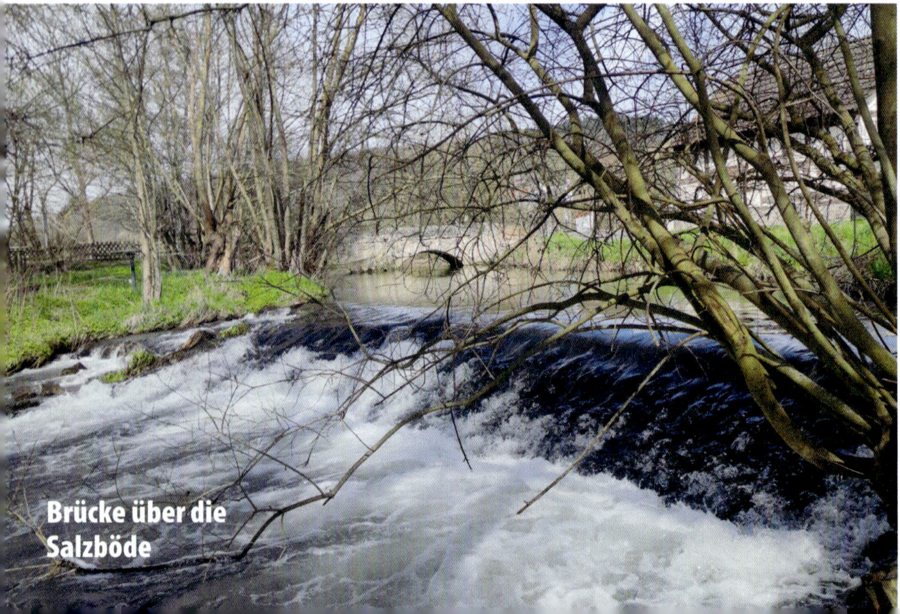

Brücke über die Salzböde

Für die Seele

Wie ein Gedicht von Rilke berührt das romantische Tal der Salzböde unsere Seele.

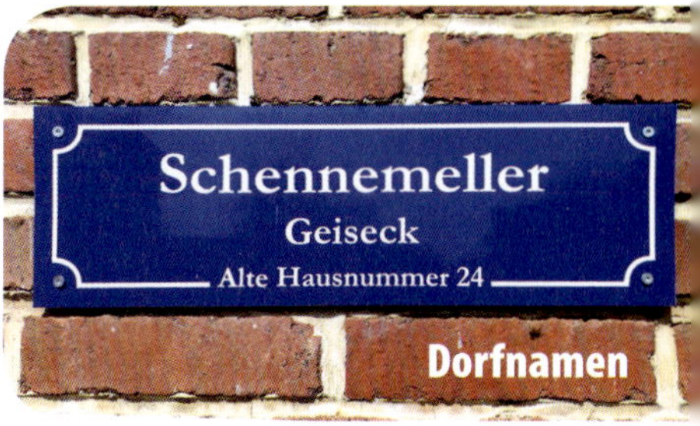

Dorfnamen

der uns schräg rechts hinauf aus dem Salzbödetal hinausführt. In der nächsten Rechtskurve verlassen wir dann auch den asphaltierten Weg und wählen den Pfad, der geradeaus weiter aufwärtsführt. Über den Pfad gelangen wir schließlich wieder auf einen breiten Schotterweg und kurz darauf passieren wir eine Freifläche auf der rechten Seite. Wir stoßen auf eine Wegegabel, verlassen hier den Lahnwanderweg und biegen nach rechts ab. Den von links kommenden Weg ignorieren wir und befinden uns ganz kurz auf einem Zuweg des Lahnwanderweges. Diesen verlassen wir aber schon einen Moment später an einer Wegekreuzung mit Bank und nehmen dort den nach rechts führenden Waldweg. Wir befinden uns jetzt auf dem **Salzböde-Bergpfad**, dessen Markierung (SB) aber leider so gut wie gar nicht mehr vorhanden ist.

Nach wenigen Schritten treffen wir auf eine Weggabelung und nehmen hier den Weg links hinauf. An der nächsten Wegegabel, circa 150 Meter später, entscheiden wir uns für den Weg, der rechts hinaufführt. Kurze Zeit später passieren wir eine Freifläche und biegen danach wieder rechts ab. Dem breiten Waldweg folgen wir durch zwei Linkskurven und erreichen danach den höchsten Punkt der gesamten Wanderung.

Wir wandern durch den erfrischend grünen Mischwald. Auf dem geschotterten Waldweg geht es nun leicht bergab und nach einiger Zeit stößt von

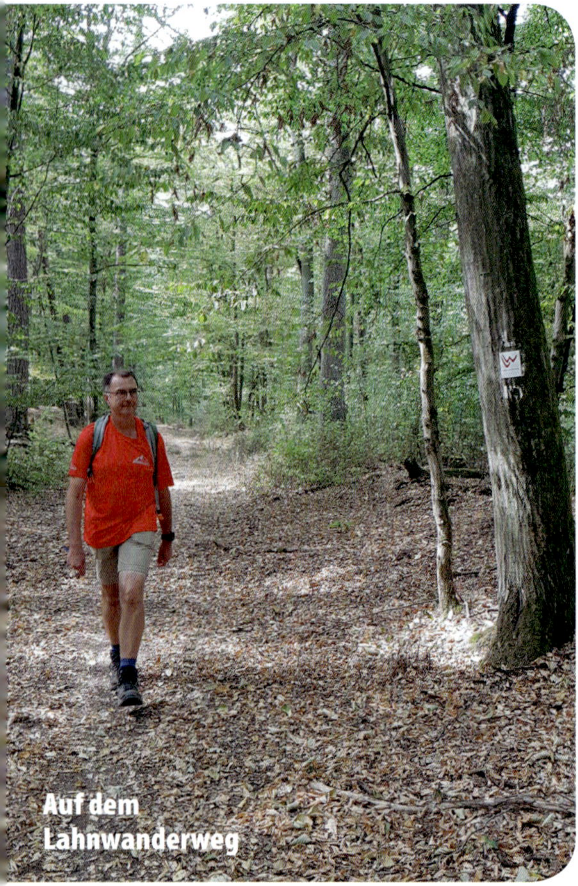
Auf dem Lahnwanderweg

rechts ein breiter Waldweg zu uns. 150 Meter hinter dieser Stelle liegt rechts im Wald, etwas versteckt, eine **Hütte der NABU-Ortsgruppe Salzböden ❺.** Bestimmt hat man hier nichts dagegen, dass wir diesen ruhigen, windgeschützten Rastplatz nutzen. Dass wir unseren Abfall mitnehmen und den Ort ordentlich verlassen, versteht sich von selbst. Fans von weiten Aussichten gehen ein kurzes Stück weiter den Weg hinab und finden hier eine **Grillhütte** mit fantastischem Ausblick.

Nach unserer Pause gehen wir wieder hinauf zu unserem ursprünglichen Weg und halten uns auf diesem rechts. Unterwegs genießen wir von einer Bank die fabelhafte Aussicht auf Salzböden mit dem unbewaldeten **Altenberg** im Hintergrund. Vorbei an einer zweiten Bank wandern wir noch ein Stück weiter geradeaus und verlassen den Weg dann in einer Rechtskurve, in der wir links in einen Wiesenweg einbiegen. An der nächsten Gabelung entscheiden wir uns für den Weg rechts in Richtung Waldrand hinunter.

Im Wald endet dieser Weg, und wir biegen nach rechts ab. Kurz darauf erreichen wir einen einladenden **Picknickplatz ❻,** den zwei große Findlinge zieren. Hinter diesem Picknickplatz biegen wir vor einem Privatgrundstück links ab. Der Weg beschreibt eine scharfe Linkskurve und später eine Rechtskurve. Am Ende des Weges halten wir uns an der Waldecke links und ab hier wandern wir immer am Waldrand entlang. Nach 150 Metern biegen wir rechts ab, gehen bei nächster Gelegenheit wieder nach rechts und erreichen schließlich eine Bank mit toller Aussicht.

Hier zweigt unser Weg nach links ab und wir schlendern durch die wohltuende Sonne. Nach knapp 150 Metern schwenkt der Weg an einem Grenzstein erneut nach rechts und führt weiter am Rande des Walds entlang, bis wir kurze Zeit später bei der Bank mit Grenzstein wieder nach links abbiegen. Die **Grenzsteine** markieren übrigens die Grenze des Landkreises Gießen zum Landkreis Marburg-Biedenkopf.

Rechts von uns sehen wir schon den Ortsrand von Salzböden. Schließlich verlässt der Weg den Waldrand und wendet sich in einer Rechtskurve den Häusern zu. An diesen gehen wir entlang und erblicken links von uns in der Ferne **Schloss Friedelhausen.** Dort war also einst Rilke zu Gast! Wir überqueren die Straße und gehen geradeaus auf den für Land- und Forstwirtschaft sowie für Radfahrer freien Weg.

*Im 19. Jahrhundert ließen sich Adalbert von Nordeck zur Rabenau und seine Frau Clara **Schloss Friedelhausen** im Stile der englischen Neogotik errichten. Das nahe Hofgut Friedelhausen wird heute als Demeter-Betrieb mit Hofladen bewirtschaftet.*

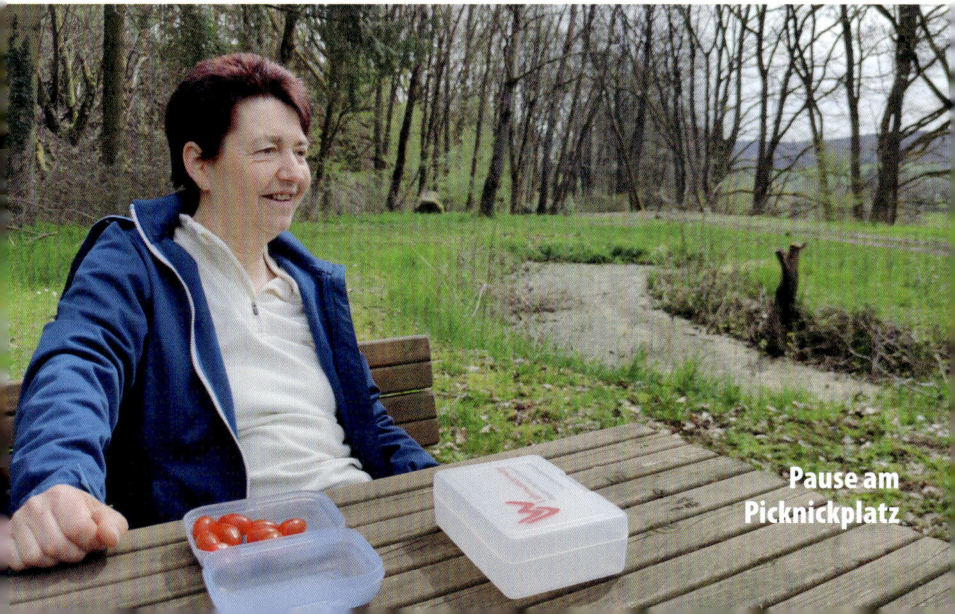

Pause am Picknickplatz

Auszeittour 3

Trotz ihres Namens ist die ***Salzböde*** *ein Süßwasserbach. Der Pflanzenbewuchs im Entstehungsgebiet deutet aber auf einen etwas erhöhten Salzgehalt im Boden hin. Und erwiesenermaßen gibt es entlang des Bachlaufs Salzlagerstätten.*

Wir folgen dem Weg 250 Meter und gehen dann nach links auf die Ortschaft **Röderheide** zu. Dort schwenken wir vor dem Wirtshaus zum Rosengarten nach rechts auf die Röderstraße. Auf dieser wandern wir durch die Ortschaft hinab bis zu ihrem Ende, wo wir rechts Richtung Odenhausen abbiegen. Hinter der Brücke über die **Salzböde** biegen wir rechts auf einen Feldweg, auf dem wir am beschaulichen Bächlein entlang weiterwandern.

Dieser Weg stößt später auf einen asphaltierten Wirtschaftsweg, auf dem wir uns kurz links und dann gleich wieder rechts halten. Hinter dem Sportplatz führt uns der Weg wieder über die Salzböde und zurück zum Dorfgemeinschaftshaus.

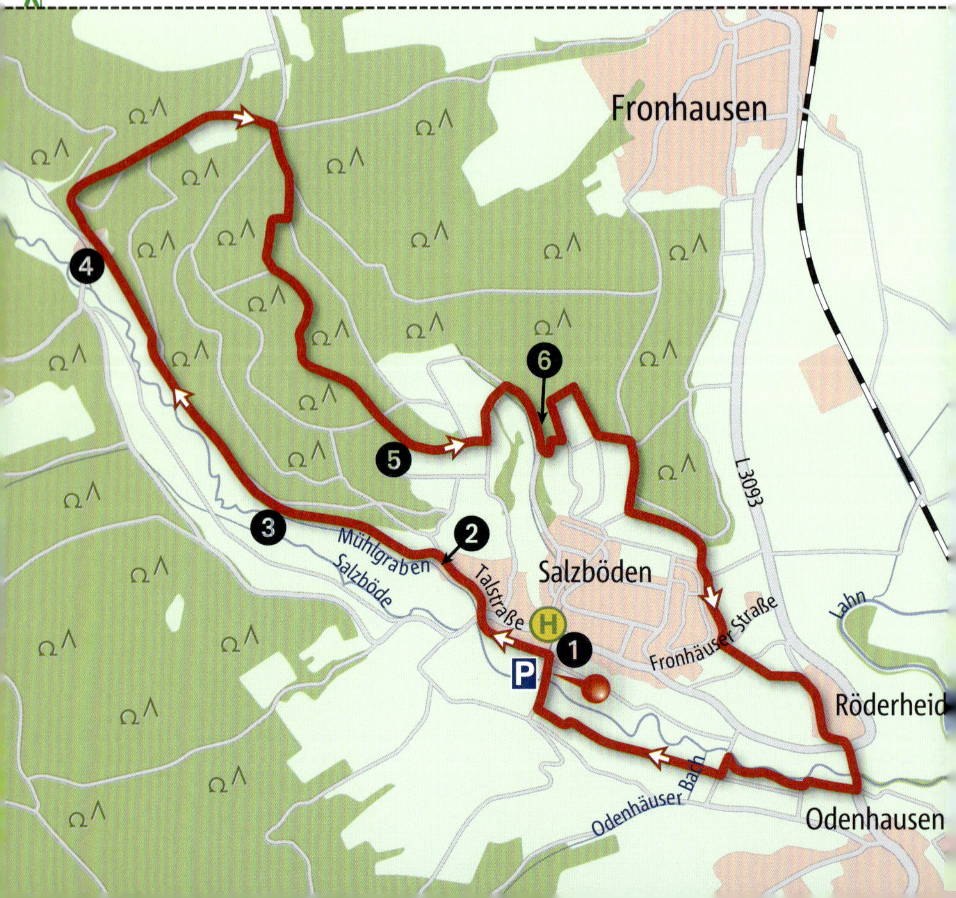

Entspannung ✱✱✱✱✱

Genuss ✱✱✱✱✱

Romantik ✱✱✱✱✱

WIE & WANN:
Breite Wald-, Wiesen- und Wirtschaftswege. Durch Salzböden und Röderheide auf dem Bürgersteig. Ganzjährig geeignet.

HIN & WEG:
Auto: Dorfgemeinschaftshaus Salzböden, Bachstraße 6, 35457 Lollar (GPS: 50.68148, 8.68380)
ÖPNV: Bus GI-51 bis Haltestelle Salzböden, Gemeinschaftshaus

ESSEN & ENTSPANNEN:
Pizzeria Da Gioia ❶ Talstraße 37, 35457 Lollar, Tel. (0 64 06) 9 23 99 30, da-gioia.business.site
Café Schönemühle ❷ Talstraße 81, 35457 Lollar, Tel. (0 64 06) 25 57, www.cafe-schoenemuehle.de
Schmelz-Mühle ❹ Schmelz 3, 35457 Lollar, Tel. (0 64 06) 34 19, www.schmelz-muehle.de

ENTDECKEN & ERLEBEN:
Wehr ❸
Hütte NABU-Ortsgruppe Salzböden ❺
Picknickplatz ❻

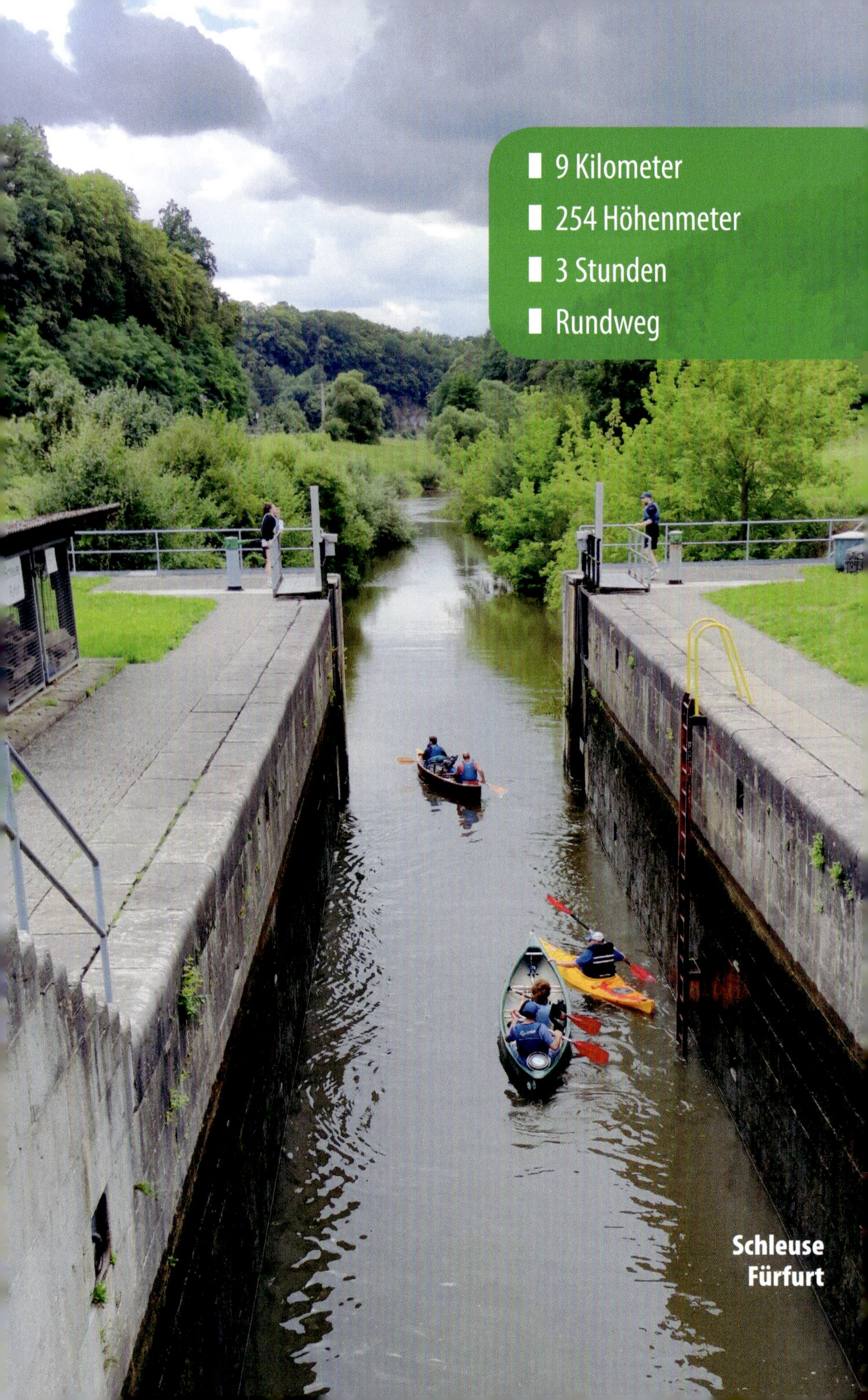

- 9 Kilometer
- 254 Höhenmeter
- 3 Stunden
- Rundweg

Schleuse Fürfurt

Lahn hautnah

Zwischen Aumenau und Fürfurt

Unsere Wanderung startet an der alten Dorflinde in Aumenau und wir können die Lahn schon sehen. Wir gehen das kurze Stück hinunter und biegen links ab. Der schöne Weg an der Lahn entlang wird von den Aumenauern liebevoll **Lahnpromenade ➊** genannt. Am Kanu-Rastplatz beschreibt der Weg eine Linkskurve. Die Gaststätte **Piratenlager ➋** wird hauptsächlich von Paddlern besucht, bietet aber für jedermann kleine Speisen an.

Wir folgen der Beschilderung des **Lahnwanderweges** (rotes LW auf weißem Grund) nach rechts. Vorbei an Pferdeställen, Koppeln und einem Reitplatz führt uns der Weg weiter geradeaus. Ein gutes Stück hinter dem Reitplatz sagen wir dem Lahnwanderweg zunächst einmal Adieu, denn der schöne Qualitätsweg biegt, angezeigt durch einen Wegweiser, nach links ab. Wir aber gehen geradeaus weiter.

Für die nächsten gut 1,5 Kilometer bleiben wir nun hautnah an der Lahn. Vorbei an einem aufgelassenen **Steinbruch ➌** und weiteren hoch aufragenden Felsen bieten sich immer wieder herrliche Blicke auf den romantischen Fluss. Die Reiher am gegenüberliegenden Lahnufer erregen unsere Aufmerksamkeit. Wir genießen die Abgeschiedenheit der Lahnauen und lassen auf einer Bank die Seele baumeln.

Der Weg biegt schließlich nach links ab und nimmt uns mit bergauf. Keine Sorge, wir sehen die Lahn schon bald wieder. Die Bergauf-Passage endet in einer Rechtskurve, der wir folgen. Durch das leuchtende Grün der Bäume schimmern die Häuser der

*Der **Lahnwanderweg** ist 295 Kilometer lang und begleitet die Lahn von ihrer Quelle im Rothaargebirge bis zu ihrer Mündung in den Rhein. Er durchquert dabei gleich drei Bundesländer: Nordrhein-Westfalen, Hessen und Rheinland-Pfalz.*

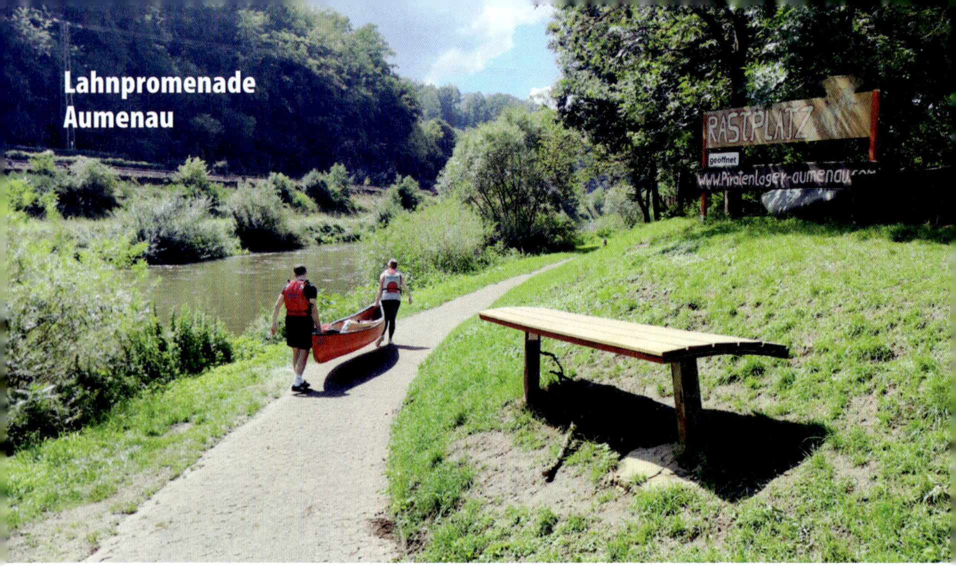

Lahnpromenade Aumenau

Bei Lahnkilometer 51,2 finden wir die **Schleuse Fürfurt**. Wenn man an der Lahnmündung zu zählen beginnt, ist sie die 15. Schleuse. Ihre mit Lahnmarmor verkleideten Seiten machen sie besonders. Ein sehenswertes Bauwerk, das unter Denkmalschutz steht.

Zur Düngemittelproduktion wurde ab 1868 in der **Dampf-Phosphor-Mahlmühle** Phosphorit aus den nahe gelegenen Steinbrüchen gewaschen und gemahlen. Zusätzlich wurde hier Strom produziert. Anfang des 19. Jahrhunderts endete die Phosphatverarbeitung.

Ortschaft Fürfurt. An der nächsten Waldwegekreuzung biegen wir rechts ab und wandern hinab zur **Schleuse Fürfurt ❹.** Hier ist eigentlich immer etwas los. Wir schauen den Paddlern beim Schleusen zu. Bestimmt ist man uns nicht böse, wenn wir ein wenig behilflich sind und selbst Hand anlegen. Aber gut aufpassen, denn es gibt genaue Anweisungen, an welcher Kurbel man wann drehen muss, damit das Schleusen reibungslos abläuft!

Hinter der Schleuse gehen wir auf dem asphaltierten Weg weitere 200 Meter und folgen dann dem Weg links hinauf. Wir passieren einen einzeln stehenden Hof. Kurze Zeit später nutzen wir die **Bank ❺** für eine ausgiebige **Aussichtspause** mit Blick auf Fürfurt und seine alte **Dampf-Phosphor-Mahlmühle** am Wehr. Was für eine großartige Soundmischung! Vor uns das rauschende Wehr, das man tatsächlich bis hier herauf hört, und hinter uns die im Wald zwitschernden Vögel.

Nun geht es nur noch ein kleines Stück bergauf. Linker Hand sehen wir die schmucken Häuschen einer **Ferienhaussiedlung**. Kurz danach treffen wir wieder auf die Beschilderung des Lahnwanderweges und folgen dieser nach links hinauf. Auf einem beschaulichen, breiten Waldweg geht es weiter. Nach ungefähr 1 Kilometer verbirgt sich rechts im Wald eine ein-

Für die Seele

Im Park der Erinnerung lassen wir Beine und Seele baumeln und spüren einer wunderbaren Wanderung an der sanft dahinfließenden Lahn nach.

drucksvolle **Felswand mit Basaltsäulen 6**, die vom vulkanischen Ursprung der Gegend zeugt. Wir bleiben weiter auf dem Weg durch den Wald und orientieren uns an den uns nun schon wohlbekannten Markierungen des Lahnwanderweges. Schließlich erreichen wir eine offene Fläche. Von hier aus sehen wir schon Aumenau ganz unten im Tal.

Wir wandern mit schönen Aussichten am Waldrand entlang. Nach einem halben Kilometer entscheiden wir uns an einer Wegegabelung für den Weg rechts hinauf. Weitere bezaubernde Fernsichten warten auf uns. Nach gut 300 Metern biegen wir links ab und wandern durch die Felder hinab. Am Strommast halten wir uns links und kurz darauf wieder rechts. Kurze Zeit später bewundern wir ein früheres Trafo-

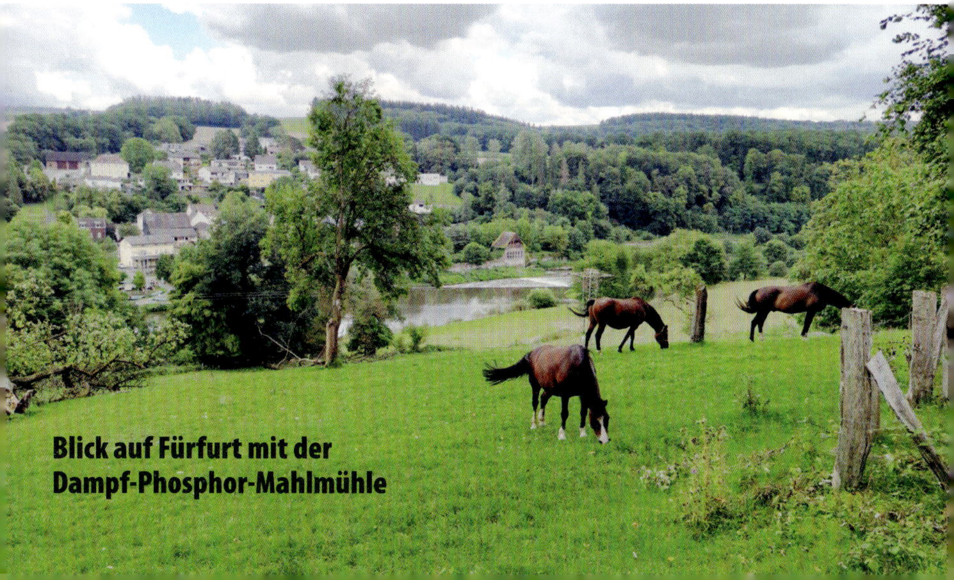

Blick auf Fürfurt mit der Dampf-Phosphor-Mahlmühle

Westerwaldkirche Aumenau

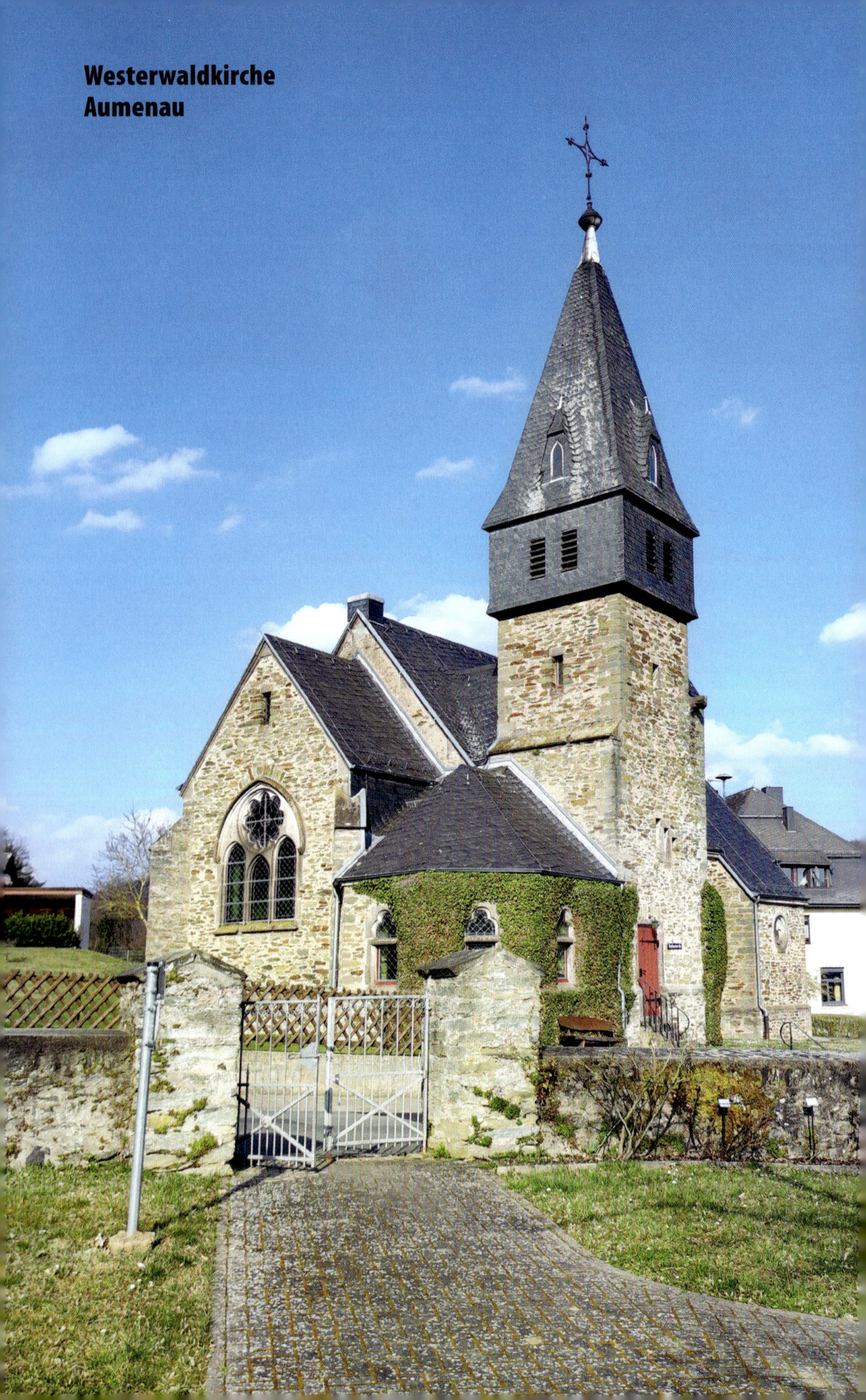

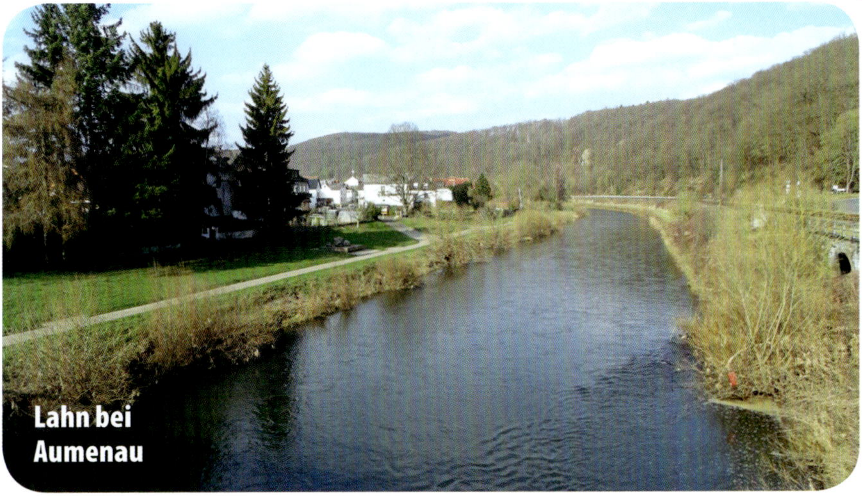

Lahn bei Aumenau

häuschen, das jetzt als **NABU-Vogelhotel 7** namens „Falkenstein" genutzt wird. Der Name erinnert daran, dass hier im 19. Jahrhundert eine Eisengrube gleicher Benennung betrieben wurde. Die alte Grubenanlage darf aber nicht mehr betreten werden. Dafür finden wir hier heute eine weitere gemütliche Aussichtsbank.

Wir setzen unseren Weg nach Aumenau fort und nehmen dazu schräg rechts die Feldstraße. Nach gut 300 Metern halten wir uns dann links und biegen in die Seelbacher Straße ein. Gegenüber der **evangelischen Kirche,** die man heute noch im Maßstab 1:87 als **„Westerwaldkirche"** für seine Modelleisenbahn kaufen kann, besuchen wir auf jeden Fall den **Park der Erinnerung 8.** Ein wunderbarer Ort zum Nichtstun und Sich-selbst-Begegnen!

Nach unserem Besuch im Park der Erinnerung schlendern wir beseelt die Amanastraße durch den Ort hinunter. Im Jahr 764 wurde Aumenau als **Villa Amana** erstmals urkundlich erwähnt. In einer Rechtskurve, der wir folgen, geht die Amanastraße in die Lahnstraße über. Wir kommen an die stimmig ins malerische Bild passende Lahnbrücke, an der uns die

Bei der Dorferneuerung wurde der alte Friedhof in den ***Park der Erinnerung*** *umgestaltet. Entspannen kann man im Stein- und im Rosengarten. Rosenspaliere und die stimmungsvolle Beleuchtung bei Dunkelheit machen den Park zu einem echten Wohlfühlort.*

Eismanufaktur 9 noch zu einem Stopp verlockt. Hier können wir uns leckeres, regional produziertes Eis schmecken lassen. Anschließend gehen wir weiter, überqueren die Brücke aber nicht, sondern biegen hinter ihr in einen Weg zur Lahn hinunter ein. Dann wenden wir uns nach links auf die **Lahnpromenade** und unterqueren die Brücke. Auch hier können wir wunderbar ausspannen. Wir verweilen an der Lahn, bewundern den Springbrunnen, beobachten Schwäne, Enten und vielleicht auch Fischreiher. Auf einer der hier aufgestellten Bänke können wir die Lahn nochmals hautnah spüren und lassen den Tag entspannt ausklingen. Kurze Zeit später sind wir wieder am Ausgangspunkt der Wanderung.

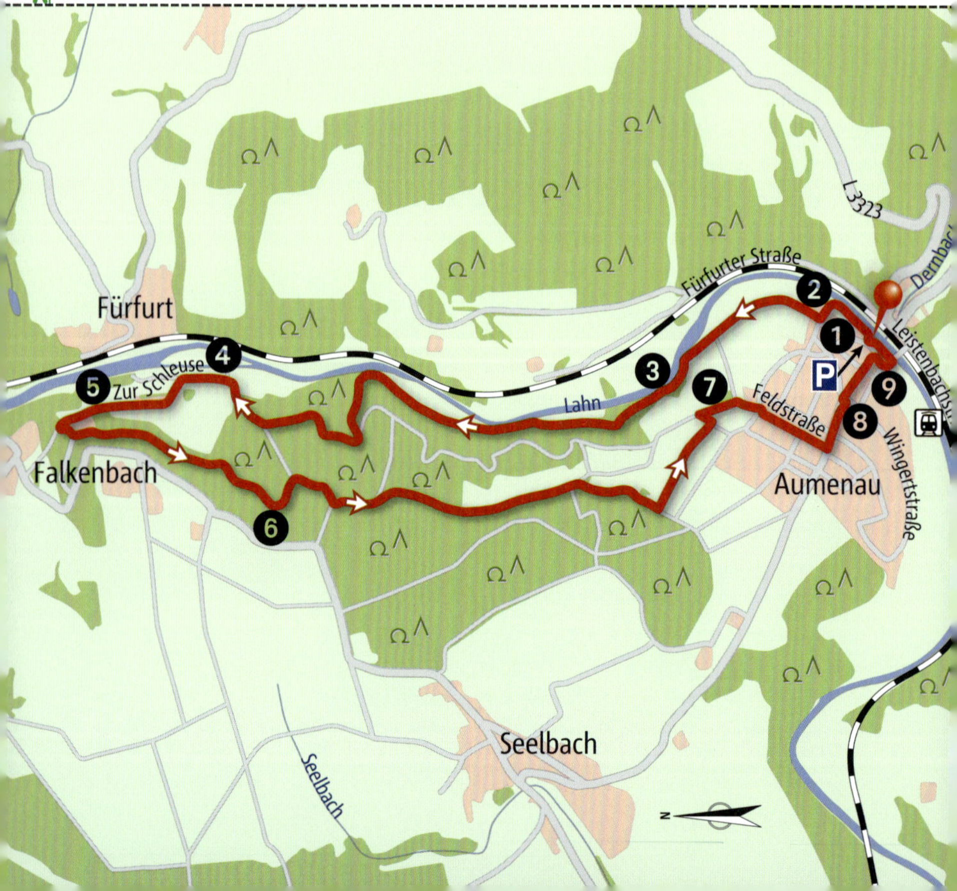

Alles auf einen Blick

Entspannung ✱✱✱✱✱
Genuss ✱✱✱
Romantik ✱✱✱

WIE & WANN:
Naturpfade, Wald-, Wiesen- und Wirtschaftswege. Durch Aumenau auf Bürgersteigen. Bei extremem Hochwasser der Lahn leider nicht begehbar. Ganzjährig lohnend.

HIN & WEG:
Auto: Lahnstraße, 65606 Villmar-Aumenau (GPS: 50.40317, 8.25336)
ÖPNV: RB 45 (Hessische Landesbahn) bis Bahnhof Aumenau, danach zu Fuß zum Start; alternativ Bus 282 oder LM-44 bis Haltestelle Aumenau, Lahnstraße

ESSEN & ENTSPANNEN:
Piratenlager ❷ Kohlstraße 1a, 65606 Villmar, Tel. (01 71) 2 02 68 84, www.rastplatz-lahn.com
Die Eismanufaktur ❾ Brückenstraße 1, 65606 Villmar, Tel. (0 64 74) 6 59 90 26 die-eismanufaktur.net

ENTDECKEN & ERLEBEN:
Lahnpromenade ❶
Steinbruch ❸
Schleuse Fürfurt ❹
Bank für Aussichtspause ❺
Felswand mit Basaltsäulen ❻
NABU-Vogelhotel ❼
Park der Erinnerung ❽

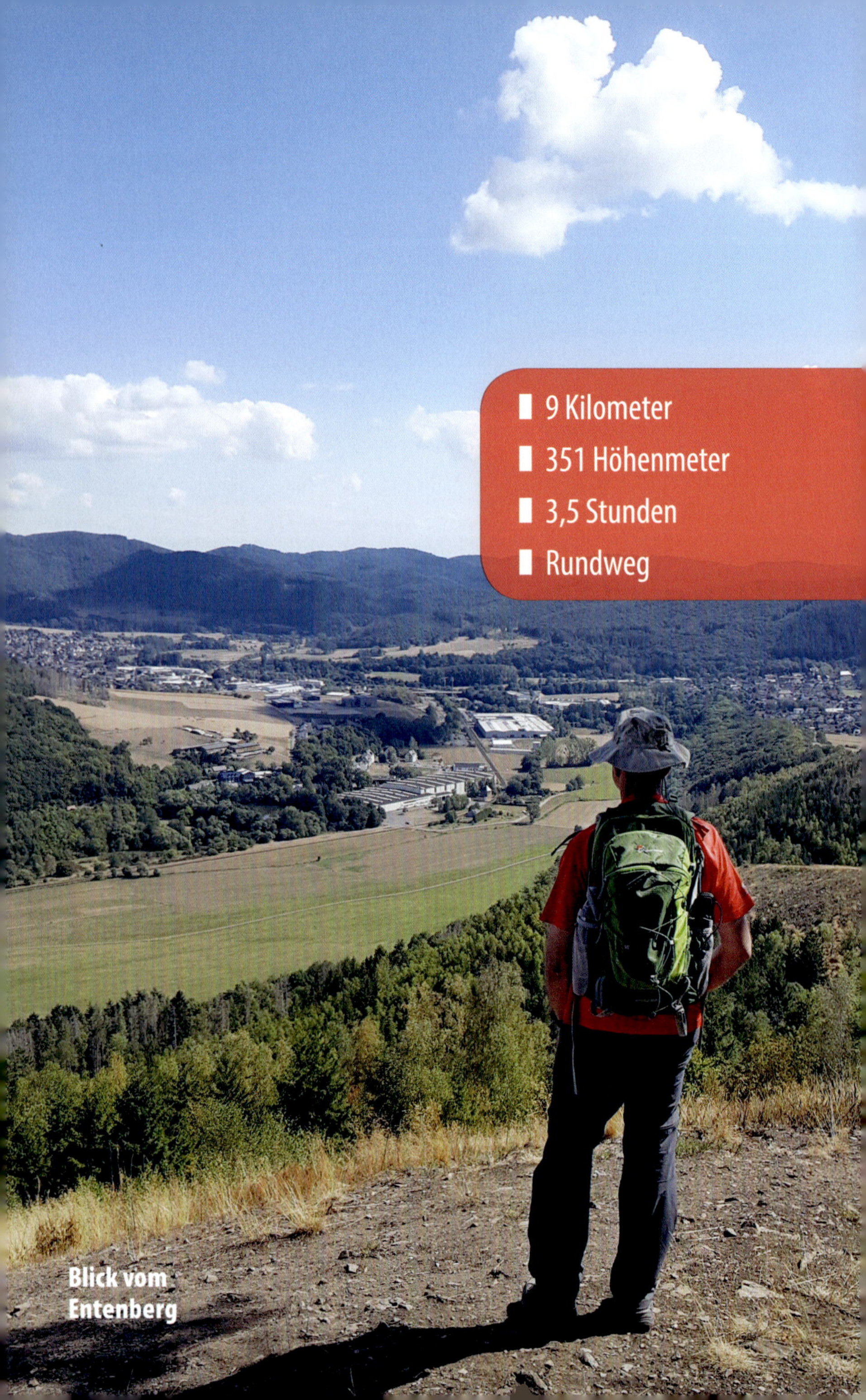

Blick vom Entenberg

Heute stürmen wir den Gipfel! Wir starten vor dem **Haus des Gastes** ❶ in Bad Laasphe. Der Rundweg ist durchgehend als **Lahnfacette Entenberg** (schwarzes L auf weißem Grund) markiert. Hinter dem Haus des Gastes finden wir ein Wanderportal mit drei großen Karten. Hier halten wir uns links in Richtung Hugo-

Gipfelstürmer

Der Entenberg bei Bad Laasphe

Kracht-Hütte und laufen um das Haus des Gastes herum. Wir bewundern das schöne Insektenhotel und das herrlich bepflanzte Rondell, welches wir aber rechts liegen lassen. Zwischen den Häusern wandern wir weiter in Richtung Kurpark, stoßen auf die Brückenstraße und überqueren auf einer alten Eisenbahnbrücke die **Lahn.** Hinter der Brücke erregt ein alter **Bierlagerstollen** im Felsen unsere Aufmerksamkeit. Wir halten uns auf dem asphaltierten Weg links bergan und bleiben auf diesem bis zu einer Doppelgarage.

*Das **Bierbrauen** hat in Bad Laasphe Tradition. Schon vor über 200 Jahren wurde hier „rechtschaffenes" Bier gebraut und ausgeschenkt. Zur Kühlung des Lagerkellers im Stollen unter dem „Steinchen" wurde ein 20 Meter hoher Schacht von oben mit Eis gefüllt.*

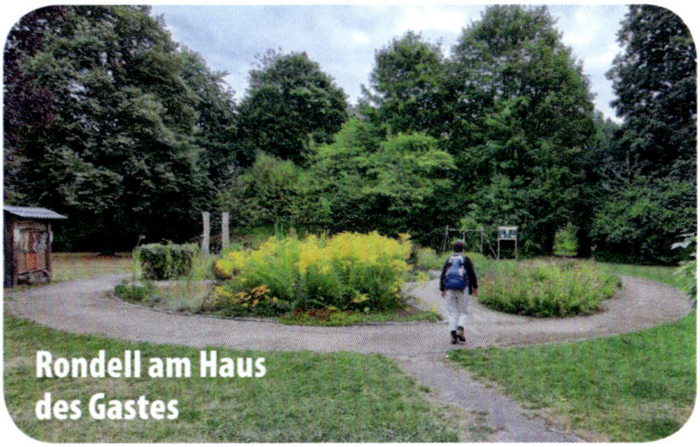

Rondell am Haus des Gastes

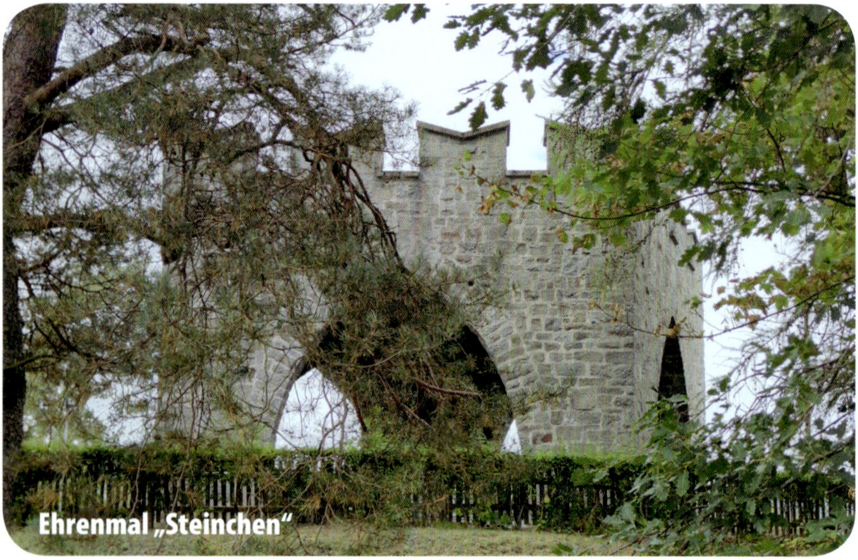

Schon in der zweiten Hälfte des 14. Jahrhunderts befand sich an der heutigen Stelle des **Ehrenmales „Steinchen“** ein Turm, der früher als Wachturm diente. Von hier aus war das Lahntal gut einseh- und kontrollierbar.

Hier orientieren wir uns an dem Wegweiser der Lahnfacette nach rechts in den **Kurpark ❷.** Im Park folgen wir dem gepflasterten Weg. Der nur kurze Abstecher zum **Ehrenmal „Steinchen“ ❸** auf der rechten Seite ist lohnend, haben wir hier doch einen beeindruckenden Blick auf Bad Laasphe und das **Schloss Wittgenstein**.

Nachdem wir die Aussicht genossen und, wie es sich geziemt an diesem Ort, auch der Kriegsgefallenen gedacht haben, setzen wir unseren Weg durch den Kurpark hinauf fort. Auf der linken Seite locken **Teiche** zu einer weiteren gemütlichen Rast, die wir uns aber auch für das Ende der Tour aufheben können. Am oberen Ausgang des Kurparks wandern wir rechts in den Wald hinein. Im Wald halten wir uns an der nächsten Wegegabelung links. Der Weg wird zum Schotterweg und bei der nächsten Möglichkeit biegen wir, der Wegweisung der Lahnfacette folgend, scharf nach links ab. Bei nächster Möglichkeit nehmen wir wiederum den linken Weg und kommen nach kurzer Zeit zu einer lauschigen Rastmöglichkeit mit

Hütte und Picknicktisch 4. Auch hier lässt es sich bestens aushalten und die Aussicht erfreut unsere Augen.

Es war gut, dass wir uns etwas ausgeruht haben. Denn nicht vergessen: Wir wollen heute noch den Gipfel stürmen! Und gleich hinter der Rast nimmt uns der Weg knackig mit rechts hinauf. Im Anschluss überqueren wir einen geschotterten Weg und wandern weiter auf einem sehr fordernden Pfad bergauf. Nach 80 Metern führt der Weg durch eine Rechtskurve und danach erfreuen wir uns an dem naturnahen Pfad über eine Freifläche inklusive schönem Ausblick auf **Schloss Wittgenstein.**

Für die Seele

Frei wie die Vögel fühlen sich die Gleitschirmflieger am Entenberg. Wir schauen ihnen zu und lassen unsere Gedanken mit ihnen schweben.

Nun wandern wir wieder steil bergab und nur einen Augenblick später nehmen wir den Weg über eine

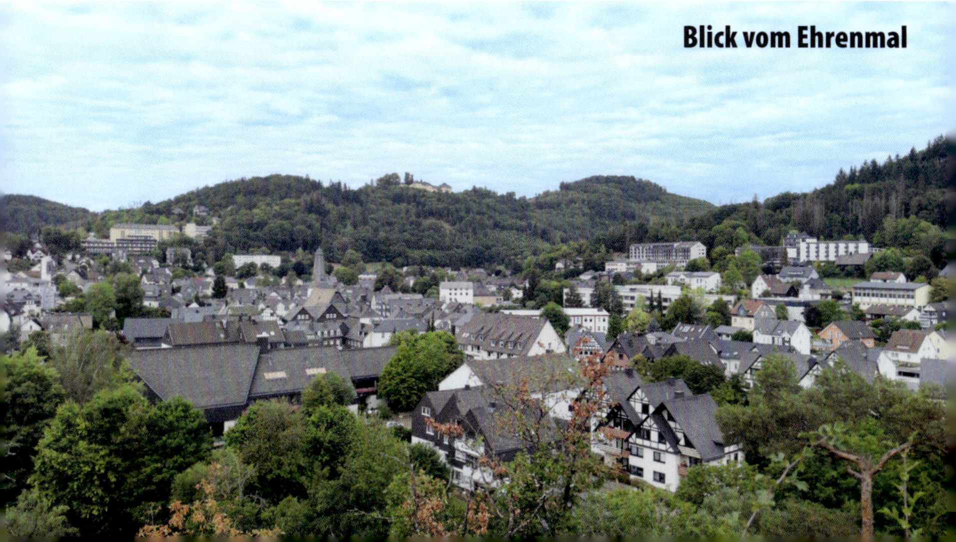

Blick vom Ehrenmal

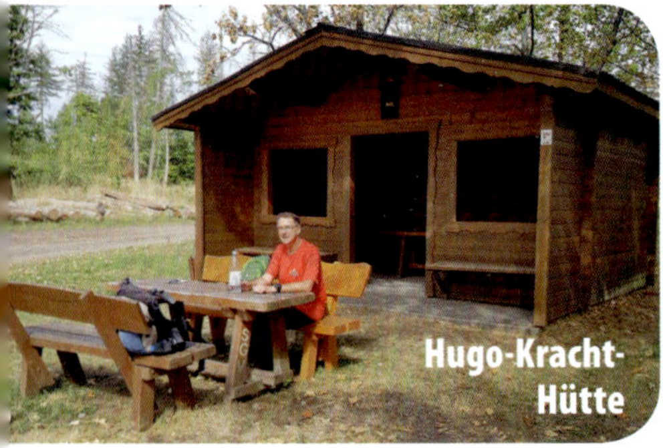

Bergab-Serpentine noch weiter hinunter. Am Ende des Pfades halten wir uns am Wegweiser links in Richtung Hugo-Kracht-Hütte. Der nun befestigte und breitere Weg ist neben der Beschilderung der Lahnfacette auch mit A5 gekennzeichnet. Später biegen wir mit ihm links ab. An der nächsten Weggabel gehen wir weiter geradeaus, queren eine Freifläche mit beeindruckend schöner Aussicht und biegen am Ende des Weges links in Richtung **Hugo-Kracht-Hütte** ⑤ ab.

An der Hugo-Kracht-Hütte könnten wir uns noch viel länger aufhalten. Aber der (Enten-)Berg ruft! Von der Hütte aus folgen wir der Lahnfacette und dem Lahnwanderweg in Richtung Entenberg. Der breite Forstweg bietet weite Ausblicke in die **Wittgensteiner Bergwelt** und das **hessische Bergland.** Wir orientieren uns an der Wegemarkierung nach rechts, bevor uns der Weg in einem letzten steilen Anstieg hinauf zum Gipfel des **Entenbergs** ⑥ führt.

Geschafft – der Gipfel ist gestürmt! Wozu die Eile, es geht ja jetzt fast nur noch bergab und wir haben uns ein Päuschen verdient. So können wir in Ruhe unseren Blick schweifen lassen. Wir schauen auf Niederlaasphe, und die Lahntalbahn schlängelt sich vor uns beschaulich durch das obere Lahntal. Zur Rechten ist der Perfstausee zu erkennen. Und wir haben Glück, heute können wir den Gleitschirmfliegern zuschauen, die waagemutig den Hang hinuntergleiten. Wie es sich für einen echten Gipfelstürmer gehört, tragen wir uns natürlich auch ins Gipfelbuch ein.

Nun aber wandern wir auf unserm Pfad weiter. Es klingt schon ein wenig makaber, aber die Abholzung und die Borkenkäferplage der letzten Jahre ermöglichen uns hier ganz besondere Weitblicke. An alten **Grenzsteinen** vorbei erreichen wir einen Wegweiser,

*Die **Hugo-Kracht-Hütte** wurde nach einem gebürtigen Gelsenkirchener benannt. Er war maßgeblich am Anlegen des hiesigen Wandernetzes und am Aufbau des Wandertourismus beteiligt. Schon 1896 stand hier eine Schutzhütte. Seit 1950 gibt es sie in heutiger Form.*

der uns nach links in Richtung „Parkplatz am Hohenstein" führt. Wir sind jetzt auf einem geschotterten Weg, auf dem wir bis zu seinem Ende in rund 1,5 Kilometern bleiben. Hier entscheiden wir uns für den breiten Weg rechts hinab. Beim nächsten Wegekreuz mit Bank biegen wir links ab, erneut in Richtung „Parkplatz am Hohenstein". Der Pfad führt, zunächst bergab und später ohne merklichen Höhenunterschied, zum Wanderparkplatz. Beim Wanderparkplatz entscheiden wir uns für den Weg, der links bergan führt. Auf der linken Seite sehen wir das Schützenhaus und den **Schützenplatz 7.**

Hinter diesem halten wir uns links und schlendern auf einem idyllischen Pfad durch den Mischwald. Auf dem Weg kommen wir schließlich wieder auf freie Fläche und stoßen auf den uns schon bekannten **Lahnwanderweg.** Wir wandern weiter geradeaus und genießen den Blick auf Bad Laasphe und Schloss Wittgenstein. Der Weg führt schräg über die Wiese auf den Kurpark zu.

Jetzt bleibt es uns überlassen: Entweder wir folgen der Wegweisung der Lahnfacette nach rechts auf der Brückenstraße um den Kurpark herum. Oder wir

Vor Bad Laasphe

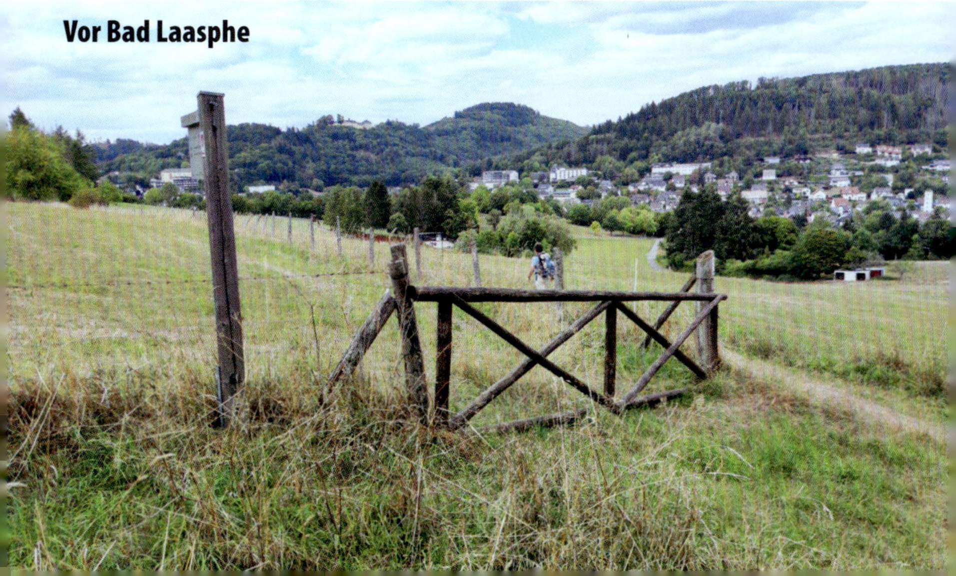

Die waldreiche Landschaft um Bad Laasphe bietet gute Voraussetzungen für ein vielfältiges ***Pilzvorkommen****. In Nordrhein-Westfalen gibt es etwa 4000 nachgewiesene Arten. Rund ein Viertel davon sind im Pilzkundemuseum in Bad Laasphe ausgestellt.*

gehen nochmals auf dem uns von vorhin bekannten Weg durch den Kurpark hindurch und genießen die herrliche Sonne an den Teichen. Vom Kurpark geht es dann über die Brückenstraße zurück zum **Haus des Gastes.** Auf diesem Weg überqueren wir nochmals die noch recht junge **Lahn.**

Im Haus des Gastes erfahren wir im **Pilzkundemuseum** alles Interessante über die kleinen Waldbewohner, die wir, wenn Jahreszeit und Wetter stimmen, schon während der Wanderung reichlich bewundern durften. Die schönen Dinge des Lebens liegen oft im Kleinen! Zum Abschluss lassen wir es uns bei der Einkehr im **Wittgensteiner Hof 8** gut gehen oder genießen ein „rechtschaffenes" Bier im historischen Stadtkern.

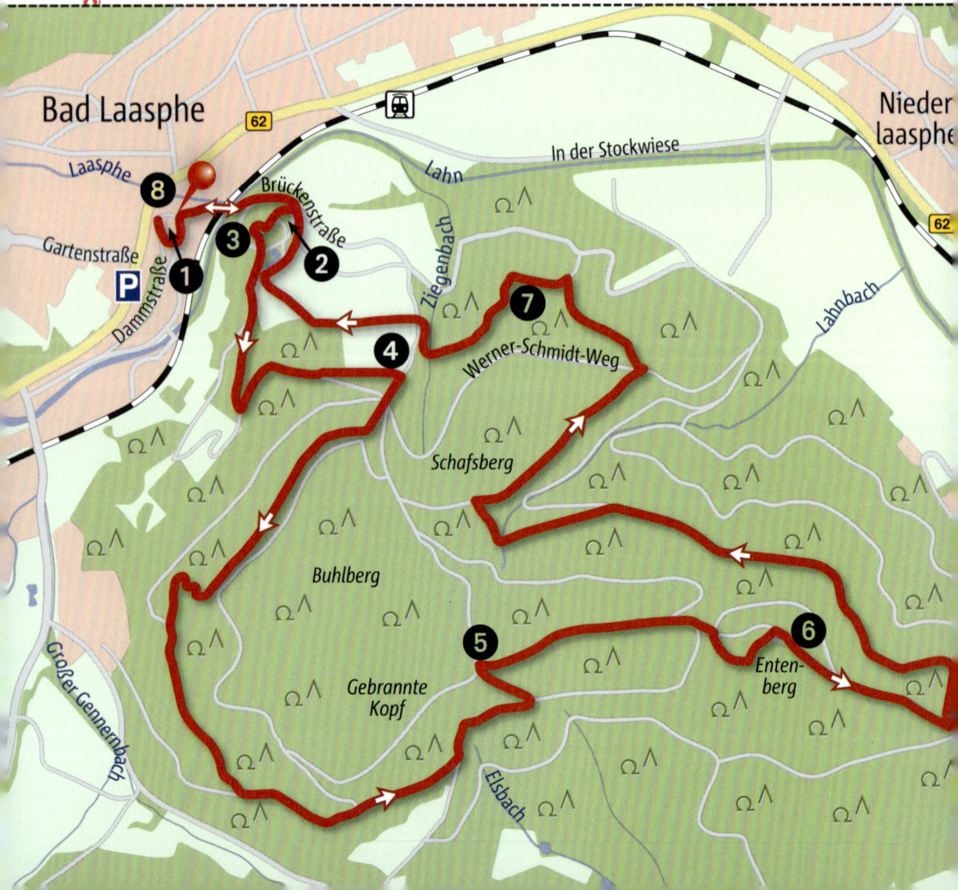

Alles auf einen Blick

WIE & WANN:
Naturpfade, Wald-, Wiesen- und Wirtschaftswege. Ganzjährig lohnend.

HIN & WEG:
Auto: Lahnstraße 7, 57334 Bad Laasphe (GPS: 50.92539, 8.41194)
ÖPNV: RB 94 (Kurhessenbahn) bis Bad Laasphe

Entspannung ★★★★☆
Genuss ★★★★☆
Romantik ★★★★☆

ESSEN & ENTSPANNEN:
Ratsschänke im Wittgensteiner Hof ❽ Wilhelmsplatz 1, 57334 Bad Laasphe, Tel. (0 27 52) 50 73 78, ratsschaenke-bad-laasphe.de

ENTDECKEN & ERLEBEN:
Haus des Gastes mit Pilzkundemuseum ❶ Wilhelmsplatz 3, 57334 Bad Laasphe, Tel. (0 27 52) 20 00 38, www.pilzmuseum.de
Kurpark ❷
Ehrenmal „Steinchen" ❸
Hütte und Picknicktisch ❹
Hugo-Kracht-Hütte ❺
Entenberg ❻
Schützenplatz ❼

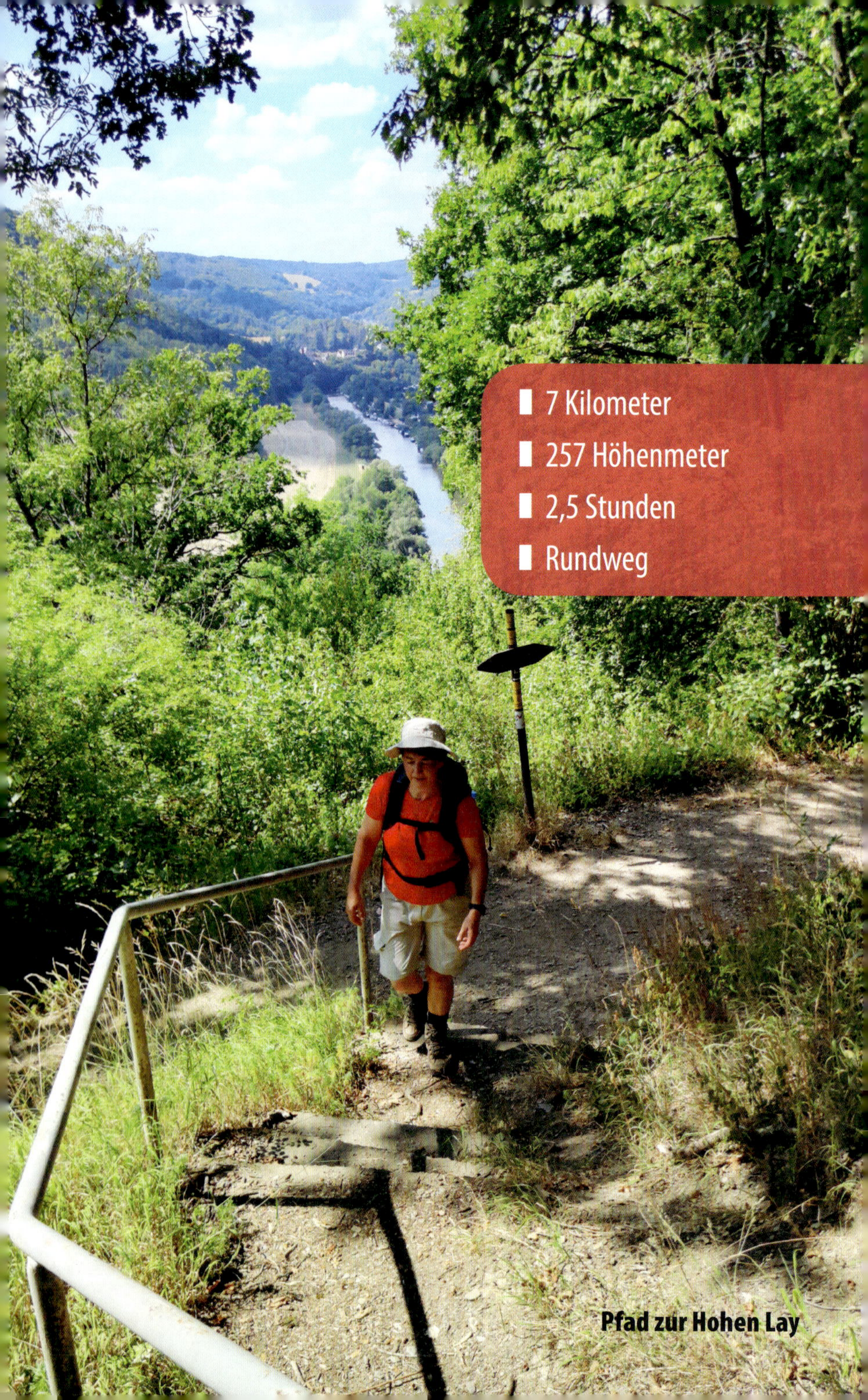

- 7 Kilometer
- 257 Höhenmeter
- 2,5 Stunden
- Rundweg

Pfad zur Hohen Lay

Unsere heutige Tour startet am Bahnhof in Nassau. Wir gehen, vom Haupteingang der Bahnhofsgebäude aus gesehen, nach links die Bahnhofstraße entlang und stoßen bei der historischen **Kettenbrücke** auf den **Lahnwanderweg** (rotes LW auf weißem Hintergrund). Diesem folgen wir nach rechts auf der Kettenbrück-

Nassauer Aussichten

Zur Hohen Lay bei Nassau

straße und bewundern die Skulptur eines Flötenspielers vor der aus dem 11. Jahrhundert stammenden **Johanniskirche.**

Am Ende der Kettenbrückstraße überqueren wir auf einem Zebrastreifen die Straße Am Marktplatz. Unter den Torbögen des **Adelsheimer Hofes** machen wir einen kurzen Abstecher nach links, um einen Blick auf das **Steinsche Schloss ①** zu werfen. Leider ist das Betreten des imposanten Bauwerkes und des Innenhofes nicht gestattet. Hier am Marktplatz befindet sich auch der einladende Außenbereich des **Restaurants Mediterran ②.** Mit einem Besuch des Restaurants können wir uns am Ende der Tour belohnen.

*Im Steinschen Schloss wurde 1757 **Heinrich Friedrich Karl von und zum Stein** geboren. In seiner Nassauer Denkschrift forderte er die Aufhebung der bäuerlichen Erbuntertänigkeit und sprach sich für die Teilnahme der Bürger an gemeindlichen Aufgaben aus.*

Vom Marktplatz gehen wir nun wieder zurück zu den Torbögen des **Adelsheimer Hofes.** Das Gebäude wurde 1607/1609 erbaut und ist seit 1912 das Rathaus der Stadt Nassau. Wir bewundern die reichen Schnitzereien an den Eckpfosten und am Osteingang. Vor der Stadthalle biegen wir links auf die Amtsstraße und durchqueren die kurze Fußgängerzone. An ihrem Ende gehen wir rechts in die Straße Obertal. Ein **Denkmal** erinnert an die im Jahr 1945 bei einem Bombenangriff vollstän-

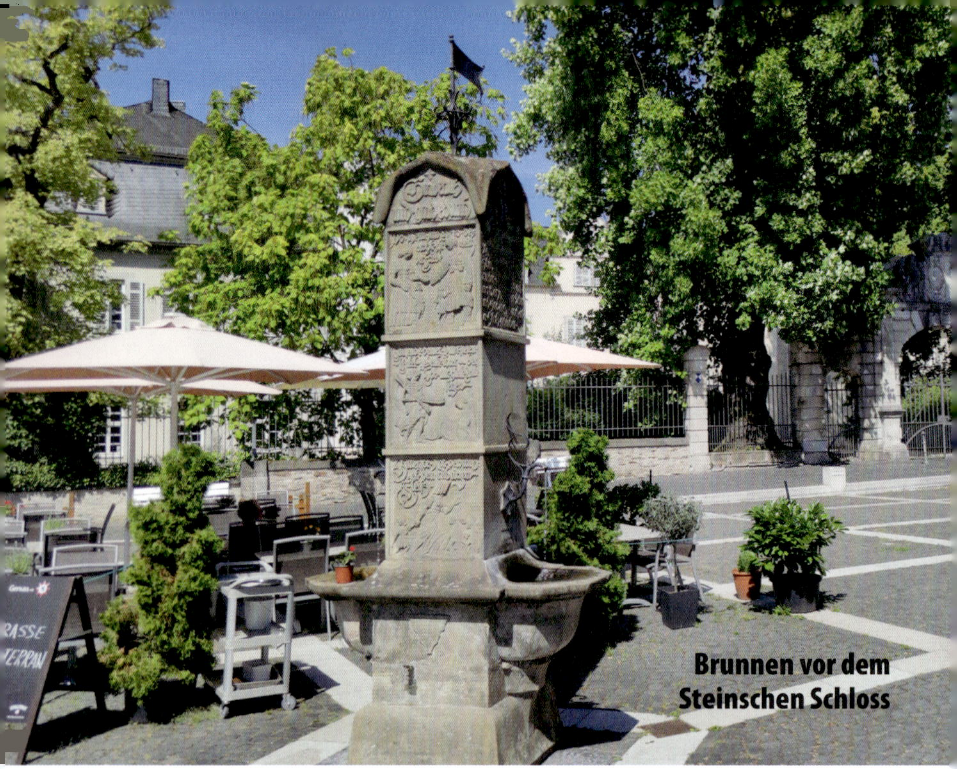

Brunnen vor dem Steinschen Schloss

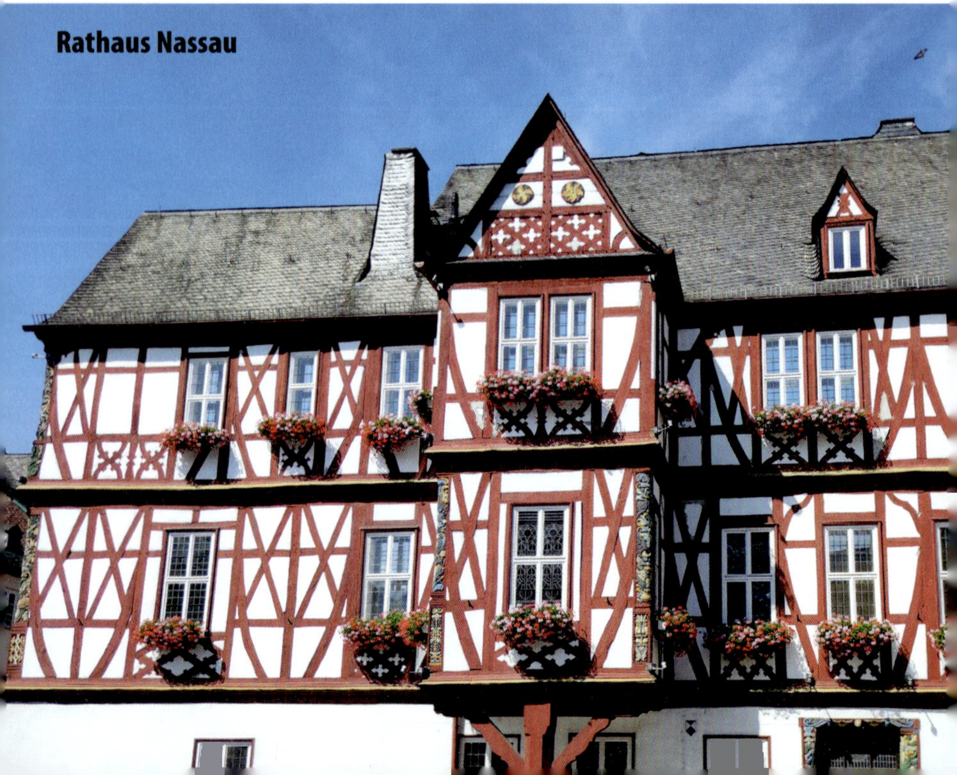

Rathaus Nassau

dig zerstörte Synagoge. Wir kommen an eine Kreuzung und biegen schräg links in die Hohe-Lay-Straße ab. Dieser folgen wir am Altenpflegeheim vorbei und wenden uns hinter diesem rechts in den Mittelpfad.

Nach gut 300 Metern führt uns die Beschilderung des **Lahnwanderweges** und des **Rundwanderweges 2**

Für die Seele

Von der Sonne geküsst ruhen wir auf der bequemen Liegebank und genießen die märchenhafte Aussicht über die bewaldeten Hügel des Nassauer Landes.

(Hohe Lay) nach links. Wir verlassen nun das Wohngebiet, und die Straße mündet in einen traumhaft verwunschenen Pfad. Obwohl es auf diesem stetig, aber moderat bergan geht, können wir hier genüsslich unsere Seele baumeln lassen. Denn neben einigen aussichtsreichen Rastplätzen finden wir in diesem Abschnitt des

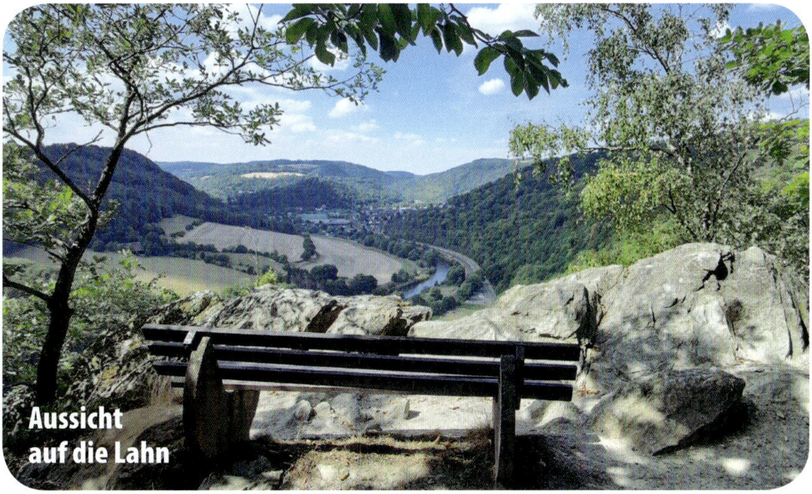

Aussicht auf die Lahn

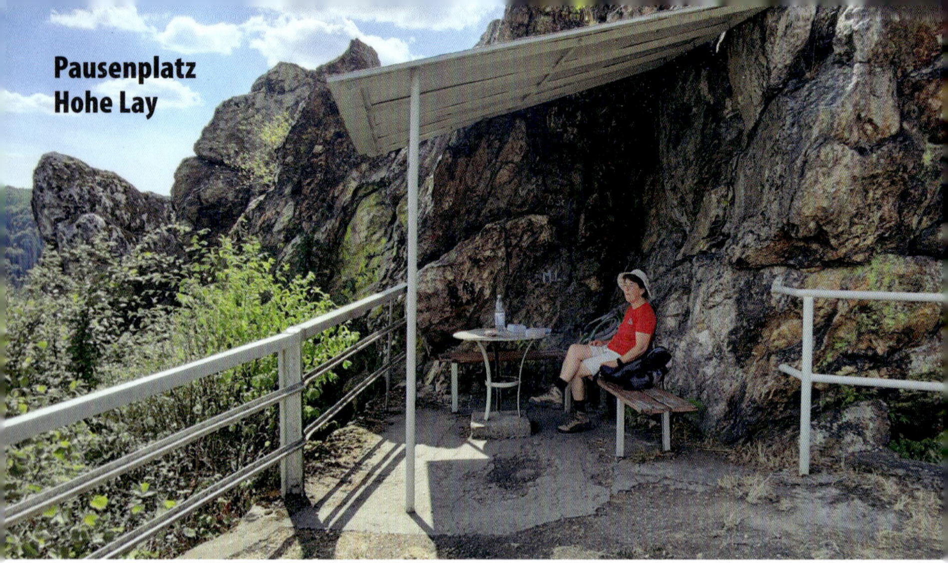

Pausenplatz Hohe Lay

Weges bemooste Felsen und alte Weinbergsmauern. Wir bleiben weiter auf dem Lahnwanderweg und nach gut 1,2 Kilometern erreichen wir einen wunderschönen **Aussichtspunkt** mit einer gemütlichen Bank. Über Felsen hinweg schauen wir ins Lahntal und erblicken in der Ferne Nassau mit seiner Burg.

Natürlich würden wir es hier noch viel länger aushalten. Aber die **Hohe Lay** ❸ wartet schon auf uns. Voller Vorfreude geht es nun links hinauf zu dem markanten Felsen, den wir hier schon von unten bewundern können. Schon bald haben wir den Fuß des imposanten Aussichtsfelsens erreicht, den wir über die im Jahr 2016 mit Hilfe einiger lokaler Sponsoren errichtete **Metalltreppe** erklimmen.

Von der Hohen Lay aus erkennen wir unter anderem **Schloss Langenau** und das **Kloster Arnstein.** Mit dem Blick über die liebliche Landschaft des unteren Lahntales haben wir auch unsere Gedanken in die Ferne schweifen lassen. Wir steigen die Treppe wieder hinunter und gehen auf dem Waldweg links bergan. Nach gut 150 Metern erreichen wir eine freie Fläche mit einem **Holzkreuz** ❹**,** welches hier als Symbol für Glaube, Hoffnung und Zuversicht errichtet wurde. Auf einer bequemen **Liegebank** dürfen wir die schöne Aussicht nochmals ausgiebig genießen.

*Der Begriff **Lay**, auch Ley oder Lei, wird im rheinischen Sprachraum sehr oft für Felsen und Schiefergestein verwendet. Berühmtestes Beispiel ist wohl die Loreley im Rheintal. Meist hat man von diesen Felsen eine eindrucksvolle Aussicht.*

Nach dieser Aussichtspause setzen wir unseren Weg fort und halten uns bei der nächsten Möglichkeit links. Nach gut 300 Metern kommen wir an eine Feldholzinsel und wenden uns vor einem Privatgrundstück auf dem Schotterweg nach rechts. In der Ferne sind im Nordosten der **Goethepunkt** bei Obernhof und das **Weinährer Kreuz** zu erkennen. Bald darauf macht der Schotterweg einen Linksknick und kurze Zeit später erreichen wir einen Wanderparkplatz. Beim Parkplatz überqueren wir die wenig befahrene Kreisstraße und biegen auf der gegenüberliegenden Seite in den land- und forstwirtschaftlichen Weg ein. Der nun asphaltierte Weg knickt an einer Bank links ab und geht später wieder in Schotter über. An der nächsten Wegegabel biegen wir links auf den Grasweg ab, der als **Europäischer Fernwanderweg E1** (weißes X auf schwarzem Grund) gekennzeichnet ist.

Dem Fernwanderweg, der auf 1900 Kilometern quer durch Deutschland führt, und der Markierung des **Rundwanderweges 2** folgen wir in den Wald hinein und dort weiter bergab. Kurz nach einer Linksbiegung erwartet uns eine **Schutzhütte** ❺ mit toller Aussicht auf Nassau mit seiner hoch am Berg thronenden Burg.

*Der **Europäische Fernwanderweg E1** ist ein 8000 Kilometer langer markierter Wanderweg vom Nordkap bis in den Süden Italiens. Er wurde 1969 als Ausdruck der europäisch-verbindenden Idee der Wanderbewegung geschaffen.*

*Die **Burg Nassau** wurde um 1100 von den Grafen von Nassau errichtet. Noch heute sind die Nachfahren der Erbauer im niederländischen Königshaus und im Großherzogtum Luxemburg vertreten. Märchenhaft liegt sie auf einem Kegelfels über dem Städtchen Nassau.*

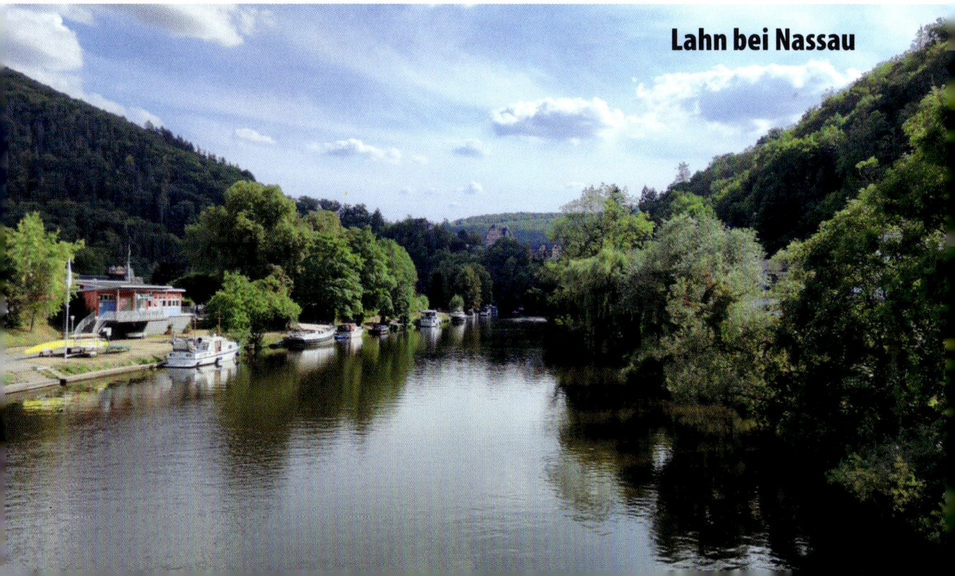

Lahn bei Nassau

Panoramatour 6

Auf dem Weg wandern wir bis zu seinem Ende durch den Wald hinunter. Nun halten wir uns rechts. Wir erreichen die ersten Häuser von Nassau und der Weg wird zur Straße. Hinter dem Haus mit der Nummer 44 führt ein schmaler **Treppenweg** hinunter. Ab dem Treppenende ist uns der Weg vom Hinweg her bekannt und wir schlendern zurück in die Stadt.

Zur Einkehr besuchen wir das Restaurant Mediterran und erfreuen uns an den hervorragenden kroatischen Speisen. Ein Geheimtipp ist auch das gemütliche **Café Lieblingsstück 6,** das sich am Rückweg zum Bahnhof befindet. Die hausgemachten Kuchen sind ein Gedicht!

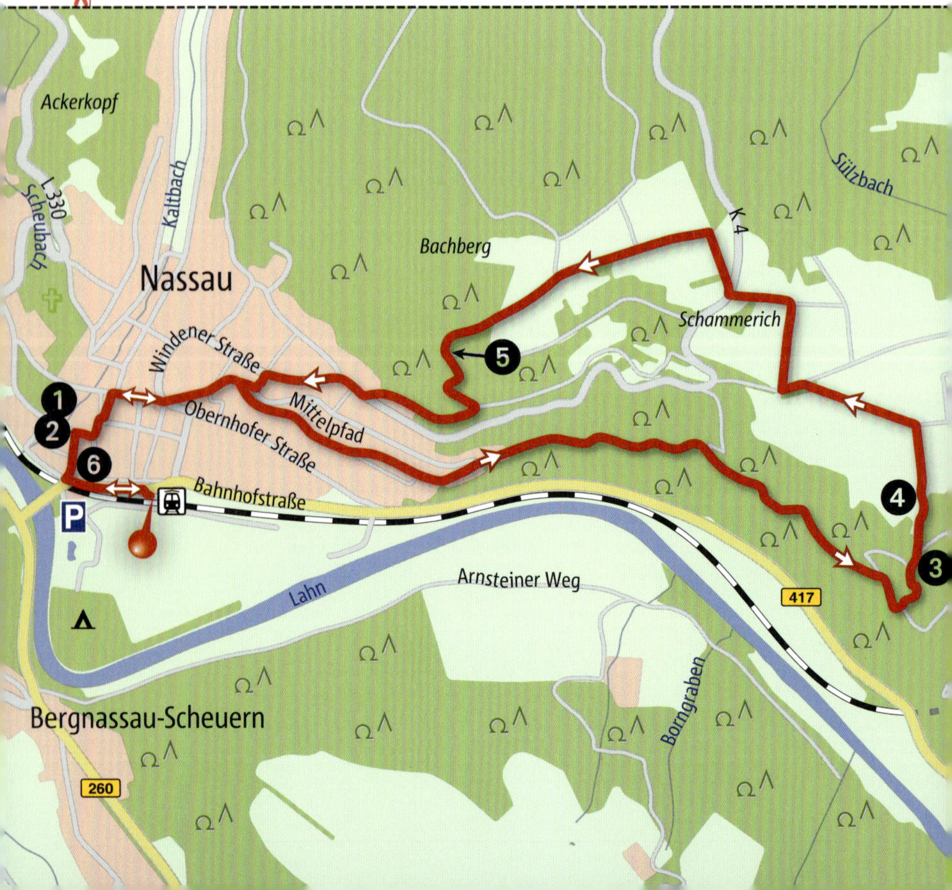

Alles auf einen Blick

WIE & WANN:
Naturpfade, Wald-, Wiesen- und Wirtschaftswege. Treppenstufen in Nassau und zur Hohen Lay. In Nassau auf den Bürgersteigen. Ganzjährig lohnend.

Entspannung ★★★★☆
Genuss ★★★★☆
Romantik ★★★★☆

HIN & WEG:
Auto: Großraumparkplatz am Freibad, Leifheitstraße, 56377 Nassau
(GPS: 50.31125, 7.79757)
ÖPNV: RB 23 bis Nassau

ESSEN & ENTSPANNEN:
Restaurant Mediterran ❷ Am Marktplatz 1, 56377 Nassau, Tel. (0 26 04) 16 59, mediterran-nassau.de
Café Lieblingsstück ❻ Bahnhofstraße 1, 56377 Nassau, Tel. (0 26 04) 95 01 48

ENTDECKEN & ERLEBEN:
Steinsches Schloss ❶
Hohe Lay ❸
Holzkreuz ❹
Schutzhütte ❺

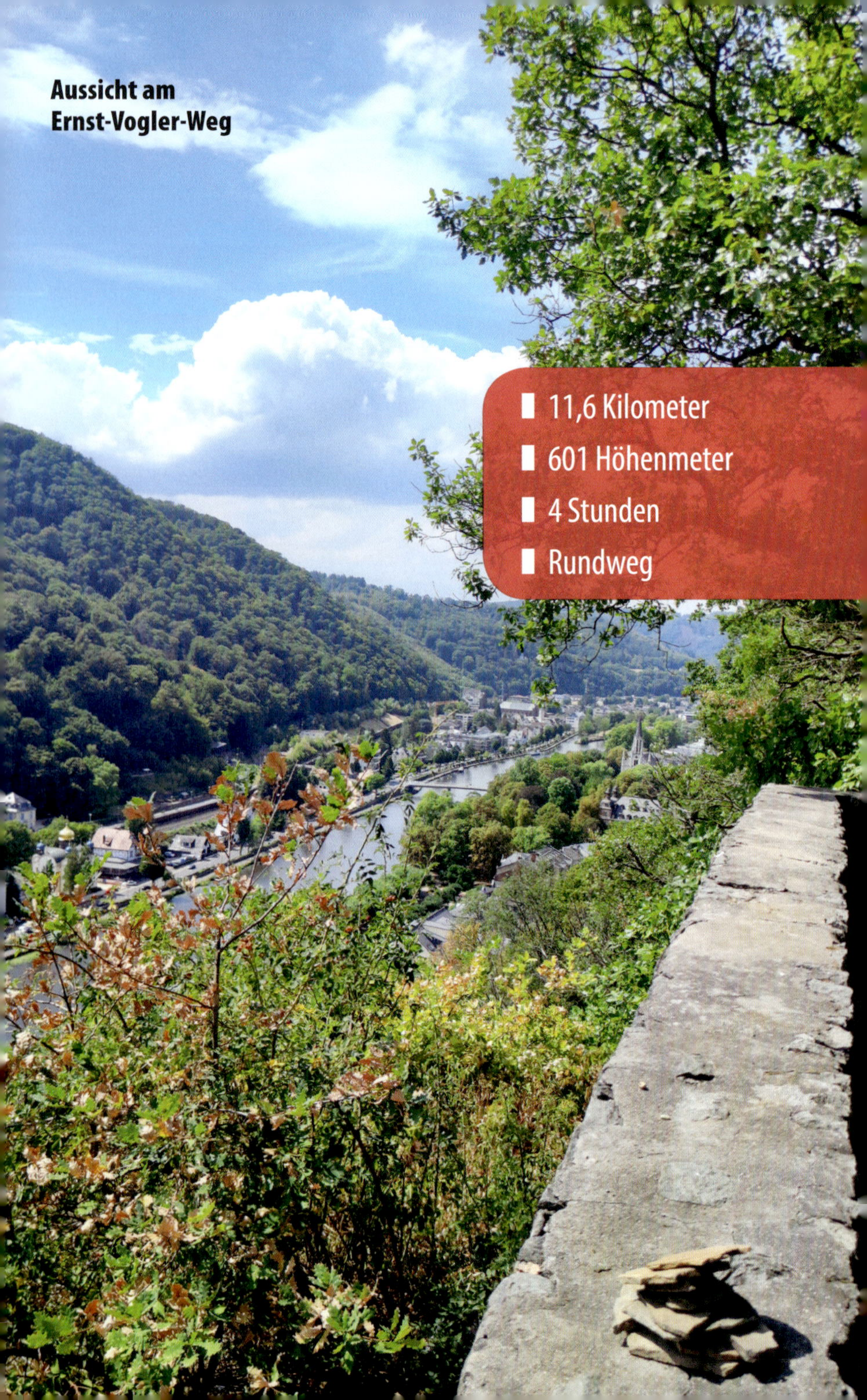

Aussicht am Ernst-Vogler-Weg

- 11,6 Kilometer
- 601 Höhenmeter
- 4 Stunden
- Rundweg

Vom Bahnhof aus gehen wir die Bahnhofsstraße hinunter und bewundern das Stadtbild von **Bad Ems,** das noch in vielem an die gute alte Zeit erinnert. Wir überqueren die Mainzer Straße an einer Ampel und wandern auf der Fußgängerbrücke über die Lahn. Spürt

Hochgefühl

Auf der Kemmenauer Sonnenterrasse

ihr auch das mondäne Flair, welches das Ensemble von Bäder- und Spielbankkultur versprüht?

Wir überqueren die Lahn, biegen hinter der Brücke links ab und schlendern gemütlich am Fluss entlang. Etwas später halten wir uns rechts und gehen, am **Robert-Kampe-Sprudel ❶** vorbei, in die Grabenstraße. Ab hier ist unser Weg auch durchgehend als **Höhenluft** (stilisierter weißer Sprudel auf blauem Hintergrund) markiert. Einen Blick auf den bis zu 55 Grad heißen Sprudel gönnen wir uns aber noch. Wenn er gut in Form ist, schießt seine Fontäne beeindruckende 8 Meter in die Höhe! Von der Grabenstraße aus biegen wir links in den Pfahlgraben ab.

*Zusammen mit zehn anderen Kurstädten wurde **Bad Ems** im Juli 2021 zum Welterbe ernannt. Als eine der elf Great Spa Towns of Europe repräsentiert Bad Ems die Blütezeit des europäischen Kurphänomens, das bereits in der Antike seinen Ursprung hatte.*

Pfahlgraben – schon der Name deutet auf die nächste geschichtliche Begebenheit hin. Denn in Bad Ems waren einst auch die Römer zu Hause. Die Straße nimmt uns steil mit hinauf und kurz hinter den letzten Häusern haben wir die Rekonstruktion einer **römischen Palisade ❷** erreicht, die wir nun zunächst staunend bewundern. Unser Weg führt uns jedoch vor den Palisaden links auf den **Ernst-Vogler-Weg.**

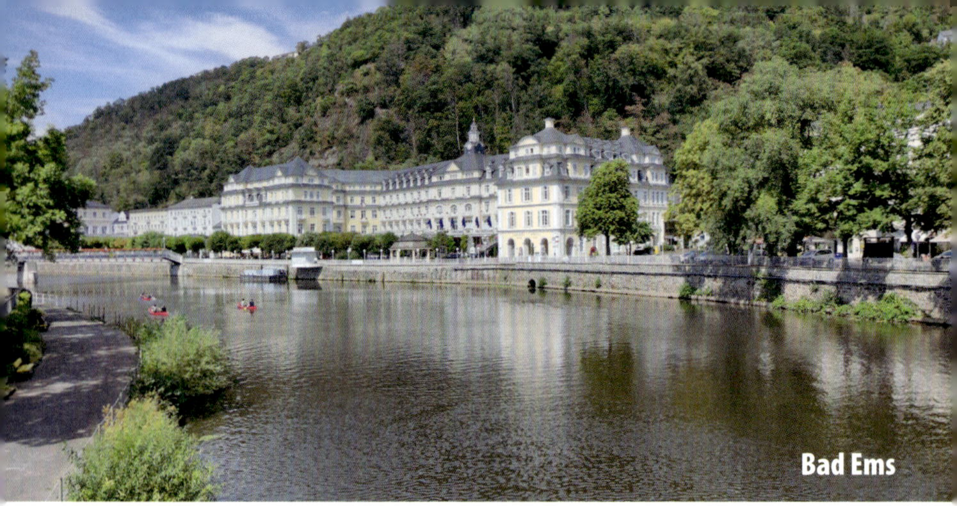

Bad Ems

Nach kurzer Zeit genießen wir an einem Aussichtspunkt den Blick über Bad Ems. Zauberhaft glänzt und glitzert die Lahn und wir strahlen mit der Sonne um die Wette. Nach der Aussicht wandern wir weiter geradeaus, nehmen also nicht den Weg, der nach oben führt. Stattdessen unterqueren wir bald darauf das Stahlgerüst der **Kurwaldbahn.** Im 7-Minuten-Takt verkehren hier die beiden Kabinen, die bis zu 20 Personen auf einen Rutsch befördern können. Unser Weg stößt schließlich auf die asphaltierte Otto-Balzer-Straße, auf die wir rechts einbiegen, den Fliederweg links liegen lassen und nach kurzer Zeit rechts dem Wegweiser in Richtung **Bismarckhöhe** folgen.

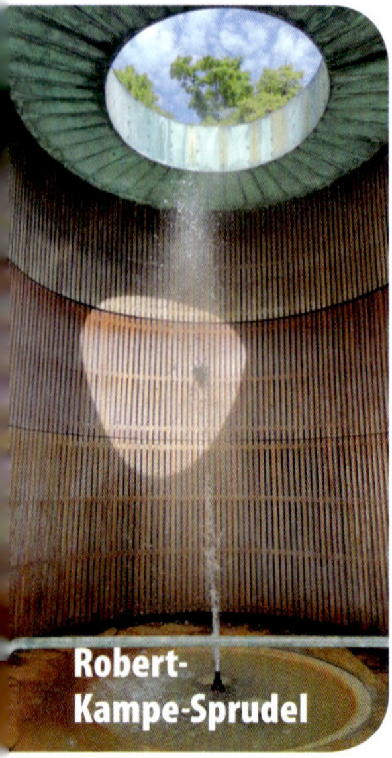

Robert-Kampe-Sprudel

Vor einem Holzschuppen, übrigens beherbergt dieser eine Druckminderstation, wenden wir uns nach rechts. Bei der Bank gehen wir weiter geradeaus und danach wieder rechts. Den Abzweig zur Margarethenhöhe ignorieren wir. An der nächsten Abzweigung orientieren wir uns an der Wegemarkierung nach rechts und erreichen auf einem idyllischen Pfad kurze Zeit später nochmals einen schönen **Aussichtspunkt mit Bank.** Nach nur ein paar Metern unterqueren wir erneut die Standseilbahn, übrigens eine der steilsten der Welt, und halten uns am nächsten Wegekreuz scharf links. Hier kommen wir nun an der Bergstation der Kurwaldbahn vorbei und unser Blick fällt links auf den **Bismarckturm ❸.** Direkt am Turm lockt das

Restaurant **Brauhaus Bismarcks** 4 mit fabelhafter Aussichtsterrasse.

Von der Kurwaldbahn aus schlagen wir den Weg nach rechts ein, gehen am Spielplatz wiederum rechts vorbei und wandern ein ganzes Stück am Waldrand entlang. Einem Pfad folgen wir rechts in den Wald hinein und stoßen kurze Zeit später auf einen etwas breiteren Weg, auf dem wir nach links gehen. Vorbei an einigen Stationen eines **Vita-Parcours** erreichen wir auf dem breiten Weg eine Schutzhütte. Hinter der Hütte nehmen wir die Treppe, die gerne auch als Fitness-Station benutzt werden darf.

Wir kreuzen den Waldweg und bleiben auf dem Pfad, der nun – neben der uns bekannten Markierung

Für die Seele

An den zahlreichen sonnendurchfluteten Aussichtspunkten lassen wir die Seele baumeln und schauen über die lieblichen bewaldeten Hügel des unteren Lahntals.

*An dieser Stelle im Bad Emser Stadtwald wird der Wachtposten 1/93 des römischen **Limes** vermutet. Mit seiner Länge von 550 Kilometern, 120 Kastellplätzen und 900 Wachtposten bildete der Limes die Außengrenze des damaligen römischen Weltreiches.*

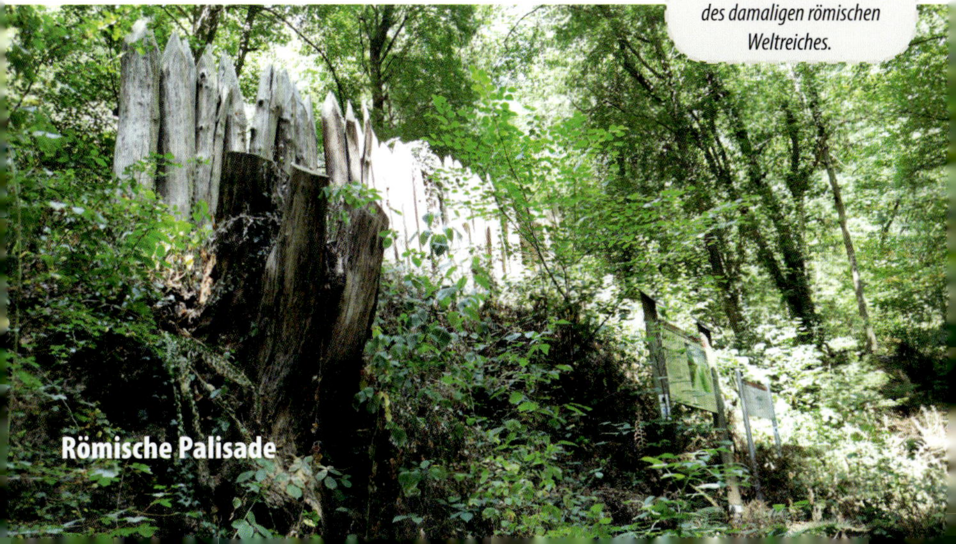

Römische Palisade

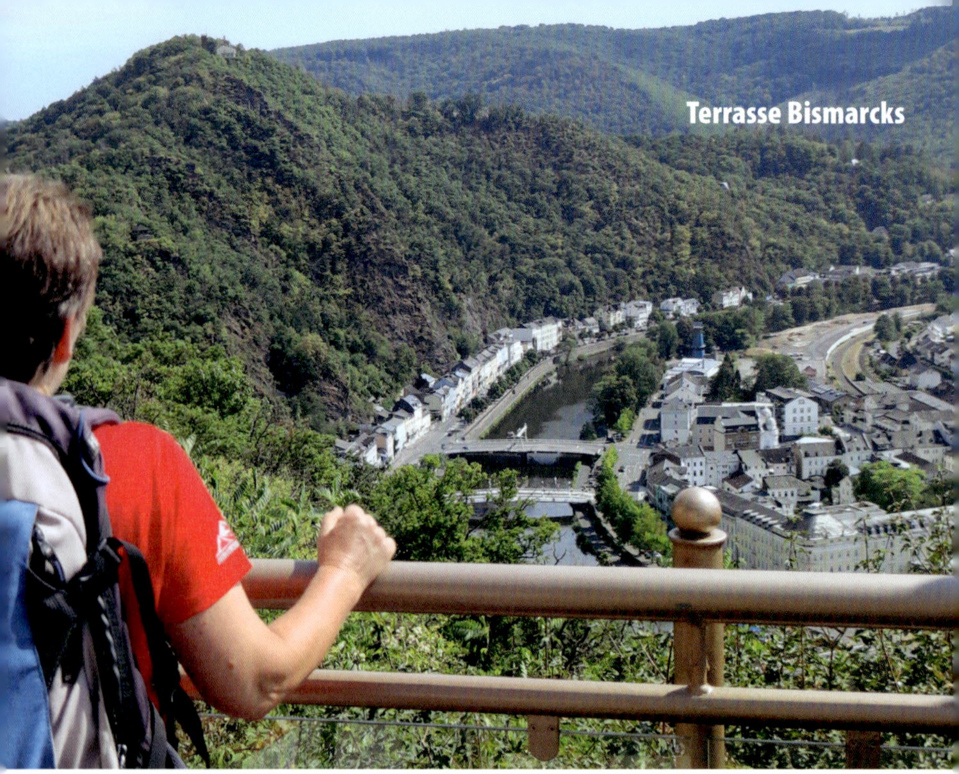
Terrasse Bismarcks

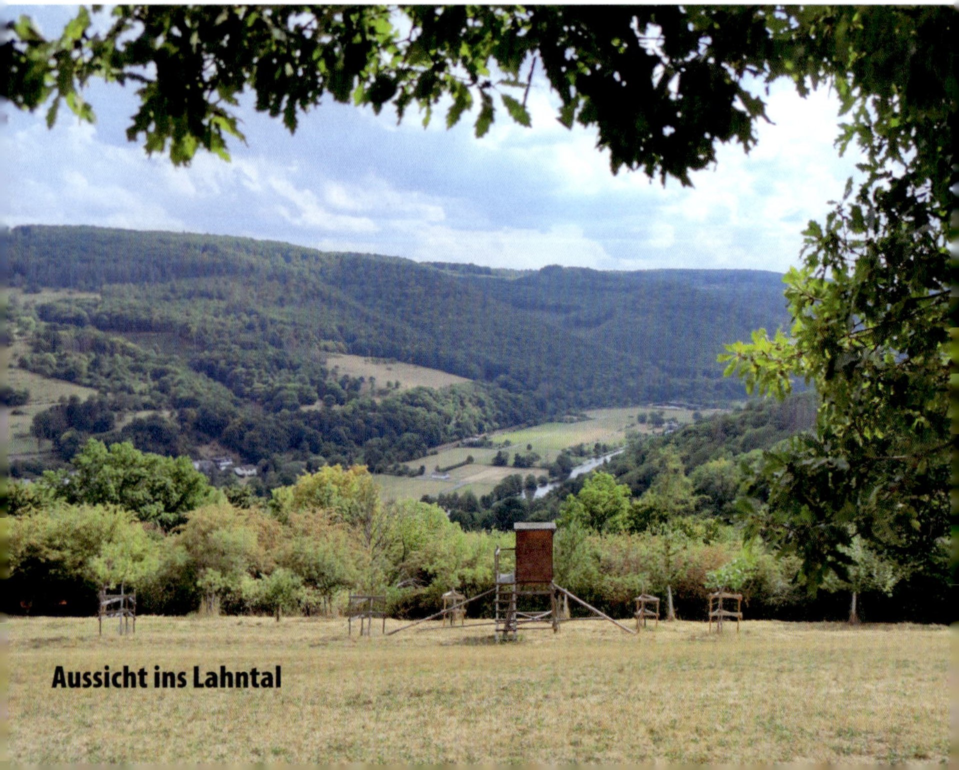
Aussicht ins Lahntal

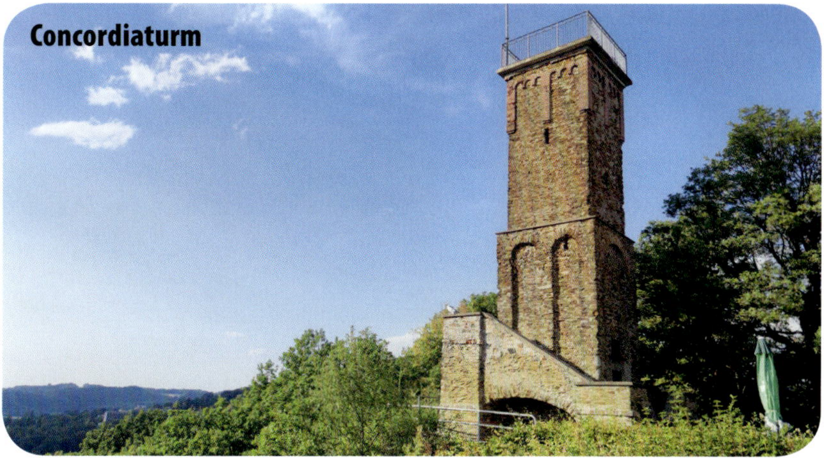

des Wanderweges Höhenluft – auch als **Limes-Wanderweg** ausgeschildert ist. Auf den Spuren des römischen Schutzwalles folgen wir dem naturbelassenen Pfad, der bald darauf eine Linkskurve beschreibt und uns steil hinauf mitnimmt. Wir wandern nun etwa 350 Meter immer geradeaus bergauf, der Weg führt uns durch eine Linkskurve und wir erreichen kurz danach die Alte Kemmenauer Straße. Diese überqueren wir aufmerksam.

Hinter der Straße orientieren wir uns an dem Wegweiser in Richtung Kemmenau bzw. **Schöne Aussicht.** An der nächsten Wegegabelung gehen wir rechts und folgen dem Weg gut 1 Kilometer lang immer geradeaus. Es riecht herrlich nach Waldmeister und hinter einer Rodungsfläche führt uns die Beschilderung auf einen urigen Pfad nach rechts. Der Pfad stößt auf den Kemmenauer Friedhof. Hier haben wir ungefähr die Hälfte des Weges und auch den höchsten Punkt unserer Tour erreicht.

Wir spüren die wärmenden Sonnenstrahlen und erinnern uns daran, dass wir uns hier in Kemmenau auf der **Sonnenterrasse über dem Lahntal** befinden. Wir genießen die Aussicht über die bewaldeten Hügel.

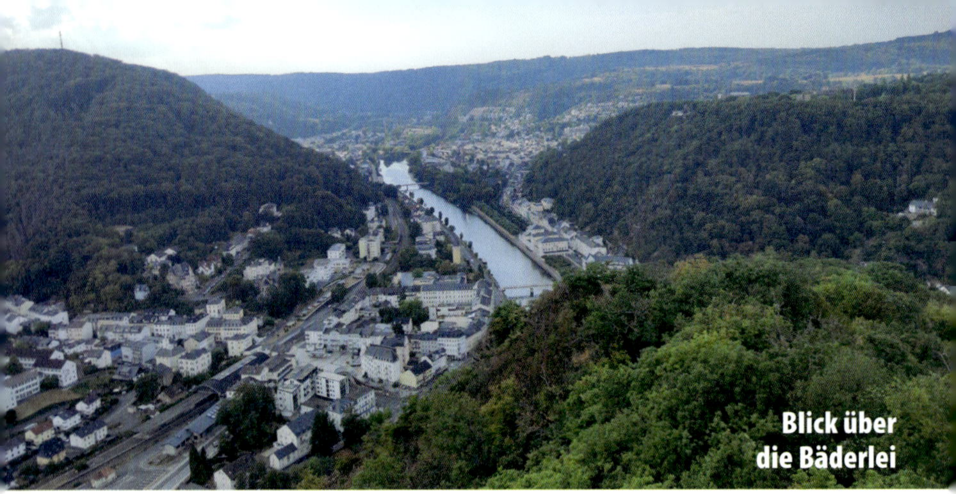

Blick über die Bäderlei

*Schon 1846 wurde der wildromantische **Felsenpfad** über die Bäderlei von Reiseführerpionier Karl Baedeker erwähnt und gepriesen. Auch der russische Schriftsteller Fjodor Dostojewski beschrieb die Bäderlei als „die schönsten Felsen der Welt".*

Weiter geht es am Friedhof und am Ortsrand entlang, bevor wir die Hauptstraße überqueren und auf der anderen Seite in die Straße Auf dem Hufacker einbiegen. An der nächsten Wegegabel halten wir uns auf der gleichen Straße links und schlendern durch das Dorf hinunter. Am Ende der Straße biegen wir rechts ab und bleiben auf dem asphaltierten Weg, der bald darauf nach links hinabführt. Im Anschluss macht der asphaltierte Weg noch einen Linksknick, wir aber wandern geradeaus auf den Schotterweg. Das ländliche Idyll und die Pferde des Pferdehofes verzaubern uns. Hier finden wir Halt und Erdung.

Wir tauchen in ein Wäldchen ein und gehen wenig später durch eine Linkskurve. Gut 300 Meter weiter lenkt uns ein Wegweiser nach rechts. Geradeaus wandern wir auf dem erholsamen Waldweg weiter bergab, kommen schließlich aus dem Wald heraus und gehen am Waldrand geradeaus. In der nächsten Linkskurve erwartet uns eine **Aussichtsbank** ❺ mit wunderschönem Blick auf die Lahn.

Von der Bank geht es nun weiter bergab und wieder in den Wald hinein. Rechts taucht die **Rahmberghütte** ❻ auf und wir entscheiden uns hinter der Hütte für den Waldweg, der rechts hinabführt. Von links kommt ein Weg aus Dausenau. Diesen ignorieren wir aber und gehen weiter geradeaus. Wir wandern durch eine Linkskurve und biegen hinter dieser wiederum

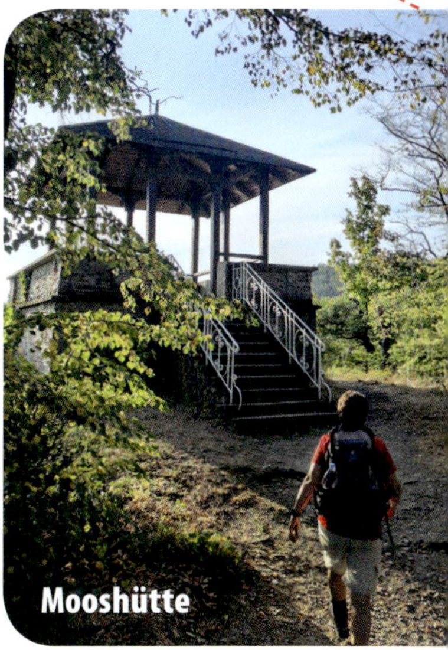

Mooshütte

nach links ab. Etwas später stoßen wir auf den **Lahnwanderweg** und folgen dessen Wegweisung in Richtung Bad Ems. Der Lahnwanderweg ist von nun an unser stetiger Wegbegleiter und wir verlassen den Schotterweg nach rechts. Im Wald halten wir uns links und passieren ein Haus, dessen Fertigstellung wohl nicht zu erwarten ist. Kurze Zeit später führt der gemütliche Waldweg an einem umzäunten Schießgelände vorbei.

Ein Wegweiser schickt uns nach rechts und kurz darauf nehmen wir den Pfad links über die Wiese. Dieser nimmt uns recht steil mit hinauf. Als Belohnung warten eine Bank und eine Liege mit traumhafter Aussicht ins malerische Lahntal. Nun geht es weiter hinauf zum nächsten Highlight. Denn ganz oben wartet das **Restaurant Concordiaturm 7** mit einem kühlen Getränk und leckeren Speisen. Natürlich besteigen wir auch den **Concordiaturm 8,** von dem aus wir einen atemberaubenden Blick auf Bad Ems und die Lahn haben.

Rechts vom Turm führt uns die Wegemarkierung über die Bäderlei hinunter nach Bad Ems. Im Zickzack

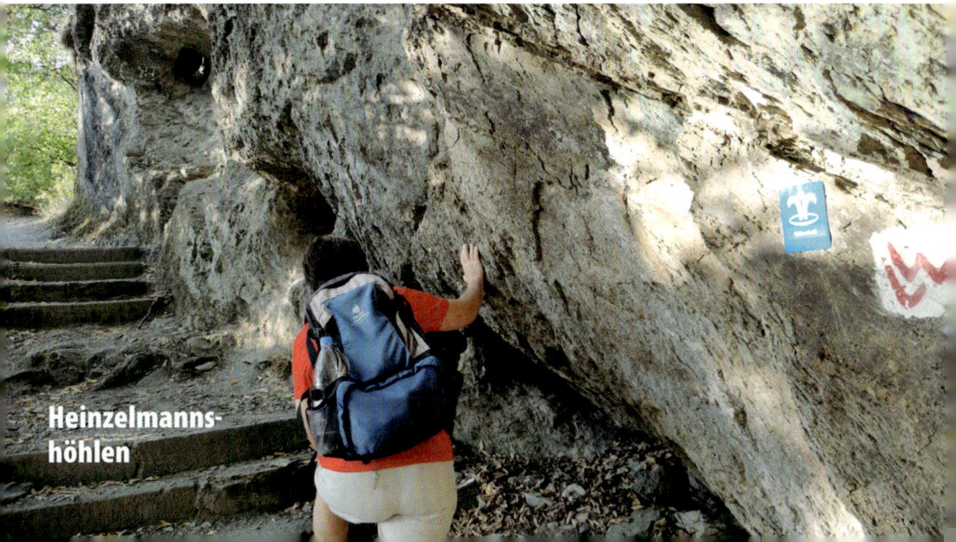

Heinzelmannshöhlen

Panoramatour 7

Die **Heinzelmannshöhlen** haben schon zu Goethes Zeiten die Menschen fasziniert. Unzählige Sagen ranken sich um diese Laune der Natur. Leider wohnen hier aber keine Wichtel. Die Karströhren sind ganz profan durch Kalkauswaschungen entstanden.

und mit zahlreichen weiteren Fernblicken nähern wir uns der Kurstadt. Besonders schön liegt die **Mooshütte,** die damals wie heute ein romantischer Treffpunkt für Verliebte ist. Nach einer letzten Aussichtsplattform kommen wir an das Naturphänomen **Heinzelmannshöhlen** ❾ und suchen in den putzigen Behausungen nach ihren kleinen Bewohnern.

Nun überrascht uns gleich noch eine Besonderheit. Allerdings eine moderne. Denn der Wanderweg führt uns zum Abschluss durch das Treppenhaus eines Parkhauses hinunter auf die Grabenstraße. Vom Robert-Kampe-Sprudel aus machen wir noch einen Bummel durch die ehrwürdige Welterbe-Kurstadt oder entscheiden uns für den Rückweg zum Bahnhof.

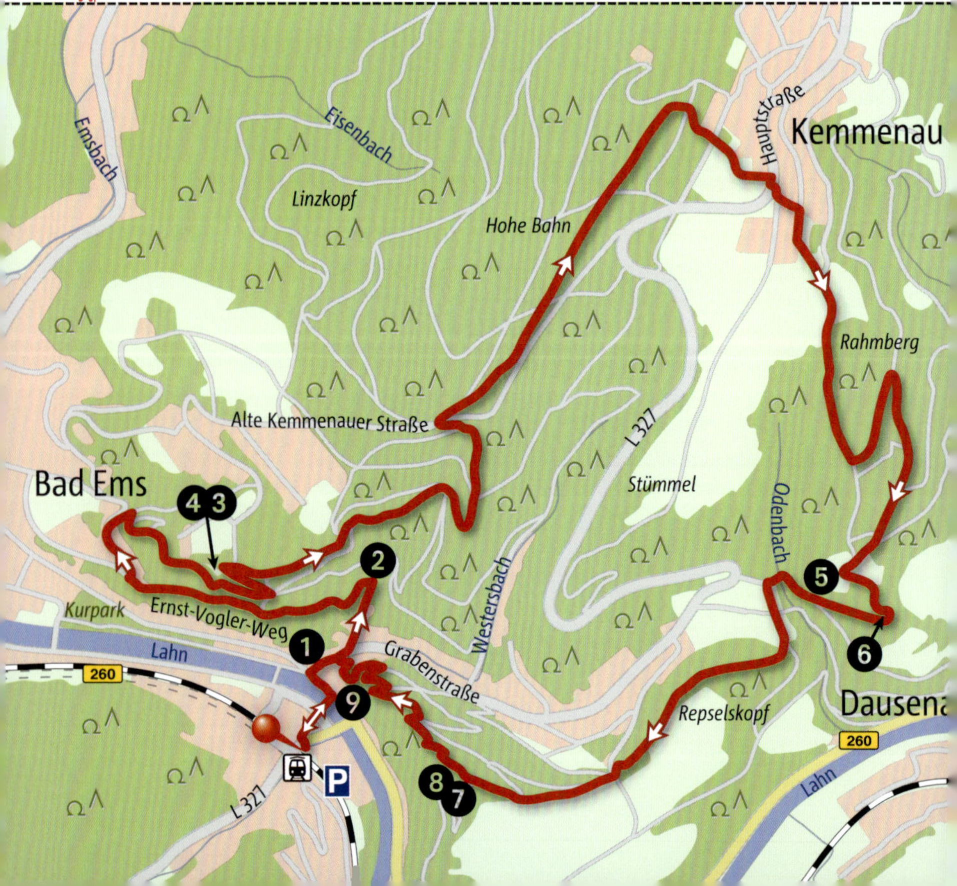

WIE & WANN:
Naturpfade, Wald-, Wiesen- und Wirtschaftswege. In Bad Ems und Kemmenau auf den Bürgersteigen. Ganzjährig lohnend.

Entspannung ✱✱✱✱✱
Genuss ✱✱✱✱✱
Romantik ✱✱✱✱✱

HIN & WEG:
Auto: Parkhaus am Kurpark (kostenpflichtig), Grabenstraße 8, 56130 Bad Ems (GPS: 50.33024, 7.73028) oder am Bahnhof (kostenfrei), Bahnhofsplatz, 56130 Bad Ems (GPS: 50.32704, 7.73038)
ÖPNV: RB 23 oder RB 25 bis Bad Ems

ESSEN & ENTSPANNEN:
Brauhaus Bismarcks ❹ Taunusallee 13, 56130 Bad Ems, Tel. (0 26 03) 50 82 82, www.brauhausbismarcks.de
Restaurant Concordiaturm ❼ Concordiaturm 1, 56130 Bad Ems, Tel. (0 26 03) 9 56 95 87, www.concordiaturm.de

ENTDECKEN & ERLEBEN:
Robert-Kampe-Sprudel ❶
Römische Palisaden ❷
Bismarckturm ❸
Aussichtsbank ❺
Rahmberghütte ❻
Concordiaturm ❽
Heinzelmannshöhlen ❾

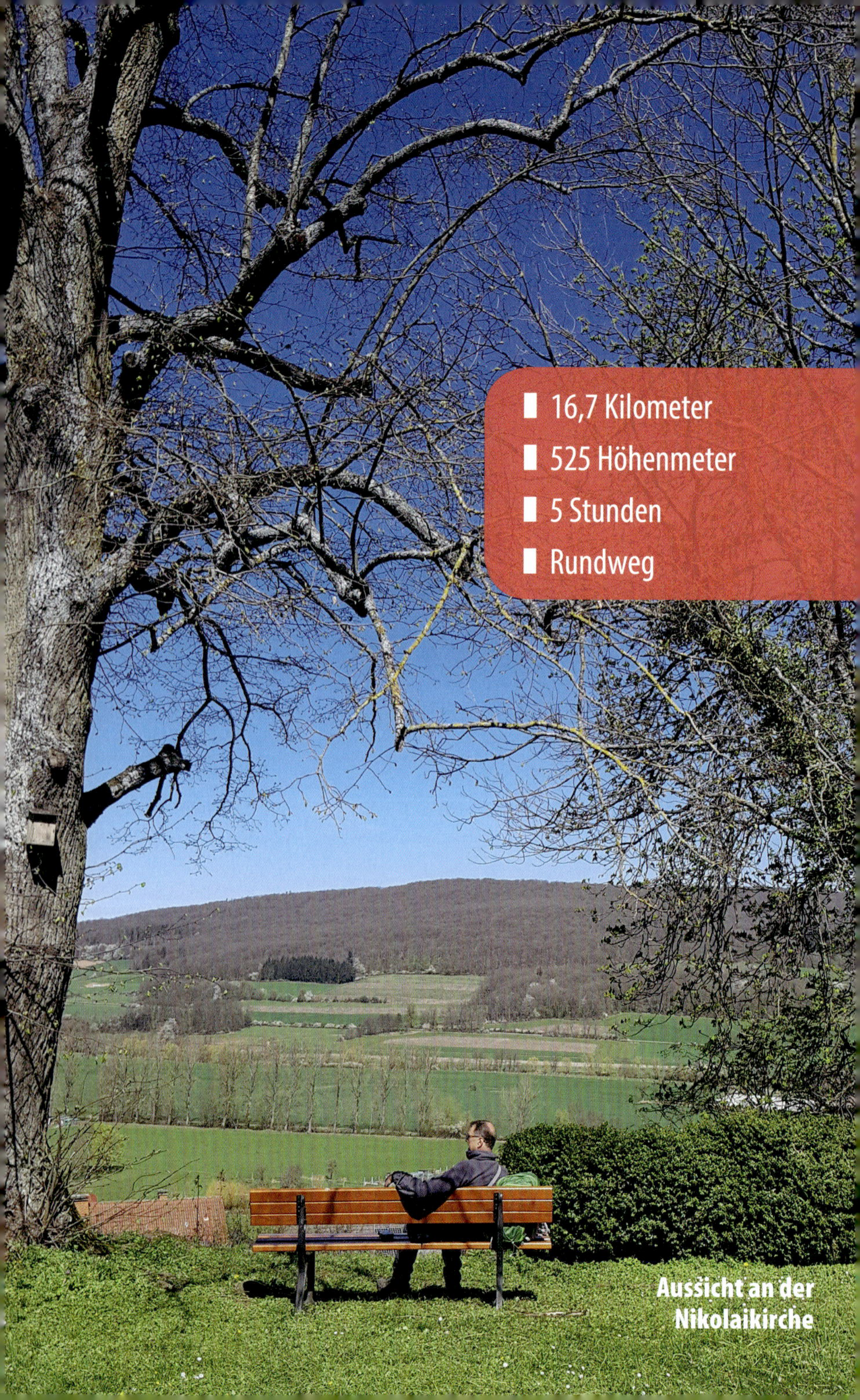

- 16,7 Kilometer
- 525 Höhenmeter
- 5 Stunden
- Rundweg

Aussicht an der Nikolaikirche

Die Tour beginnt am Bahnhof in Caldern. Hier können Fahrzeuge kostenlos parken. Vom Bahnhof aus wandern wir entlang der Landstraße und folgen den Markierungen des **Angelburgpfades** (weißes A auf schwarzem Grund) und des **Zuweges Lahnwanderweg** (rotes LW auf gelbem Grund) in Richtung Caldern.

Ganz oben

Rimberg und Wichtelhäuser Steine

Schon hier sehen wir auf der rechten Seite drei bewaldete Hügel. Der linke und höchste davon ist der 497 Meter hohe Rimberg, den wir heute besteigen werden. Wenn wir ganz genau hinschauen, sehen wir auch den Aussichtsturm auf dem Gipfel. Kurz vor der Brücke über die Lahn stoßen wir auf den **Lahnwanderweg** (rotes LW auf weißem Grund). Diesem folgen wir über die Brücke. Hinter der Brücke können wir uns in der traditionsreichen **Mühlenbäckerei** ❶ mit Verpflegung eindecken oder auch im dazugehörigen Café einkehren. Vor der Bäckerei gibt eine Infotafel Auskunft darüber, wie die Wasserkraft der Lahn gestern genutzt wurde und heute noch genutzt wird.

*Die **Calderner Mühle** wurde 1389 erstmals urkundlich erwähnt. Bis 1527 befand sie sich im Besitz des Zisterzienserklosters in Caldern. Heute treibt eine Turbine die Getreidemühle an und erzeugt gleichzeitig elektrische Energie.*

An der Mühlenbäckerei wechseln wir die Straßenseite und wandern entlang der Landstraße links hinauf. Kurz darauf biegen wir rechts in die Mauerackerstraße ein und halten uns an der nächsten Wegegabelung links. Immer noch auf der Mauerackerstraße geht es durch den Ort. Interessiert betrachten wir die grünen Schilder an den schmucken **Fachwerkhäusern.** Unter diesen Namen sind die hier lebenden Familien in hiesiger Mundart bekannt. Eine

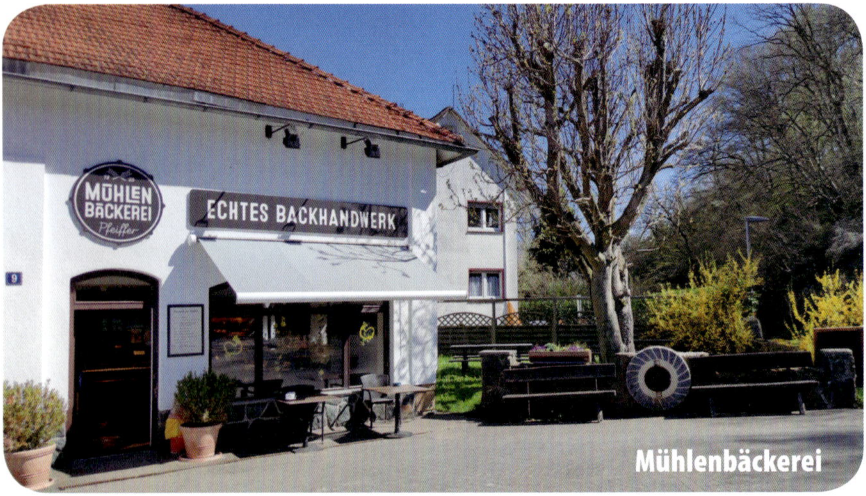

Mühlenbäckerei

schöne Idee, die ein altes Brauchtum nicht in Vergessenheit geraten lässt.

An der nächsten Möglichkeit halten wir uns links in Richtung Kloster Caldern. Die dazugehörige **Nikolaikirche** ❷ müssen wir uns unbedingt anschauen. Nicht nur die Kirche und der Paradiesgarten sind sehenswert, es gibt hinter der Kirche auch einen wunderbaren Pausenplatz mit Blick ins Lahntal. Ein Ort, um die Seele baumeln zu lassen!

*Die evangelische **Klosterkirche St. Nikolai** mit ihrer spätromanischen Basilika wurde um 1230 erbaut. Reste der ehemaligen Klostermauern sind heute noch vorhanden und restauriert. Die Kirche ist im Sommer täglich und im Winter am Wochenende geöffnet.*

Wir verlassen das Kirchengelände und orientieren uns an der Markierung des **Lahn-Dill-Berglandpfades** (Berg und Fluss, stilisiert, blau auf weiß), auf dem wir uns jetzt befinden. Hinter der Nikolaikirche wenden wir uns an der Landstraße, die passenderweise Klosterbergstraße heißt, nach rechts. Wir gehen nun auf das moderne Gebäude der Feuerwehr Caldern zu, biegen aber noch vor diesem links in die Feldstraße ab. Kurz darauf folgen wir dem Lahn-Dill-Berglandpfad in den Weg Am Pfahltor. Der asphaltierte Weg nimmt uns jetzt langsam, aber stetig mit hinauf. Nach gut 500 Metern erreichen wir einen Aussichtspunkt mit Picknicktisch. Auf einer Kuppe etwas unterhalb von uns befand sich einstmals die Richtstätte des Gerichts Caldern, der sogenannte **Galgentrisch.** Wir wandern weiter geradeaus und kommen kurze Zeit später erneut an eine idyllische **Picknickmöglichkeit mit Aussicht ❸.** Hier befindet sich sogar eine originelle überdachte Unterstellmöglichkeit.

Für die Seele

Im idyllischen Klostergarten der Nikolaikirche fühlen wir uns wie im Paradies. Wir genießen den Blick auf sanfte Hügel und vergessen die Alltagssorgen.

Vor dem Unterstand wenden wir uns nach links auf den Schotterweg und wandern auf diesem knapp 1 Kilometer durch einen heimeligen Wiesengrund. Wir erreichen eine Wegekreuzung. Dort biegen wir rechts ab und bleiben auf dem Lahn-Dill-Berglandpfad. Es geht ein Stückchen bergauf und an der nächsten Gabelung führen uns die Wegweiser **Kuhne-Weg** bzw. **Schwälmer Weg** (X 10) nach rechts.

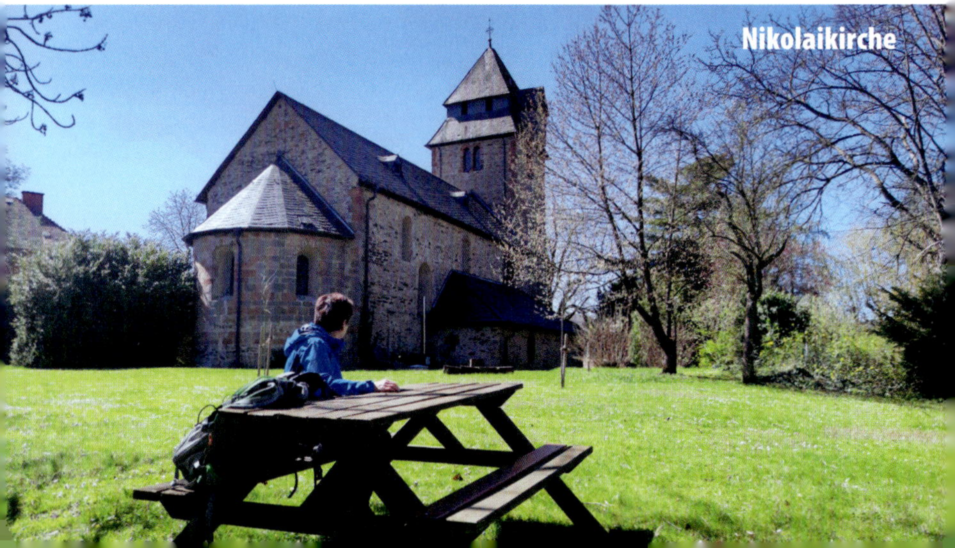
Nikolaikirche

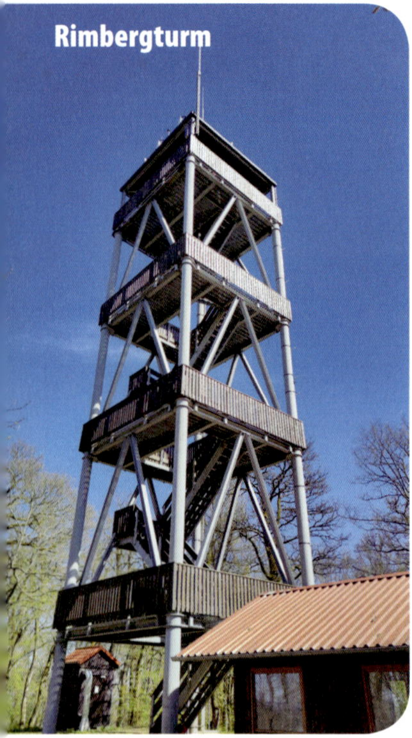

Beim Rettungspunkt MR-448 überqueren wir die Landstraße und bleiben auf dem Schwälmer Weg. Wir tauchen in einen himmlisch ruhigen Wald ein und dürfen den breiten Wanderweg einfach nur genießen. Es geht längere Zeit geradeaus, wir passieren zwei Waldwegekreuzungen, bevor wir hinter einer Kurve auf eine Wegegabelung stoßen und hier dem Lahnwanderweg nach links folgen. Nochmals 300 Meter weiter verlassen wir den Wald und nehmen den nun asphaltierten Weg nach rechts. An der nächsten Ecke führt uns der Lahnwanderweg-Wegweiser nach links in Richtung **Rimberg.** Bei nächster Möglichkeit nimmt uns der Lahnwanderweg rechts steil hinauf mit in den Wald. Nach dem ersten steilen Anstieg entscheiden wir uns nicht für den Pfad weiter geradeaus, sondern halten uns auf den Wanderwegen nach rechts. Der verwunschene Pfad, auf dem wir uns nun befinden, schlängelt sich sanft hinauf zum **Rimbergturm ❹.**

*Vom Turm auf dem Gipfel des 497 Meter hohen **Rimbergs** kann man bei gutem Wetter sogar den Feldberg im Taunus erkennen. Deutlich leichter sind Dünsberg, Sackpfeife und Angelburg auszumachen. Bei der Orientierung hilft eine Tafel.*

Den 24 Meter hohen Rimbergturm zu besteigen, ist ein Muss! Bei gutem Wetter hat man von oben eine fantastische **360-Grad-Rundumsicht.** Es fällt schwer, sich von diesem Blick zu lösen. Aber schließlich schlendern wir wieder die 105 Metallstufen hinunter. Unten angekommen gehen wir zu der Wegekreuzung auf dem zentralen Platz etwas unterhalb des Turmes. Hier müssen wir ein wenig suchen, um den schmalen, recht unscheinbaren Pfad an der Liege rechts in den Wald zu finden.

Auf diesem Pfad geht es vom Rimberg hinunter. Die Markierungen des Angelburgpfades, wir kennen ihn schon vom Anfang der Tour, und des **Lahnhöhenweges rechts der Lahn** (weißes L auf schwarzem Grund) zeigen an, dass wir richtig sind. Bei einem urigen alten

Grenzstein von 1669 wandern wir nach rechts, bevor wir bei der nächsten Möglichkeit wieder nach links abbiegen. Etwas später beschreibt der Weg eine Rechtskurve, bevor wir uns an der nächsten Wegegabelung links halten und dem Angelburgpfad immer den Berg hinunter folgen.

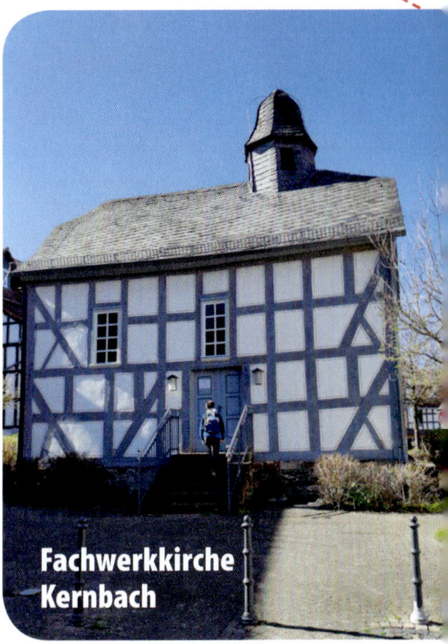

Fachwerkkirche Kernbach

Die Markierungen sind leider nur rudimentär vorhanden, aber wenn man sich immer bergab auf dem Weg hält, kann nichts schiefgehen. Nach gut einem halben Kilometer endet der Weg und wir verlassen den Angelburgpfad, der nach Caldern zurückführt. Wir aber entscheiden uns für den Weg nach links. Nach 300 Metern biegt er an einer Kreuzung nach rechts ab. Ein schwarzes W auf weißem Grund klärt uns auf, dass wir uns nun auf dem **Wollenbergweg** befinden.

Der breite Schotterweg nimmt uns weiter mit bergab und durch einen schönen Wiesengrund hindurch. Die ersten Häuser von **Kernbach** tauchen auf und am Ortseingang begrüßt uns ein fröhlich glucksender

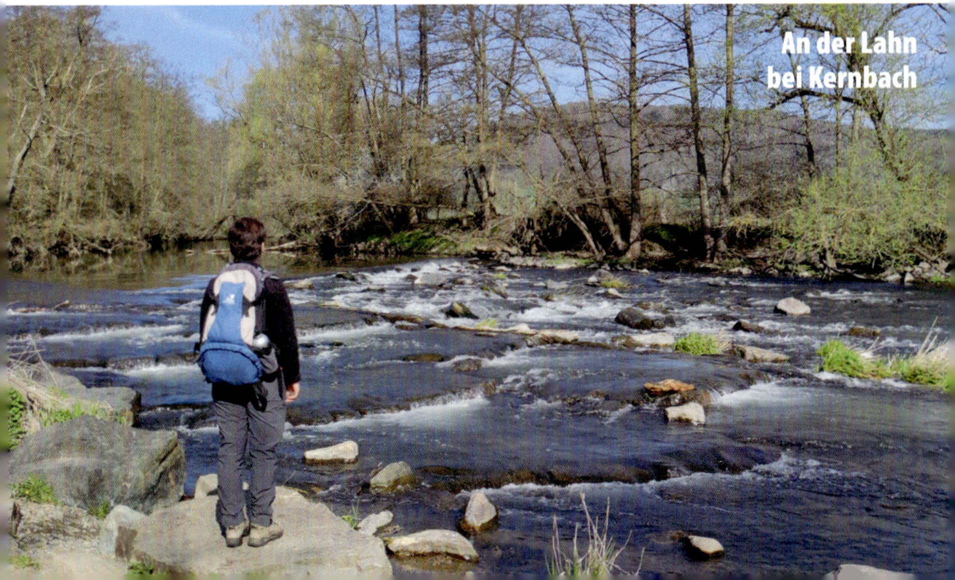

An der Lahn bei Kernbach

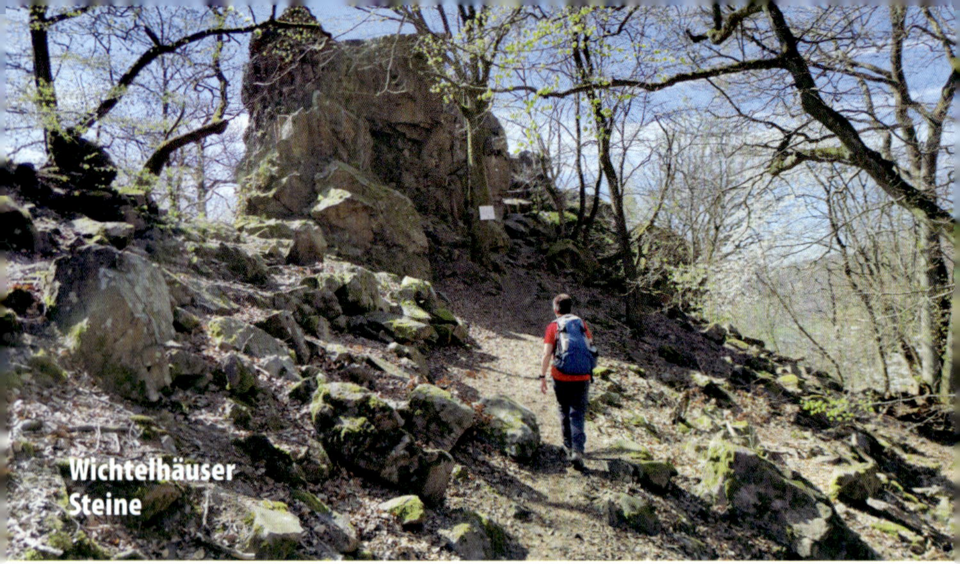

Brunnen. Wir gehen geradeaus weiter und bleiben auf der Straße Zum Rimberg, die dann später in die Bachstraße übergeht. Wir bestaunen die hübsche **Fachwerkkirche** von Kernbach. Sie datiert auf das Jahr 1667 und fügt sich malerisch ins Ortsbild ein. Kurz hinter dem Dorfgemeinschaftshaus biegen wir entlang der Dorfstraße nach links ab und bleiben bis zur Lahnbrücke auf dieser. Vor der Brücke gibt es einen traumhaft schönen **Picknickplatz an der Lahn ❺.**

Wir schlendern über die **Lahnbrücke** und halten uns dahinter direkt links auf dem uns bekannten Wollenbergweg. Der Weg verläuft hier auf dem Radweg, der zunächst ein Stück an den Bahngleisen entlangführt. Dann folgen wir dem Wegweiser des Radweges Richtung Amönau. Dabei überqueren wir nun die Bahngleise und durch eine Unterführung hindurch geht es nach **Brungershausen.** Vor dem interessanten alten Backhaus führt uns die Markierung des Wollenbergweges zunächst nach rechts und kurz darauf nach links in Richtung **Wichtelhäuser Steine.** Wir bleiben auf dem nun immer bergauf führenden Feldweg, bis wir den Waldrand erreichen. Hier lohnt es auf jeden Fall, sich noch einmal umzudrehen und den Blick auf die sanfte Hügellandschaft des oberen Lahntals zu genießen.

Nach diesem grandiosen Fernblick gehen wir weiter geradeaus und kommen im Wald an einem beliebten Parkplatz für Spaziergänger vorbei. Dahinter beschreibt der Weg eine Rechtskurve und in dieser nehmen wir den Abzweig in Richtung Wichtelhäuser Steine. Ein breiter Waldweg nimmt uns mit hinauf. Auf der rechten Seite fällt unser Blick auf einen idyllischen Teich und kurze Zeit später haben wir sie erreicht – die **Wichtelhäuser Steine ❻.** Ein geheimnisvoller Ort voller Magie.

*Der Sage nach sollen sich **Wichtelmänner** nach Jahren friedlichen Handels mit den Dorfbewohnern zerstritten haben. Sie stapelten die Felsen übereinander und verschwanden für immer in der heute noch existierenden Felsspalte.*

Die Wichtelhäuser Steine sind seit jeher ein beliebtes Ausflugsziel und Postkartenmotiv. Wir nehmen wieder den breiten Weg, auf dem wir hier heraufgekommen sind, und genießen das Zwitschern der Vögel und die Waldluft. Es duftet herrlich nach Heimat. Unten in der Kurve nehmen wir den Abzweig nach links und wandern nun die nächsten 700 Meter auf dem **Kurhessenweg.**

Dort, wo ein Weg von links herunterkommt, geht der Kurhessenweg in den **Ernst-Grau-Weg** über, der uns durch den dichten Buchenwald führt. Bald darauf entdecken wir links im Wald ein Denkmal. Es ist bestimmt nicht unansehnlich, und warum es hier so einsam im Wald steht, wird wohl ein Geheimnis bleiben. Gut einen halben Kilometer später erreichen wir den Waldrand. Der Blick öffnet sich und wir biegen hier scharf rechts ab. Am Waldrand entlang wandern wir hinunter und bleiben auf dem Weg, der nach wenigen Metern nach links führt. Zwischen umzäunten Wiesen hindurch erhaschen wir

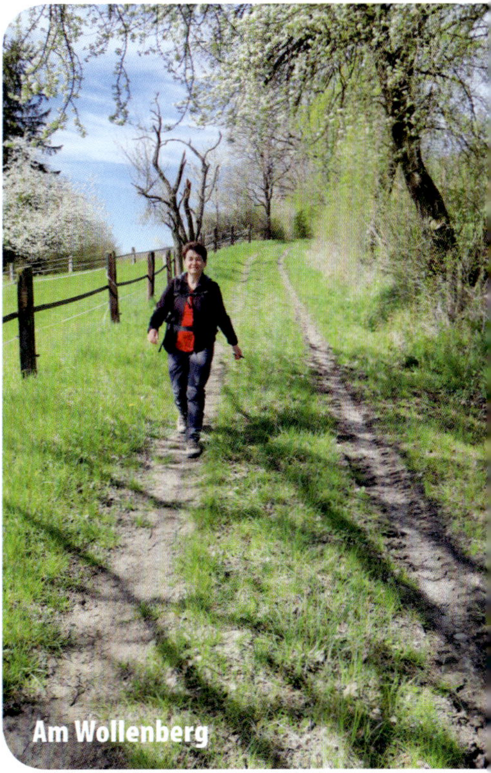

Am Wollenberg

einen **Blick auf Caldern.** Am alten Forsthaus Wollenberg, das jetzt das Gestüt Birkenhof ist, bleiben wir auf dem nun asphaltierten Weg und schlendern weiter bergab. Um zum Bahnhof zurück zu gelangen, müssen wir nun leider die viel befahrene Bundesstraße überqueren, was unsere volle Aufmerksamkeit fordert. Am einfachsten geht dies wohl, wenn wir zunächst zur Bushaltestelle rechts von uns gehen. Vom Bahnhof aus sind es nur ein paar Schritte zum **Gasthaus zur Lahnbrücke ❼.** An der Lahnbrücke sind wir ja zu Beginn der Wanderung schon vorbeigekommen. Wir nehmen im herrlichen Biergarten Platz und lassen den Tag bei leckeren Speisen und Getränken gemütlich ausklingen.

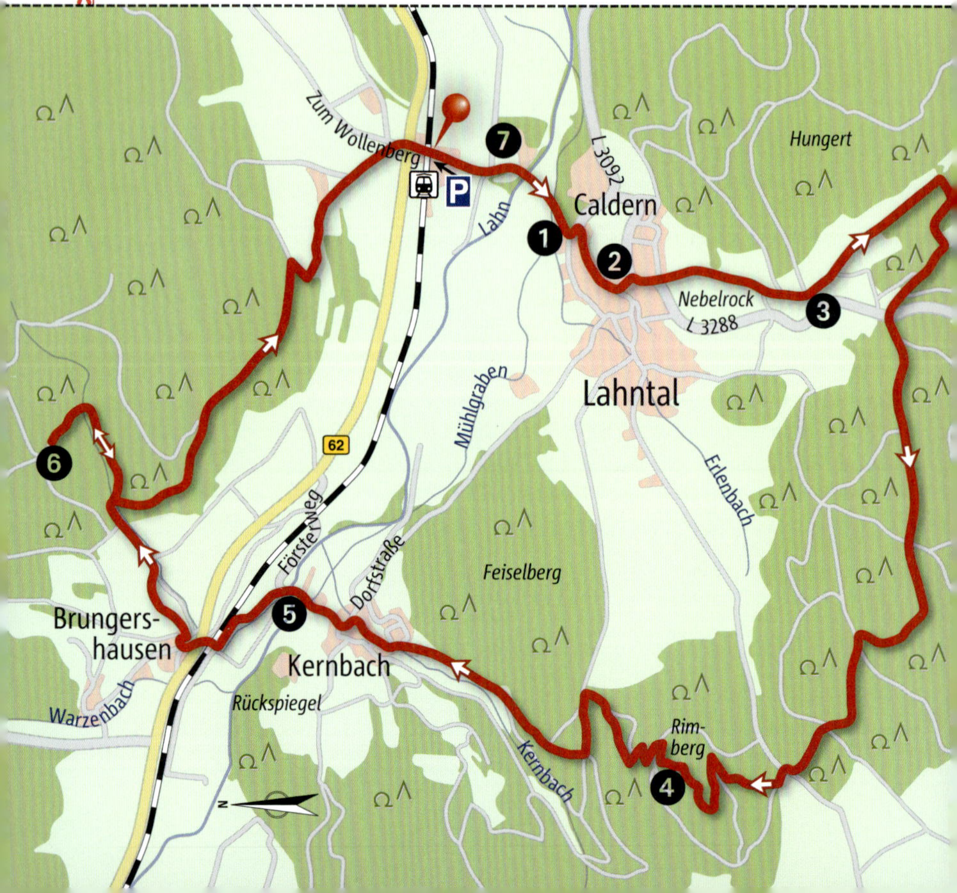

Alles auf einen Blick

WIE & WANN:
Naturpfade, Wald-, Wiesen- und Wirtschaftswege. Durch Caldern und Kernbach auf Bürgersteigen. Ganzjährig lohnend.

Entspannung ✱✱✱✱✱
Genuss ✱✱✱✱✱
Romantik ✱✱✱✱✱

HIN & WEG:
Auto: Bahnhof Caldern, Zum Wollenberg, 35094 Lahntal (GPS: 50.85276, 8.67111)
ÖPNV: RB 94 (Kurhessenbahn) bis Caldern

ESSEN & ENTSPANNEN:
Mühlenbäckerei Pfeiffer ❶ Mühlenstraße 9, 35094 Lahntal, Tel. (0 64 20) 3 55, www.mühlenbäckerei.com
Gasthaus Hotel zur Lahnbrücke ❼ An der Lahnbrücke 3, 35094 Lahntal, Tel. (0 64 20) 8 20 72, www.hotel-zur-lahnbruecke.de/gasthaus

ENTDECKEN & ERLEBEN:
Nikolaikirche ❷
Picknickmöglichkeit mit Aussicht ❸
Rimbergturm ❹
Picknickplatz an der Lahn ❺
Wichtelhäuser Steine ❻

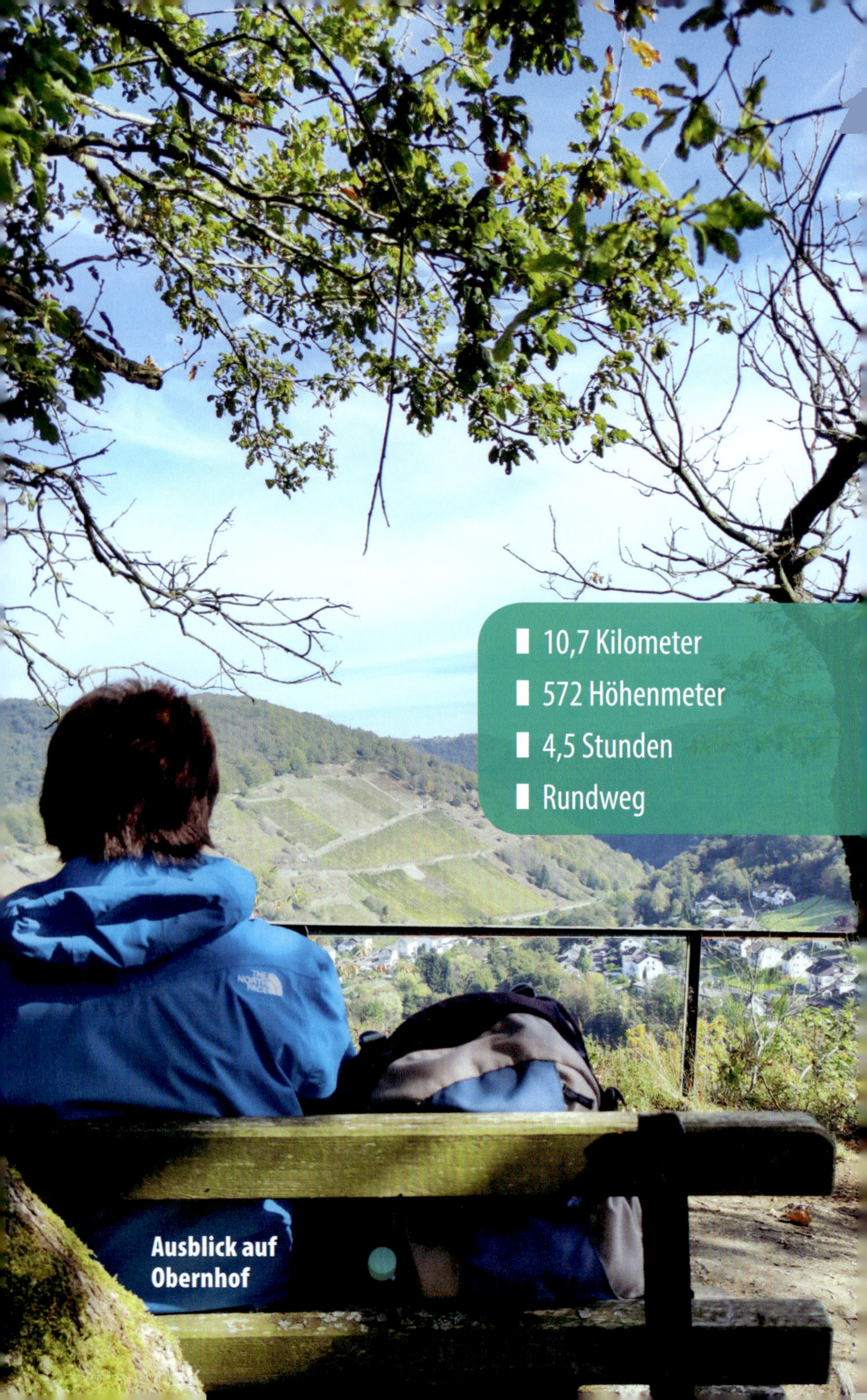

- 10,7 Kilometer
- 572 Höhenmeter
- 4,5 Stunden
- Rundweg

Ausblick auf Obernhof

Voller Vorfreude auf einen ereignisreichen und genussvollen Tag starten wir unsere Wanderung am Bahnhof Obernhof. Von hier aus schlendern wir über die **Lahnbrücke.** Unser Blick wandert über die Lahn und hinauf in die Weinberge. Wir überqueren die Ortsstraße geradeaus in die Borngasse hinein. Von hier aus können wir ganz bequem der ausgezeichneten Beschilderung des **LahnWeinStieges** folgen. Die Borngasse führt an hübschen alten Fachwerkhäusern und am alteingesessenen **Lahnweingut Massengeil-Beck** ① vorbei. Hier wird Lahnwein angeboten und wir sollten uns vielleicht ein Fläschchen mitnehmen. Nach circa 200 Metern wandern wir in einer Linkskurve geradeaus in den Esterweg. Nun sind wir auch schon inmitten

*Im Jahr 1195 wurde der **Weinbau** bei Nassau an der Lahn erstmals urkundlich erwähnt. In der zweiten Hälfte des 20. Jahrhunderts wurde der Weinbau in den meisten Orten des Lahntals aufgegeben. In Obernhof und Weinähr wird die alte Tradition wiederbelebt.*

Weinbergsfreuden

Durch die Weinberge bei Obernhof

der Weinberge mit älterer, aber auch jüngerer Bepflanzung. Denn hier werden alte Anbauflächen erneut genutzt.

Auf der linken Seite erregt ein verwunschener **Stollenzugang** unsere Aufmerksamkeit. Hier befand sich früher ein **Weinlager** mit natürlicher Kühlung. Kurz danach nehmen wir an einer Abzweigung den rechten Weg. Auf diesem Pfad wandern wir nun an Weinbergsmauern entlang, bis wir eine Brachfläche erreichen. Kurz darauf führt der Weg dann über ein altes Weinbergstreppchen links in die Brachfläche hinauf. Die eindrucksvolle Felsformation vor uns erinnert an die **Schildkröte Kassiopeia** ② aus dem Roman „Momo". Könnt ihr sie entdecken? Vorbei an Kassiopeia folgt

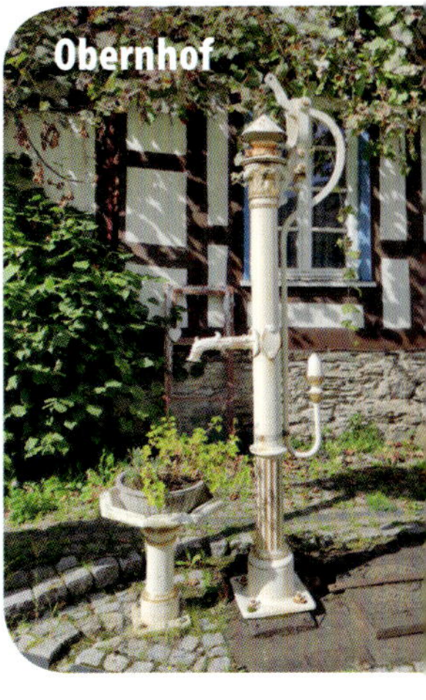
Obernhof

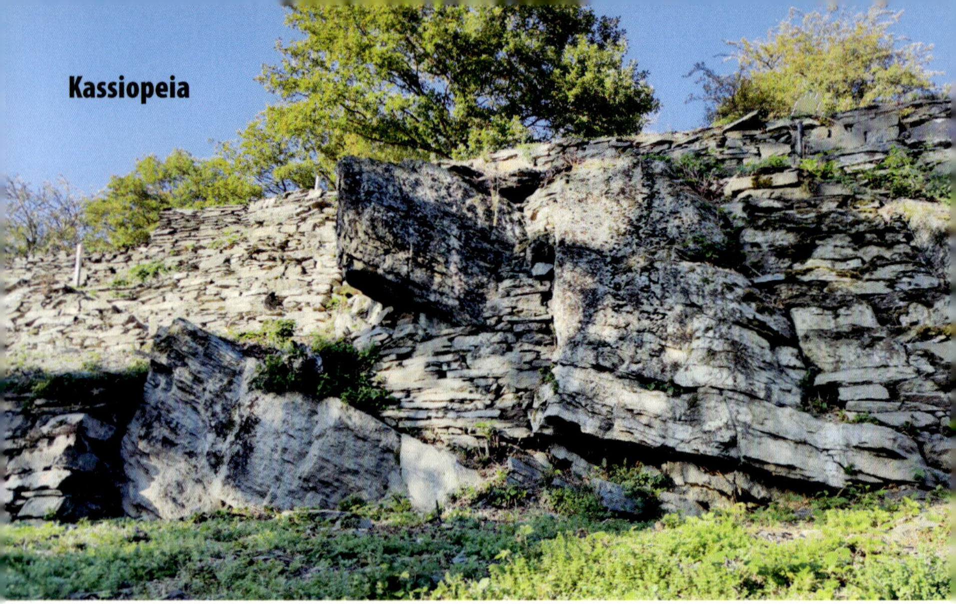

nun der erste wirklich steile Anstieg der Tour. Die heute nicht mehr genutzten Terrassen bieten einer Vielfalt von Pflanzen ein sonniges Zuhause. Der Weg führt, vorbei an einer **Steinrassel,** über schmale Treppen bergan und endet bei einem Trullo. Eine solche Steinhütte hätten wir von ihrer Bauart her nicht unbedingt im Lahntal, sondern eher in den italienischen Weinbergen verortet. Das Gebäude wurde aber nach Zeitzeugenberichten genau hier neu errichtet. Am Trullo halten wir uns links und stoßen auf einen Weinbergsweg, dem wir ein paar Meter nach links folgen. Eine Infotafel gibt über die Geschichte der Weinlage **Goetheberg,** in der wir gerade unterwegs sind, und über den Weinbau an der Lahn Auskunft.

__Steinrasseln__ (auch Steinriegel genannt) gehören zu den typischen Erscheinungen in Weinbauregionen. Für den Weinbergsmauerbau unbrauchbare und für die Bewirtschaftung hinderliche Steine wurden gesammelt und hier zwischen den Parzellen abgelegt.

Nach dieser kurzen Verschnaufpause nimmt uns der Weg nun in Serpentinen weiter mit hinauf. Bald darauf führt der Pfad, nun weniger steil, dafür aber mit grandiosem **Panoramablick**, nach links. Nach rund 150 Metern erreichen wir erneut einen Weinbergsweg. Der Beschilderung des LahnWeinStieges folgend, biegen wir hier kurz scharf rechts ab, verlassen nach ein paar Schritten den Rebhang und wandern im Wald bergauf. Dem Waldweg folgen wir nun ein gutes Stück bergan, überqueren einen anderen breiten Waldweg und biegen links auf einen Pfad. Dieser führt nach gut 150 Metern an einer Hütte vorbei und dann stehen wir auch schon auf der atemberaubenden Aussichtsplattform des **Goethepunktes** ❸.

Direkt unterhalb der Plattform gibt es einen gemütlichen Picknickplatz. Und ab hier wird es leicht alpin. Wer nicht trittsicher und schwindelfrei ist, sollte lieber die leichte Variante des Lahnwanderweges einschlagen. Für alle anderen wird aber das nun vor uns liegende Wegstück ein echtes Vergnügen sein. Über Stock und Stein wandern wir, an den etwas kritischen Stellen durch **Drahtseile** gesichert, auf einem schmalen Pfad vom Goethepunkt talwärts. Wir klettern über eine Leiter, überqueren einen Waldweg und folgen der

__Goethe__ war mehrere Male zum Wandern an der Lahn und besuchte Orte wie Nassau, Ems oder Lahnstein. Obernhof hat es ihm wohl besonders angetan. Auf einem Felsvorsprung in der Nähe des Goethepunktes sitzend soll er gesagt haben: „Zum Sterben schön".

Für die Seele

Wir lassen die Füße im kühlenden Nass des Gelbachs baumeln und schöpfen Kraft. Für den kommenden Anstieg und auch für den Alltag.

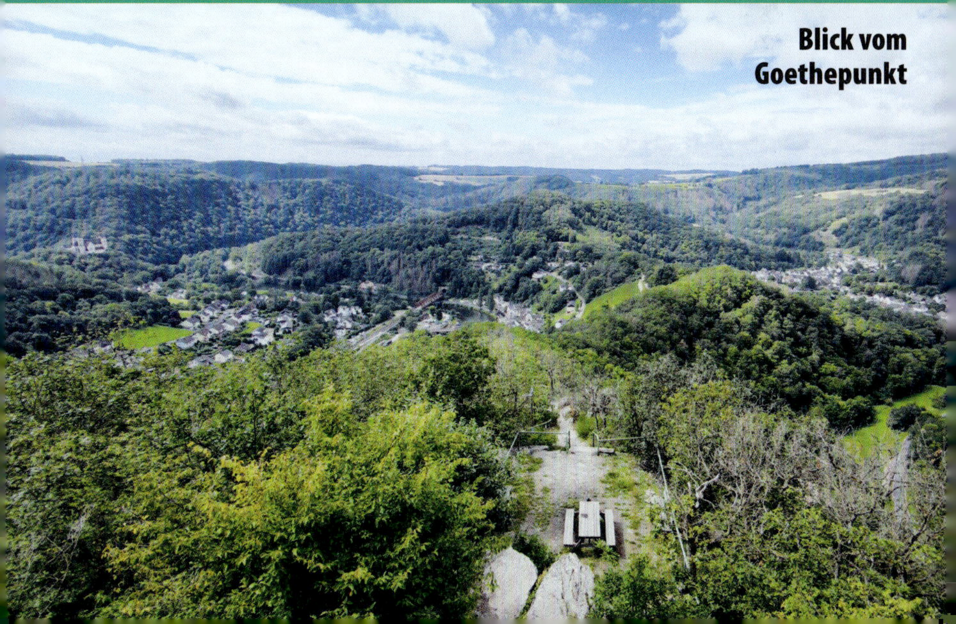

Blick vom Goethepunkt

Beschilderung wieder auf einen schmalen, seilgesicherten Pfad. Nach weiteren abenteuerlichen Metern bietet sich eine Bank mit Aussicht auf Obernhof für eine kurze Verschnaufpause an. Danach wandern wir nochmals 200 Meter auf dem nun moderateren Kammweg weiter, bevor wir dann den Weg rechts bergab ins Gelbachtal nehmen.

Nach einiger Zeit erreichen wir auf diesem recht gemütlichen Waldweg den **Otto-Wolf-Stollen.** Ein Überbleibsel des Bergbaus im Gelbachtal und heute von Fledermäusen bewohnt. Vor dem Stollen steigen wir einen schmalen Pfad links hinunter zum **Gelbach.** Diesen überqueren wir auf einer schmalen Brücke und folgen dem Verlauf des munteren Bächleins nach links. Schon bald bietet sich die willkommene Möglichkeit, die müden Füße im kühlen Nass des Gelbachs zu erfrischen.

Der schmale Weg am Gelbach endet an der Landstraße 325. Diese überqueren wir achtsam, und an einer **Trockenmauer** heißt es nun wieder Höhe machen. Bei nächster Möglichkeit halten wir uns links und folgen dem Pfad zunächst leicht abfallend. Diesen Weg

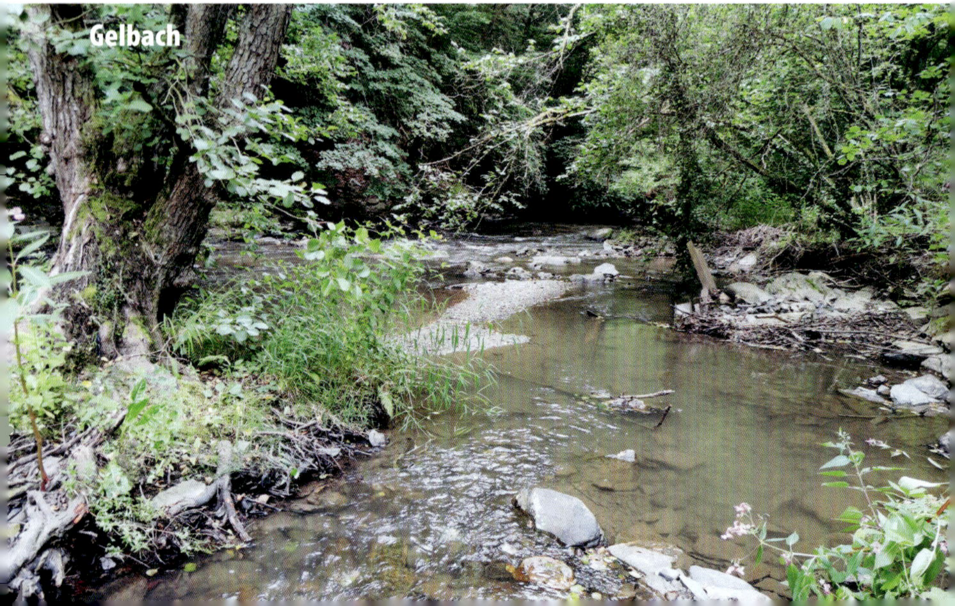
Gelbach

verlassen wir kurze Zeit später und steigen rechts im Zickzack durch einen verwilderten Weinberg ziemlich steil hinauf. Der Weg schwenkt schließlich nach rechts und etwas unterhalb einer Straße wandern wir nun parallel zu dieser zur **Mittelstation.** Nach dem fordernden Aufstieg sei hier eine kurze Rast erlaubt.

An der Mittelstation wandern wir ein kurzes Stück an der Straße nach rechts und überqueren diese nach der Kurve, um scharf links der Beschilderung des LahnWeinStieges weiter zu folgen. Vorbei an einem **Felsen** bleiben wir rund 350 Meter auf dem Weg. Hier wartet nun ein weiteres Abenteuer auf uns. Auch hier gilt: Wer nicht zu einem gewissen Maße trittfest und schwindelfrei ist, folgt bitte der Ausschilderung der leichten Variante des LahnWein-Stieges. Dann verpasst er aber ein absolutes Highlight: Der steile Aufstieg rechts hinauf führt über eine lange **stählerne Leiter** und ist schon fast eine „alpine" Herausforderung. Entsprechend werden wir dann an der „Bergstation" mit einem echten **Gipfelkreuz** ❹ belohnt. Eine Holzliege mit Panoramablick über Weinähr und die liebliche bewaldete Landschaft des unteren Lahntales komplettieren unser Gipfelglück.

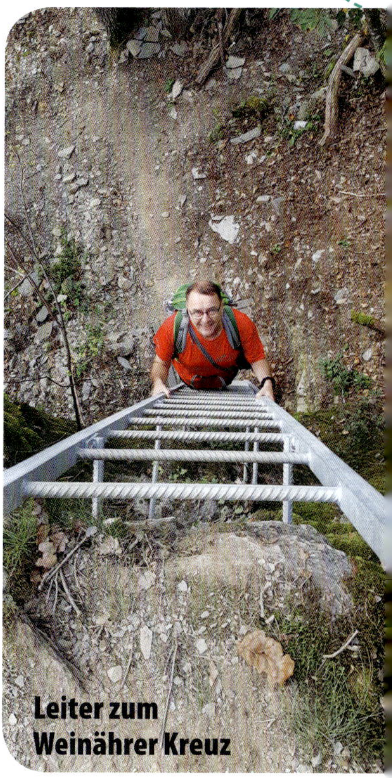

Leiter zum Weinährer Kreuz

Von der Hütte am Weinährer Kreuz aus wandern wir nun leicht bergab zum **Picknickplatz** und biegen dort links in einen Pfad ein. Dieser führt im Zickzack den Berg hinunter und teilt sich schließlich. Wir nehmen den linken der beiden Wege. Bunte Metallstäbe im Wald zeigen an, dass auch hier früher Rebstöcke standen. Wir bleiben für rund 400 Meter weiter auf dem schattigen Waldweg. Hier führt uns nun ein steiler Weg links abwärts, vorbei an liegenden Baumstämmen mit aufgeschraubten Kunststoff-Erdbeeren. Das symbolisiert die sogenannte **Erdbeer-Schlaaf** ❺, die Erklärung dazu gibt es am unteren Ende des bei

Erdbeer-Schlaaf *hat nichts mit „Schlafen" zu tun. Ursprünglich wurde hier Holz den Berg hinab „geschlaaft", wie das Schleifen im hiesigen Dialekt genannt wird. Im 20. Jahrhundert auch Obst, insbesondere Erdbeeren.*

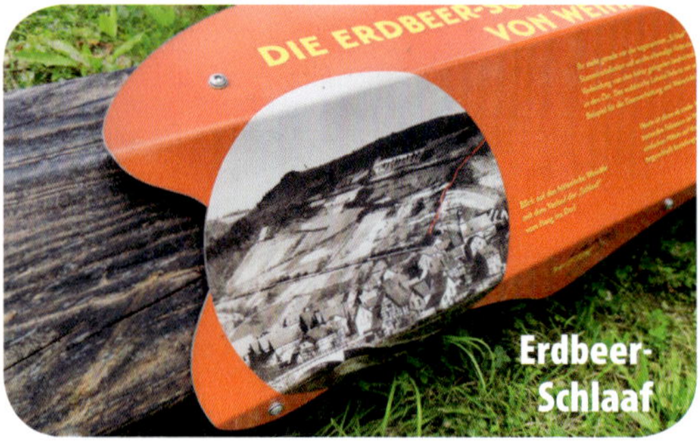
Erdbeer-Schlaaf

feuchtem Wetter etwas rutschigen Abstiegs.

Am Infoschild biegen wir rechts ab und der Weg führt nun durch einen noch jungen Rebhang. Hier ist auf Initiative eines Vereins von Hobbywinzern der **Bürger-Weinberg Obernhof Weinähr** entstanden. Am Waldrand folgen wir der Ausschilderung des **LahnWeinStieges** die Treppe hinauf und wandern an deren Ende nach links. Kurze Zeit später erreichen wir einen Stolleneingang der Wasserwerke Weinähr, nehmen aber nicht den Weg, der hier scharf links bergab in die Ortschaft führt, sondern wandern geradeaus zur Sitzschanze Giebelhöll weiter.

Die **Sitzschanze Giebelhöll ❻,** die wir dann nach kurzem Anstieg erreichen, bietet uns eine außergewöhnliche Möglichkeit, im Sitzen oder gar im Liegen Sonnenlicht aufzutanken. Herrliche Aussicht inklusive. Wir haben alle Zeit der Welt und genießen diesen Ausblick in vollen Zügen. Am Ende der Sitzschanze halten wir uns rechts und wandern dann über den offenen Hang und am Waldrand entlang hinunter.

Am Ende dieses Weges folgen wir dem asphaltierten Weg nach links und laufen nun auf Weinähr zu. Rechts unter uns sehen wir die meist gut besuchte Außenterrasse des **Lahnhotels Weinhaus Treis ❼,** das zu einem Zwischenstopp einlädt. Für diesen müssen wir aber unseren Weg bei der nächsten Möglichkeit kurz verlassen. Mit dem Kirchturm im Blick wandern wir immer geradeaus durch den Ort, bis wir schließlich über eine kleine Gasse die Bornstraße erreichen, auf die wir dann rechts abbiegen. Wir gehen nun auf das 1994 liebevoll restaurierte **Fachwerkrathaus** zu und biegen vor diesem links auf die Hauptstraße ab.

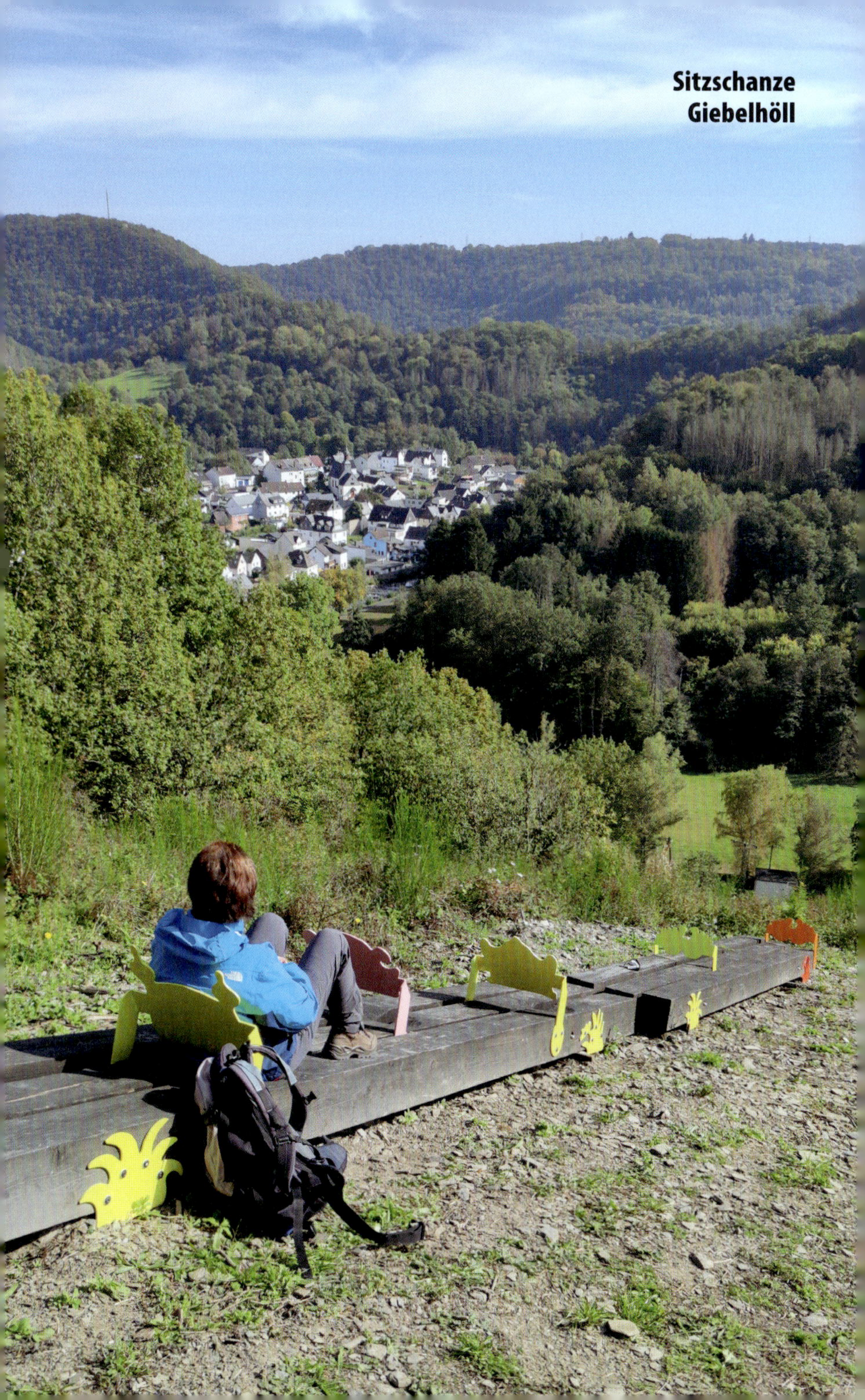

Sitzschanze
Giebelhöll

Weinhaus Treis

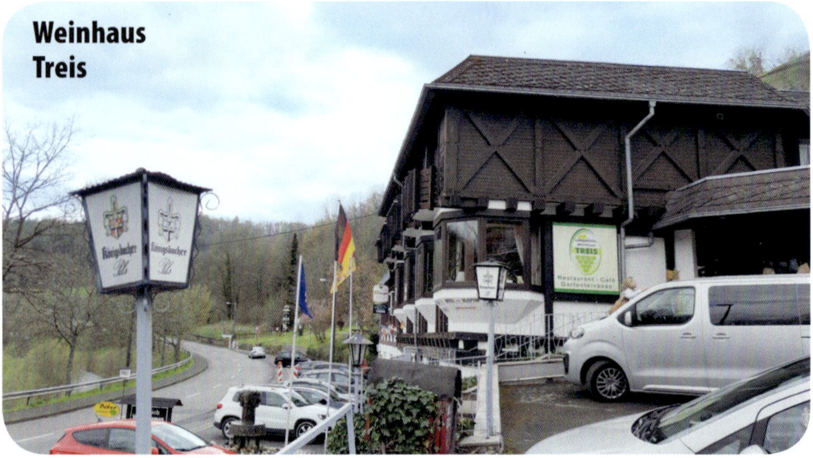

Bei nächster Möglichkeit gehen wir rechts und überqueren bei der 1927 gepflanzten **Friedenslinde** ⑧ den Gelbach. An diesem laufen wir ein kurzes Stück entlang und an einem alten Eiskeller vorbei. An der Lichtung steigen wir links hinauf in den Wald. Der Weg führt nun leicht bergan, an einer Fitnessstation halten wir uns rechts und folgen dem breiteren Weg auf stetig gleichem Höhenniveau. Nach wenigen Schritten fällt unser Blick auf einen kleinen Natursteinturm auf der linken Seite. Das außergewöhnliche Bauwerk ist ein **ehemaliger Pulverturm** und gehörte wohl zu einer nahe am Gelbach gelegenen Pulvermühle. Wir bleiben weiter auf diesem schönen Waldweg und erreichen unvermittelt eine seilgesicherte Passage.

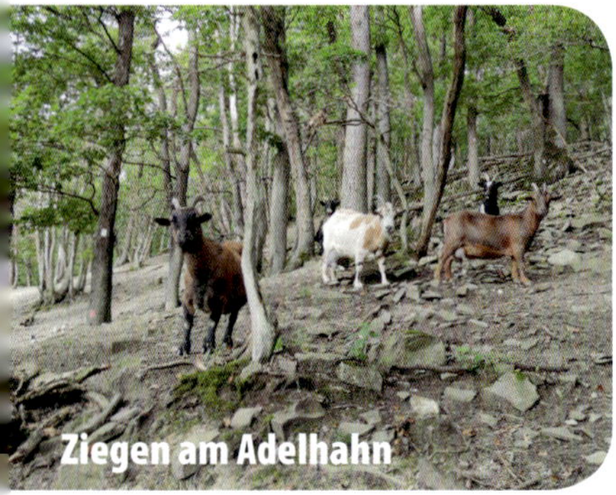

Ziegen am Adelhahn

Hier sehen wir rechts einen Eisenbahntunnel und biegen links auf den **Adelhahn-Kletterweg** ⑨ ab. Eine Infotafel des LahnWeinStieges zeigt hier erneut eine leichte Variante des Weges auf. Auch wenn ich mich hier wiederhole: Wer nicht trittsicher und schwindelfrei ist, sollte sich für die ausgeschilderte leichtere

Variante entscheiden. Die etwas Abenteuerlustigeren unter uns freuen sich über die zwei Leitern hinauf zur Ruine eines alten **Wingertshüttchens** und weitere Ausblicke am Langenau- und am Adelhahnblick.

Hier begegnet man von Zeit zu Zeit neugierigen „Bergziegen". Nach insgesamt 400 Metern, vom Abzweig der leichten Variante aus gerechnet, erreichen wir nun die **Platzburg**. Hier soll einst eine keltische Burg gestanden haben. Heute entschädigt eine wunderbare Aussicht auf Kloster Arnstein und auf Obernhof dafür, dass von der Platzburg nichts mehr übrig ist.

Wir lösen uns von diesem schönen Ausblick und folgen der Beschilderung des **LahnWeinStieges** am Waldrand bergab. Nach wenigen Schritten stoßen wir auch wieder auf die vorhin erwähnte leichte Variante und halten uns links. In einer erneuten Linkskurve können wir je nach Lust und Laune noch einen kurzen Abstecher zu einem weiteren **Aussichtspunkt** machen.

Der Weg führt uns nun noch einmal links durch eine Rodungsfläche, und kurz darauf streifen wir den Ortsrand von Obernhof. Wir biegen links in die Alte Poststraße und folgen dann der Beschilderung

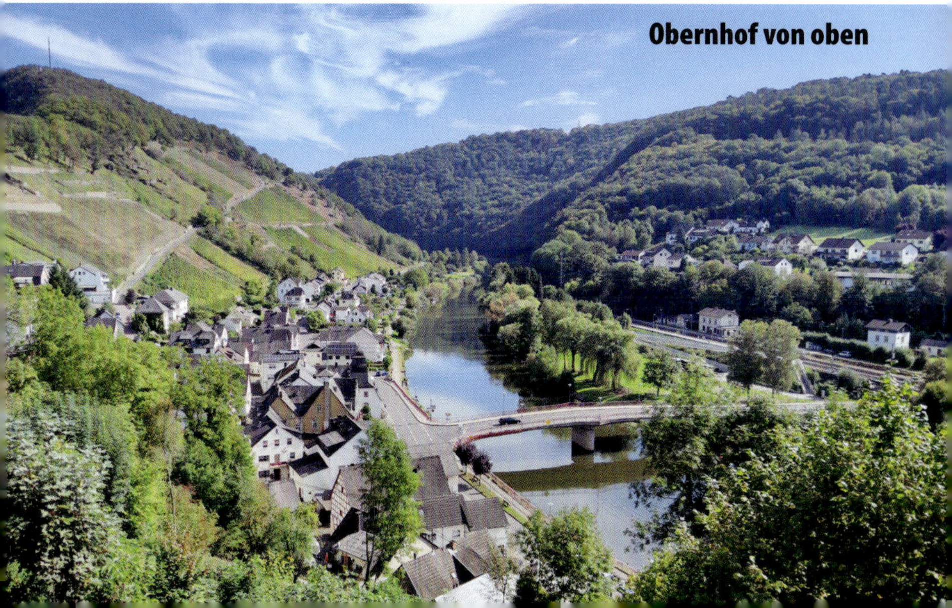

Obernhof von oben

Verwöhntour 9

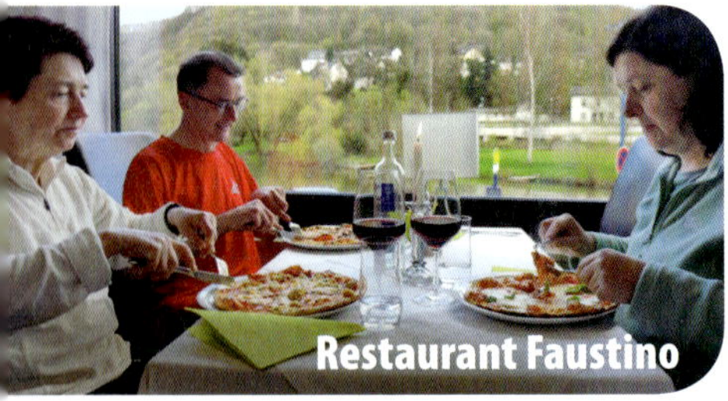
Restaurant Faustino

nochmals kurz durch den Wald, bis wir wieder die Obernhofer Rebhänge erreichen. Im Bürgerweinberg erfahren wir interessante Einzelheiten über den historischen **Rebschnittgarten.** Wir steigen danach noch eine kleine Treppe hinauf und nach wenigen Schritten geht es rechts steil den Weinberg wieder hinunter nach Obernhof.

Nach dieser abwechslungsreichen Wanderung genießen wir zum Abschluss noch ein weiteres Highlight: Das **Restaurant Faustino** im **Hotel am Goetheberg** **10** serviert uns Pizza, Pasta und Wein mit Blick auf die in der Abendsonne glitzernde Lahn.

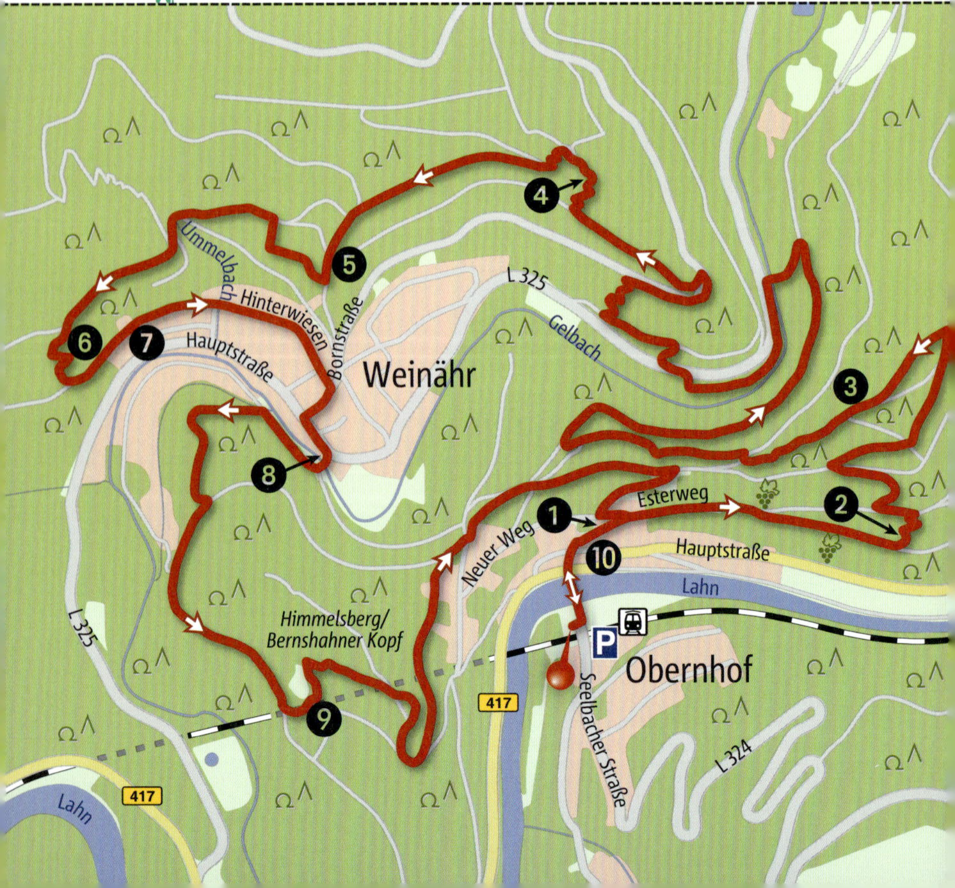

Alles auf einen Blick

WIE & WANN:
Naturpfade, Wald-, Wiesen- und Wirtschaftswege. Vorsicht auf den „Kletter-passagen" bei feuchtem Wetter. Hier kann es rutschig sein. Durch Obernhof und Weinähr auf Bürgersteigen. Beste Wanderzeit von März bis Oktober. Im Herbst sehen die Weinberge besonders schön aus.

HIN & WEG:
Auto: Bahnhof Obernhof, Bahnhofstraße 2, 56379 Laurenburg (GPS: 50.31573, 7.85263)
ÖPNV: RB 23 bis Obernhof

ESSEN & ENTSPANNEN:
Lahnweingut Massengeil-Beck ❶ Borngasse 5, 56379 Obernhof, Tel. (0 26 04) 75 63, www.lahnwein.de

Entspannung ✸✸✸✸✸
Genuss ✸✸✸✸✸
Romantik ✸✸✸✸✸

Landhotel Weinhaus Treis ❼ Hauptstraße 1–3, 56379 Weinähr, Tel. (0 26 04) 97 50, www.landhotel-treis.de
Restaurant Faustino im Hotel am Goetheberg ❿ Hauptstraße 18, 56379 Obernhof, Tel. (0 26 04) 9 44 66 46, www.hotel-am-goetheberg.de

ENTDECKEN & ERLEBEN:
Schildkröte Kassiopeia ❷
Goethepunkt ❸
Gipfelkreuz Weinähr ❹
Erdbeer-Schlaaf ❺
Sitzschanze Giebelhöll ❻
Friedenslinde ❽
Adelhahn-Kletterweg ❾

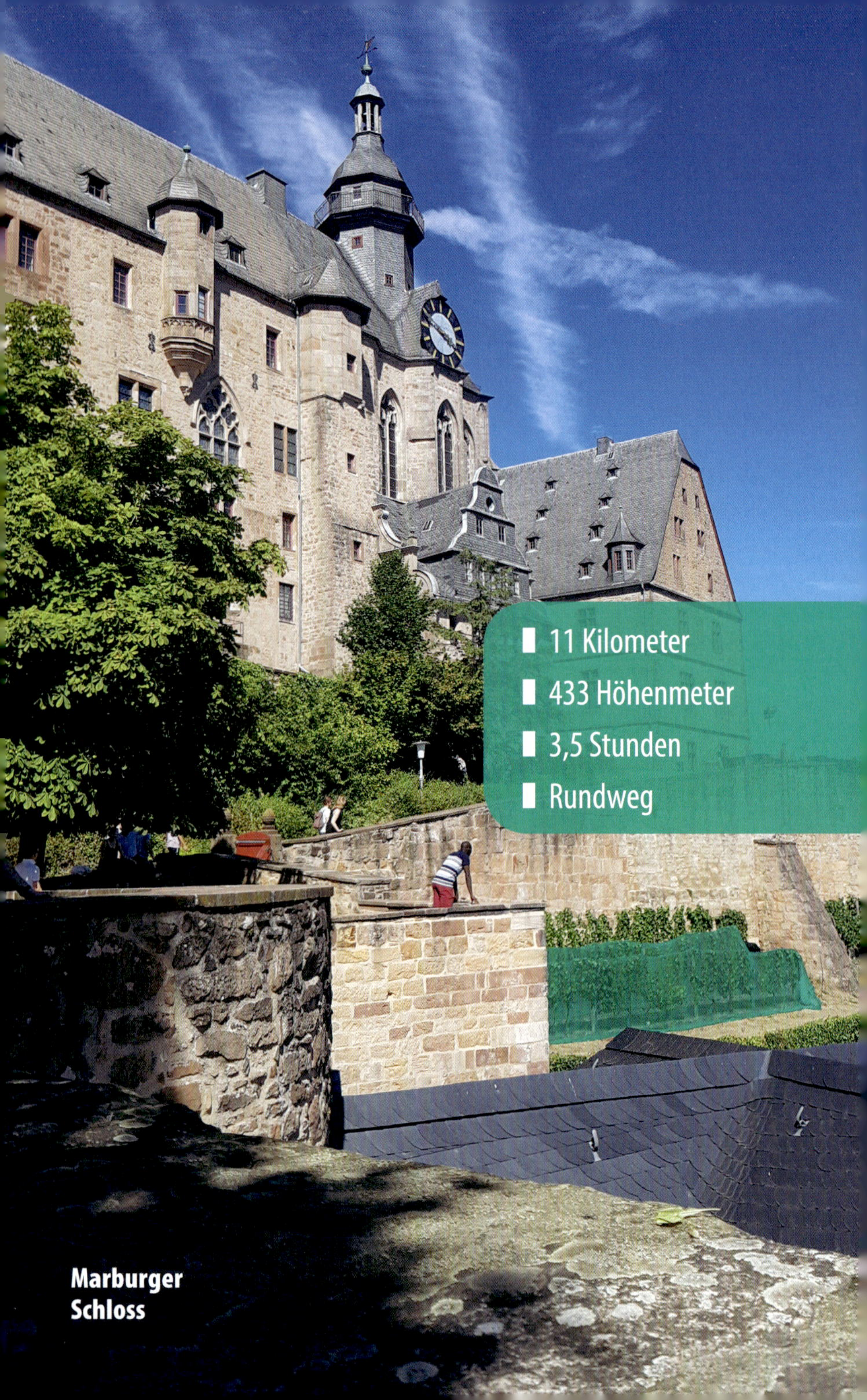

- 11 Kilometer
- 433 Höhenmeter
- 3,5 Stunden
- Rundweg

Marburger Schloss

Ausgangspunkt unserer Wanderung in und um das wunderschöne Fachwerkstädtchen Marburg ist der Hauptbahnhof. Auf der Bahnhofstraße überqueren wir die **Lahn** und gehen einfach geradeaus weiter. Nachdem wir zwei weitere Seitenarme der Lahn überquert haben, biegen wir am Ende der Bahnhofstraße in die Elisabethstraße ein, auf der wir dann auch bis zur berühmten **Elisabethkirche ❶** bleiben.

Gegenüber der Elisabethkirche führt eine kleine Gasse, der Friedrich-Siebert-Weg, zwischen Fachwerkhäusern über Treppenstufen hinauf. Ab hier orientieren wir uns nun stetig an der perfekten Ausschilderung des **Stadtwanderweges Marburger Ausblicke** (grünes W und blaues M, darunter das Stadtwappen).

*Die **Elisabethkirche** wurde in den Jahren 1235 bis 1283 über dem Grab der heiligen Elisabeth erbaut. Früher war sie eine Wallfahrtskirche und diente als Grabstätte der Hessischen Landgrafen. Heute ist sie die älteste gotische Hallenkirche Deutschlands.*

Für Genießer

In und um Marburg

Aber auch der alte Wanderwegweiser, der hier noch zu entdecken ist, macht Lust aufs Wandern. Nach wenigen Metern sind wir an der Marburger **St.-Michaelskapelle ❷.** Das Michelchen, wie die Kapelle liebevoll von den Marburgern genannt wird, wurde im Jahr 1270 als Pilger- und Friedhofskapelle erbaut. Bis 1530 wurden auf dem Friedhof Pilger beigesetzt.

Über eine Treppe mit Blick auf das Landgrafenschloss geht es weiter hinauf. Dann nehmen wir den nächsten Abzweig in Richtung **Augustenruh-Hütte.** Im Zweifelsfall hilft uns die Wegemarkierung des Stadtwanderweges Marburger Ausblicke. Wir bleiben weiter auf dem naturbelassenen Pfad, der uns gut 200 Meter nach der Hütte wieder auf die anderen Wanderwege,

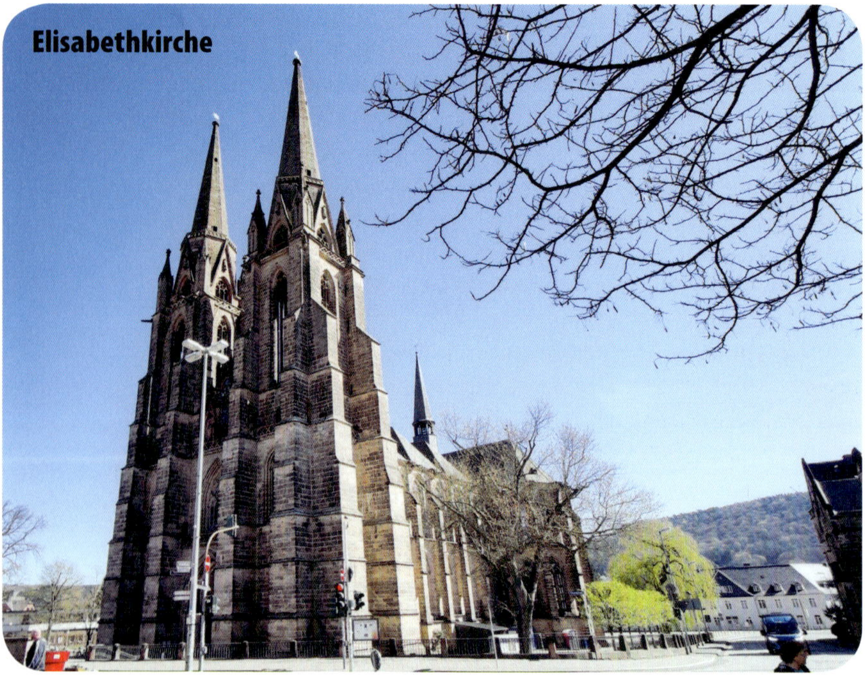

Elisabethkirche

unter anderem den **Lahnwanderweg** (rotes LW auf weißem Grund), führt.

Weiter geht es die Wanderwege hinauf, und wir achten darauf, dass wir kurz links und danach gleich wieder rechts abbiegen. Circa einen halben Kilometer weiter stoßen wir im Wald auf den Abzweig zur **Kirchspitze ❸.** Den gut zu bewältigenden Abstecher gönnen wir uns, denn von der Kirchspitze und dem darauf thronenden **Freitags-Tempel** haben wir einen atemberaubend schönen Blick auf das Landgrafenschloss, das wir uns später noch aus der Nähe ansehen werden.

Es fällt schwer, sich von diesem Ausblick zu lösen. Aber es folgen ja noch weitere. Also gehen wir den gleichen Weg von der Kirchspitze wieder hinunter. Beim Abzweig, den wir eben genommen haben, halten wir uns links, überqueren einen Waldweg und gehen an der nächsten Wegegabel wieder links. Nach gut

500 Metern erregt auf der linken Seite, in einer kleinen Talsenke, das **Behring-Mausoleum** ④ unsere Aufmerksamkeit. Am Mausoleum werden wir aber später noch einmal vorbeikommen. Deshalb wenden wir uns zunächst einmal an der nächsten Abzweigung nach rechts und biegen bei der nächsten Möglichkeit nach links ab. An einer Rodungsfläche vorbei kommen wir an eine Wegekreuzung, an der wir uns nach rechts wenden. An der nächsten Wegegabel entscheiden wir uns für den Abzweig nach links.

Das Gebiet, in dem wir nun so ruhig und beschaulich durch den Wald laufen, war früher von hektischer Betriebsamkeit und schwerer Arbeit geprägt. Denn an dieser Stelle befanden sich **Steinbrüche.** Die hier

Für die Seele

Im Rosengarten mit seinem bunten und duftenden Blütenreichtum lassen wir die Seele in der wärmenden Marburger Sonne baumeln.

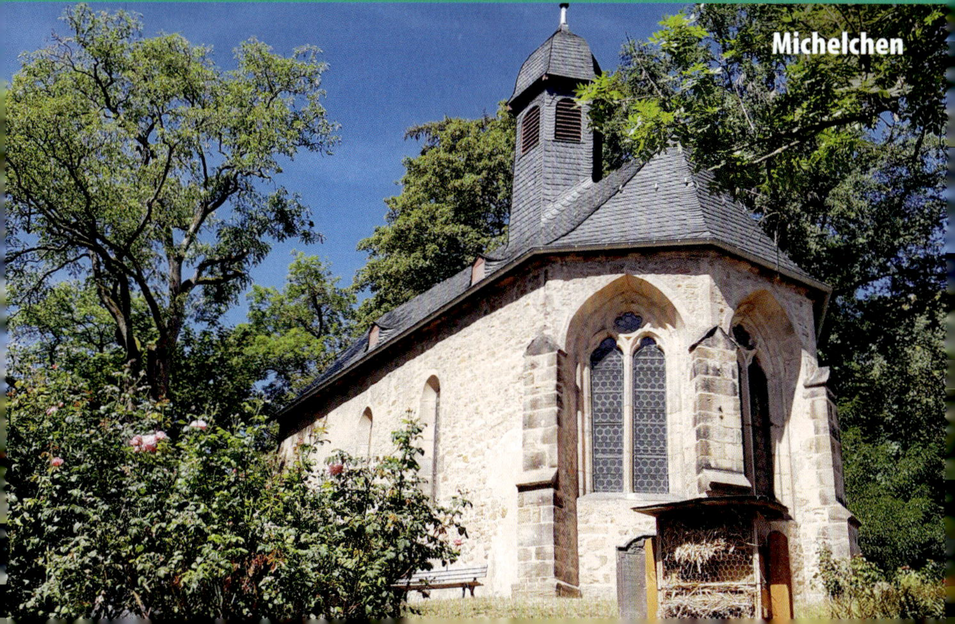

Michelchen

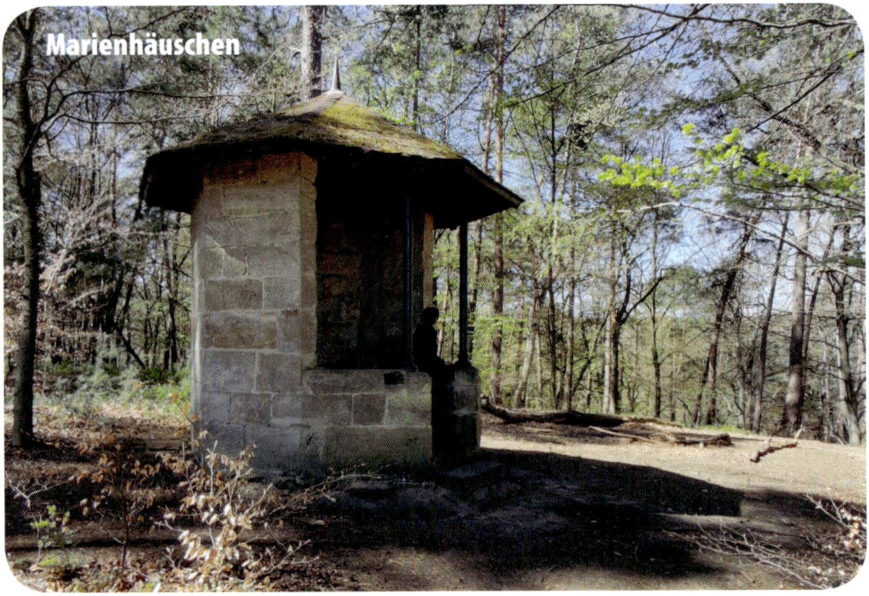

abgebauten Steine wurden unter anderem beim Bau der Elisabethkirche verwendet. Relikte der Abbrüche sieht man noch auf der linken Seite, und auf dem Weg laufen wir sogar noch über Reste der früheren Wegbefestigung aus Pflastersteinen.

An der nächsten Wegegabelung biegen wir rechts in einen Pfad ab und folgen weiter den uns nun schon gut bekannten Wanderwegen. Auf diesen gelangen wir zu einer kleinen Schutzhütte, dem **Marienhäuschen** ❺. Wer hier aufgrund des Namens einen religiösen Ursprung des Gebäudes erwartet, wird allerdings enttäuscht.

Vom Marienhäuschen aus wandern wir weiter geradeaus und nehmen die herrlichen steinernen Treppen, über die auch der **Lahnwanderweg** hinunterführt. Bei der nächsten Möglichkeit biegen wir links ab. Am Ende des Pfades verlassen wir den Lahnwanderweg und biegen links auf den etwas breiteren Waldweg. Dieser nimmt uns nun mit bergauf und nach 300 Me-

*Das **Marienhäuschen** wurde in der ersten Hälfte des 19. Jahrhunderts errichtet und inzwischen vom Marburger Verkehrs- und Verschönerungsverein erneuert. Die Schwester des Finanziers, eines Marburger Studenten, gab dem Unterstand den Namen.*

tern entscheiden wir uns an der nächsten Wegegabel erneut dafür, nach links zu gehen.

Schon bald kommen wir an der uns schon bekannten Kreuzung an der Rodungsfläche an, nehmen aber nun den breiten Weg nach rechts. Dieser beschreibt eine Rechtskurve, wir wandern geradeaus über die Wegekreuzung und sehen das **Behring-Mausoleum** nun links von uns. Hier ergreifen wir auf jeden Fall die Gelegenheit, die wunderschön gelegene Grabstätte von Emil von Behring mit dem Ausblick über Behrings ehemalige Ländereien zu bestaunen.

Zurück auf unserem Weg wandern wir rechts der großen Wiese am Waldrand entlang hinunter. Am Ende der Lichtung drehen wir uns nochmals um, weil wir ein letztes Mal den Blick auf das Mausoleum genießen wollen. Danach folgen wir dem Weg rechts in den Wald. Auf dem Waldweg gehen wir weiter geradeaus und lassen einen kleinen Teich rechts liegen. Bald tauchen links von uns Häuser auf. Kurz darauf lohnt sich ein kleiner Abstecher zum **Annablick 6**, einem kleinen Aussichtspavillon, der etwas versteckt links von uns liegt. Vom Annablick haben wir eine anregende Sicht

*Der 1854 geborene **Emil von Behring** wurde wegen seiner Erfolge im Kampf gegen den Wundstarrkrampf „Retter der Kinder" genannt. Er starb 1917 als größter Grundbesitzer Marburgs. Die letzte Ruhestätte fand er auf der nach seiner Ehefrau benannten Elsenhöhe.*

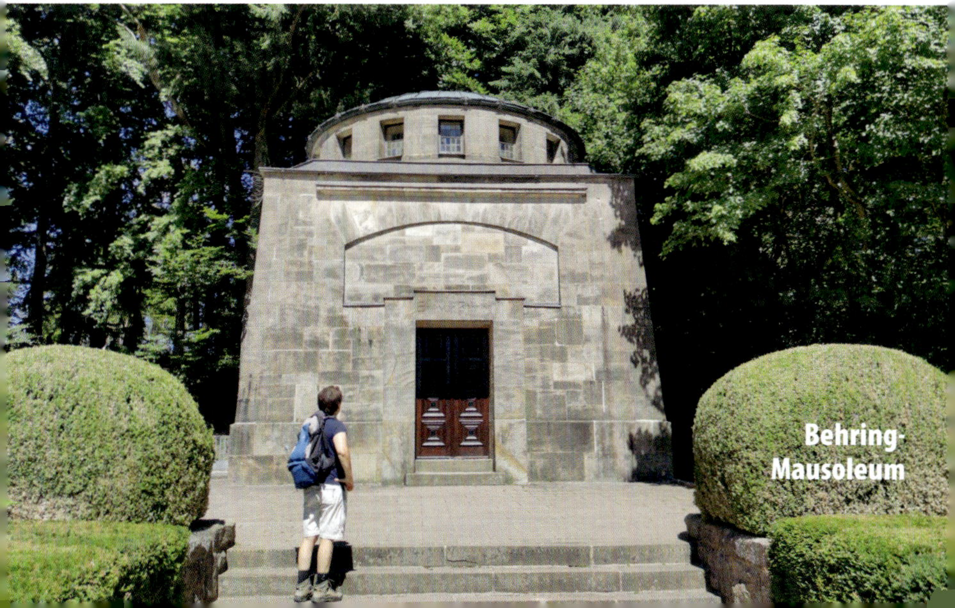

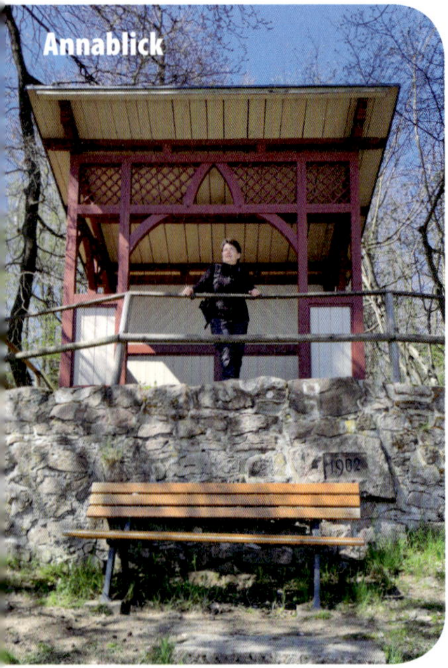
Annablick

auf Marburg und das Landgrafenschloss. Bei aufmerksamem Hinsehen fällt uns links an der Straße auch die alte Toreinfahrt auf, durch die es früher in die **Behringwerke** ging. Heute befinden sich die Behringwerke etwa 1 Kilometer von hier in nordwestlicher Richtung.

Wir schlendern vom Annablick wieder zurück zu unserem Wanderweg, der uns nun weiter zu einem asphaltierten Weg führt. Dort gehen wir links in die Sackgasse und dann über den Fußweg und einige Treppenstufen bergab bis zu einem Spielplatz. An diesem überqueren wir die Straße und wandern geradeaus in die Straße An den Brunnenröhren. Am Ende dieser Straße geht es nochmals auf einem **Fußweg über Treppenstufen** hinunter, bis wir auf einen Querweg stoßen.

Hier entscheiden wir uns für den Weg nach links und können auf einer Bank erneut den **Blick auf das Landgrafenschloss** genießen. Dann gehen wir auf dem Fußweg weiter die Treppen hinunter. Unten stoßen wir auf die Straße Am Grassenberg, auf der wir zunächst ein kleines Stück nach links gehen und dann den Fußweg rechts nehmen, der uns weiter bergab führt. Unten folgen wir der Straße Am Schlag nach rechts. Diese geht in die Wilhelm-Roser-Straße über. Ein weiteres Highlight für Wissbegierige: Hier kommen wir an der Villa vorbei, in der Emil von Behring von 1898 bis 1917 wohnte. Am Ende der Straße überqueren wir die Straße Ketzerbach, gehen entlang dieser ein kurzes Stück nach links und biegen dann rechts in eine Gasse mit dem appetitanregenden Namen Leckergässchen. Durch dieses Gässchen führt uns nun ein Fußweg bergan. Oben angelangt halten wir uns scharf rechts, in den Götzenhainweg, und hinter Hausnummer 1 schlagen wir den **Fußweg über**

Treppenstufen bergauf ein. Danach nehmen wir den Weg nach rechts und bleiben gut 500 Meter auf diesem. Dann treffen wir auf einen asphaltierten Weg, den **Paul-Ehrlich-Weg.**

Über diesen, nach einem weiteren verdienten Mediziner benannten Weg geht es nun bis ganz nach oben. An seinem Ende folgen wir den Markierungen der Wanderwege über den Fußweg Richtung Schloss. Hier befindet sich auch eine **Gedenktafel zum Marburger Aufstand** im Jahr 1809. Hinter der Bushaltestelle Gisonenweg führen uns die Wanderwege nach links hinauf. Etwas später nehmen wir das kleine Treppchen auf der rechten Seite. Hier fällt unser Blick auf ein interessantes Gebäude, das Fachwerk und Moderne kombiniert und damit wahrscheinlich nicht jedem gefällt. Es beherbergt das **Herder-Institut für historische Ostmitteleuropaforschung.**

Kurz darauf gehen wir über eine Treppe links hinauf und gelangen in den **Schlosspark** ❼. Hier folgen wir entweder der Beschilderung oder spazieren ganz nach Lust und Laune durch den Park. Denn es gibt eine Menge zu entdecken. Die Freilichtbühne, Informationstafeln zur **Marburger Festung,** das **Schiller-**

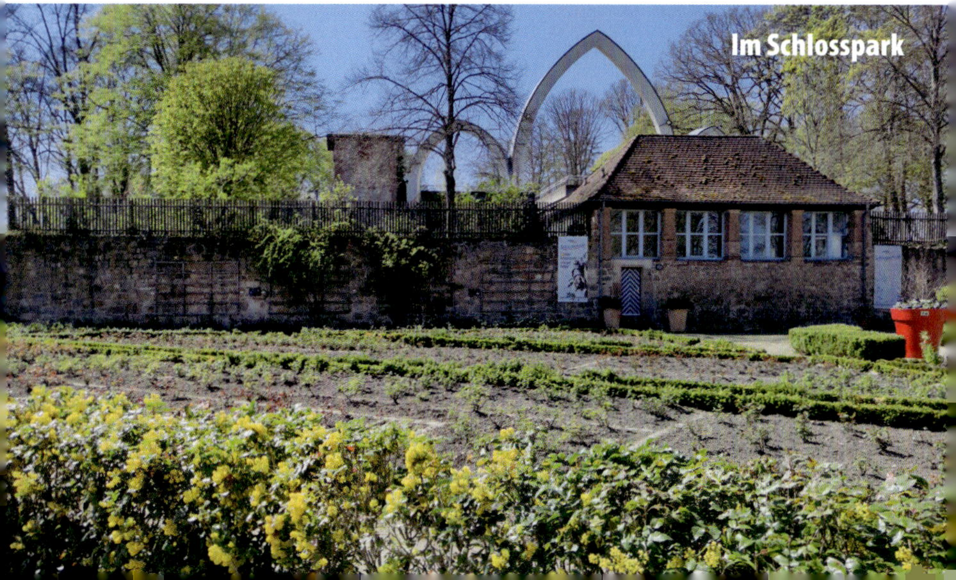

Im Schlosspark

denkmal, den **Rosengarten** und so manches schöne Plätzchen zum Ausruhen und um die Seele baumeln zu lassen.

Hinter dem Schlossgarten wartet mit dem **Landgrafenschloss** ❽ schon die nächste Sehenswürdigkeit. Über eine Brücke mit herrlichem Blumenschmuck gehen wir auf das imposante Bauwerk zu. Gespannt schlendern wir vor dem Schloss links durch einen Torbogen und im Anschluss mit vielen Aussichten um das Schloss herum. Sieht Marburg von hier oben nicht beeindruckend aus?

Nach der Schlossumrundung biegen wir scharf links ab und schreiten durch einen **Torbogen** hinunter. Vielleicht haben wir noch etwas Zeit für einen kleinen Imbiss oder ein kühles Getränk im Biergarten des **Restaurants Bückingsgarten** ❾**?** Danach nehmen wir hinter dem Lokal die Treppe hinab. Wir überqueren die Ritterstraße und wandern die **Zwingli-Treppe** hinunter

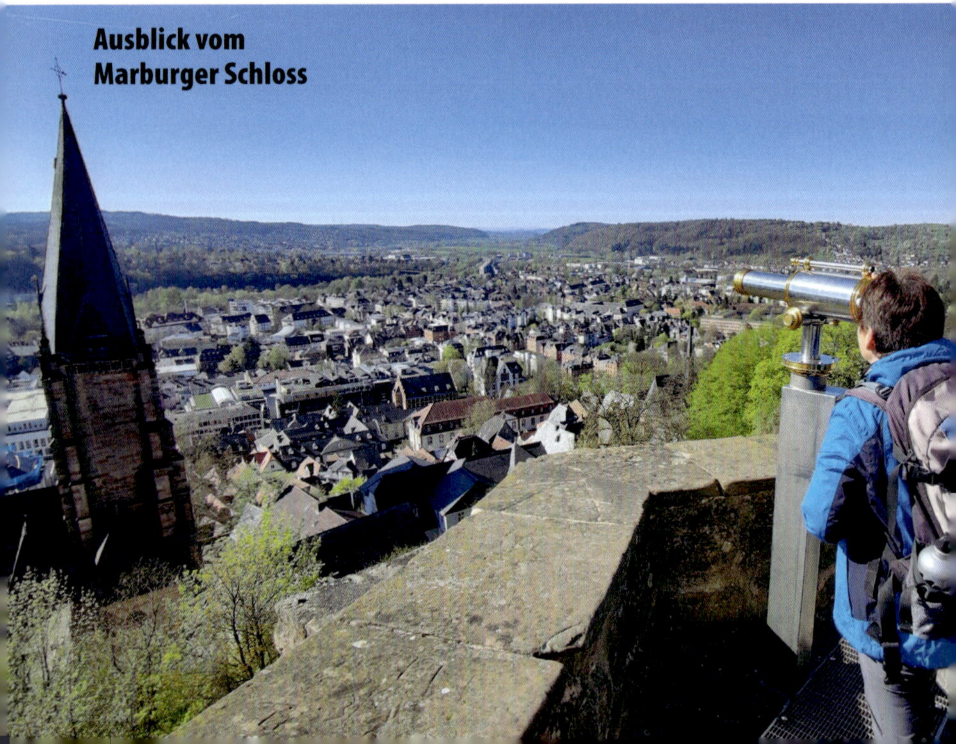

Ausblick vom Marburger Schloss

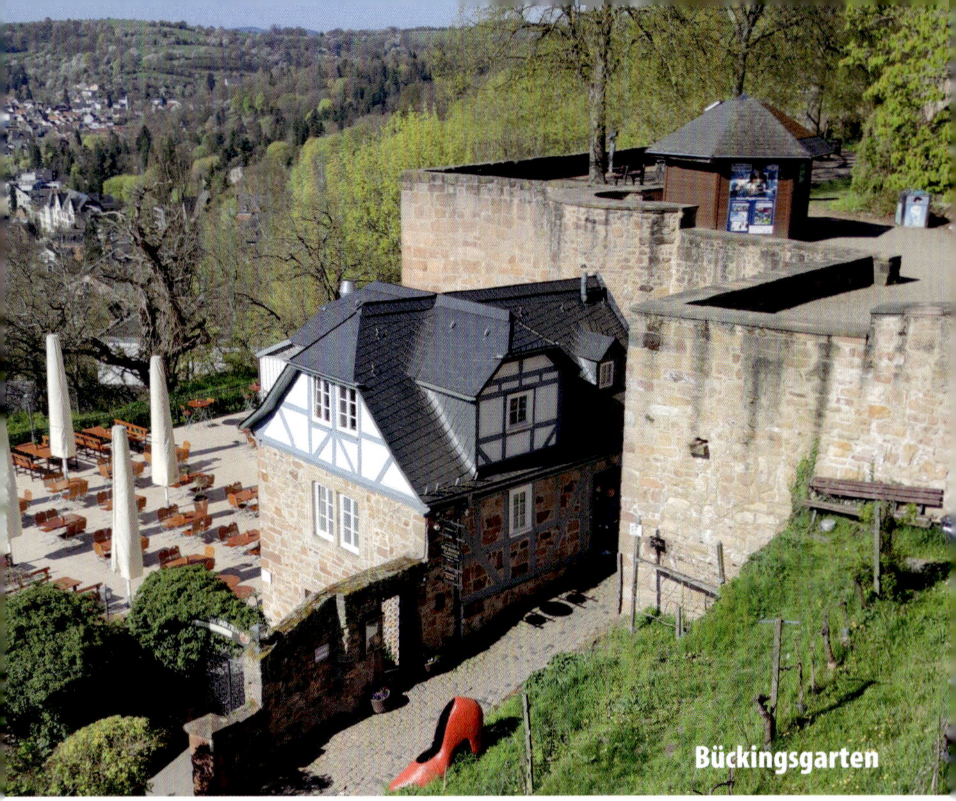

Bückingsgarten

zur Lutherischen Pfarrkirche. Hier sollen sich die beiden Reformatoren Luther und Zwingli im Jahr 1529 zum ersten und einzigen Mal getroffen haben.

Wir gehen über den Lutherischen Kirchhof und hinter der Kirche links in eine kleine Gasse namens Windgasse. Diese führt uns wieder zur Ritterstraße, der wir nun bis zu ihrem Ende folgen. Auf der linken Seite erregt ein stolzes Fachwerkhaus unsere Aufmerksamkeit. Hier befinden sich **Restaurant und Weinstube Weinlädele ⑩,** in dem man 50 offene Weine probieren kann.

Überhaupt ist in Marburg bestens für das leibliche Wohl gesorgt. Wir spazieren rechts hinunter zum **Marktplatz** mit dem markanten Marburger **Rathaus.** Zahlreiche Cafés und Restaurants laden zur Einkehr ein. Am Marktplatz gehen wir links in die Marktgasse und dann folgen wir der Beschilderung „Fußweg Elisabethkirche“, wiederum nach links, in die Wettergasse.

Verwöhntour 10

Die schmackhafte hessische Spezialität **Schmandschnitzel** wird paniert und mit einer deftigen Sauce aus Schmand, Speck, Lauch, Zwiebeln und Kräutern serviert. Dazu schmecken Bratkartoffeln, Kroketten, aber natürlich auch Pommes.

Am Ende der Wettergasse nehmen wir den rechten Abzweig Richtung Neustadt. Auch hier lohnt es sich, ab und an nach oben zu schauen, um die eindrucksvollen Fachwerkfassaden, zum Beispiel die des **Töpferhauses,** zu bewundern. Über den **Steinweg** wandern wir weiter in Richtung Elisabethkirche, deren Türme wir schon fest im Blick haben. Aber vorher kehren wir im **Restaurant Gartenlaube** ⑪ ein. Marburger Krüstchen und Hessisches Schmandschnitzel lassen uns das Wasser im Mund zusammenlaufen und wir genießen die gemütliche Wohnstubenatmosphäre der Gaststube.

Über eine Ampel erreichen wir wieder die **Elisabethkirche.** Von hier aus nehmen wir den bekannten Weg zurück zum Hauptbahnhof.

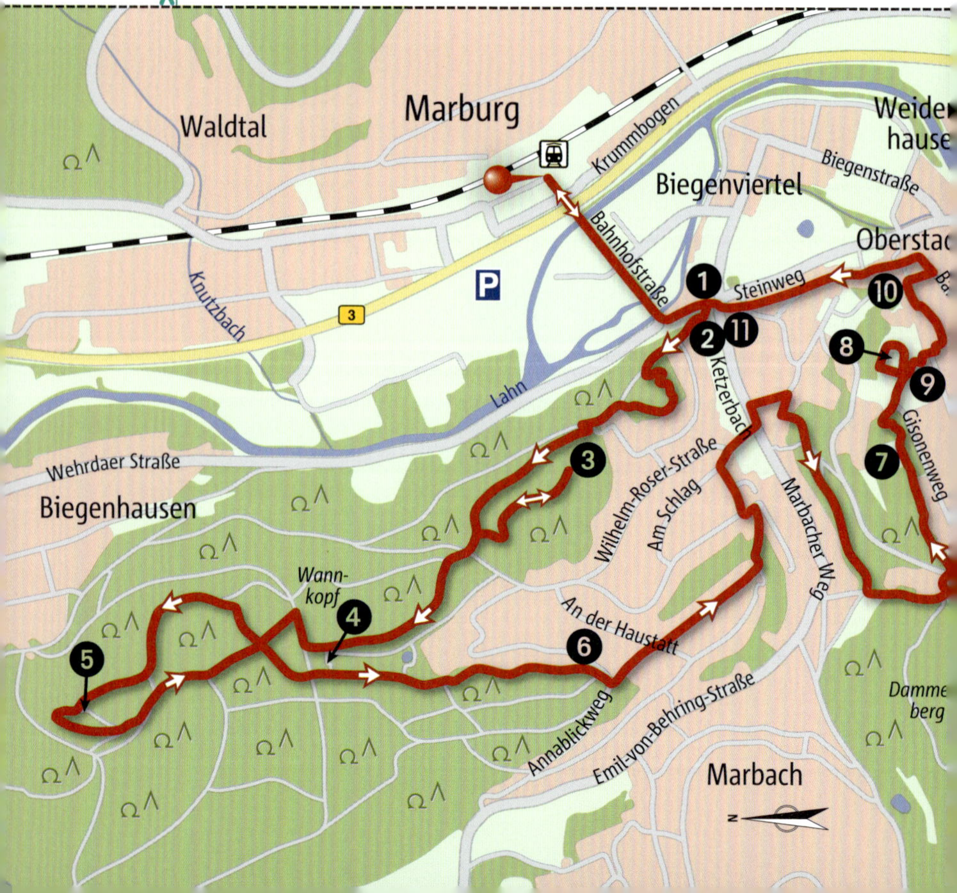

Alles auf einen Blick

WIE & WANN:
Naturpfade, Wald- und Wirtschaftswege. An einigen Stellen gibt es Treppenstufen! In Marburg auf den Bürgersteigen. Ganzjährig geeignet.

HIN & WEG:
Auto: Afföllerwiesen 7, 35039 Marburg (kostenpflichtig, GPS: 50.82048, 8.77012)
ÖPNV: Züge bis Hauptbahnhof Marburg

ESSEN & ENTSPANNEN:
Restaurant Bückingsgarten ❾ Landgraf-Philipp-Straße 6, 35037 Marburg, Tel. (0 64 21) 1 65 77 71, www.bueckingsgarten-marburg.de
Weinstube und Restaurant Weinlädele ❿ Schloßtreppe 1, 35037 Marburg, Tel. (0 64 21) 1 42 44, www.weinlaedele.de

Entspannung ✱✱✱✱✱ (3 von 5)
Genuss ✱✱✱✱✱ (4 von 5)
Romantik ✱✱✱✱✱ (4 von 5)

Gartenlaube Marburg ⓫ Steinweg 38, 35037 Marburg, Tel. (0 64 21) 61 76 62, www.gartenlaube-marburg.de

ENTDECKEN & ERLEBEN:
Elisabethkirche ❶
St.-Michaelskapelle ❷
Kirchspitze ❸
Behring-Mausoleum ❹
Marienhäuschen ❺
Annablick ❻
Schlosspark ❼
Landgrafenschloss ❽

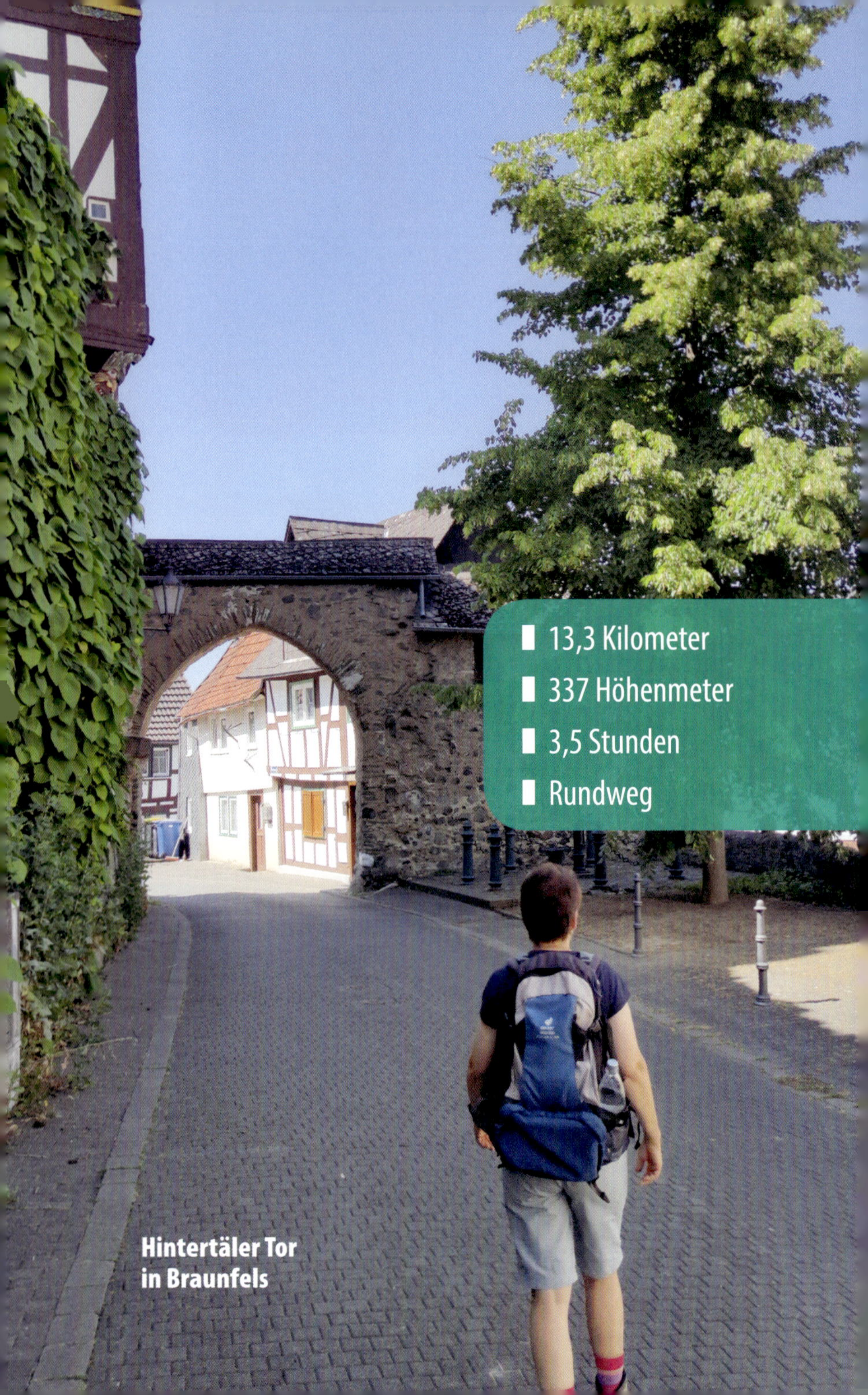

- 13,3 Kilometer
- 337 Höhenmeter
- 3,5 Stunden
- Rundweg

Hintertäler Tor in Braunfels

Wir starten heute unsere Wanderung am kleinen Weiher in Braunfels, wo wir auch unser Auto gut parken können. Zunächst einmal gehen wir auf Braunfels zu, überqueren achtsam die Landstraße und schlagen rechts vom **Brauhaus Obermühle** ❶ den Weg Am Mühlberg ein. Es geht ein gutes Stückchen hinauf, dann endet dieser Weg und wir schlendern gemütlich nach rechts in die Poststraße. Diese stößt auf die **Weilburger Straße,** auf der wir nach links Richtung Ortskern wandern. Nach gut 400 Metern zweigt der Burgweg rechts ab und wir entscheiden uns für diesen. Am eisernen

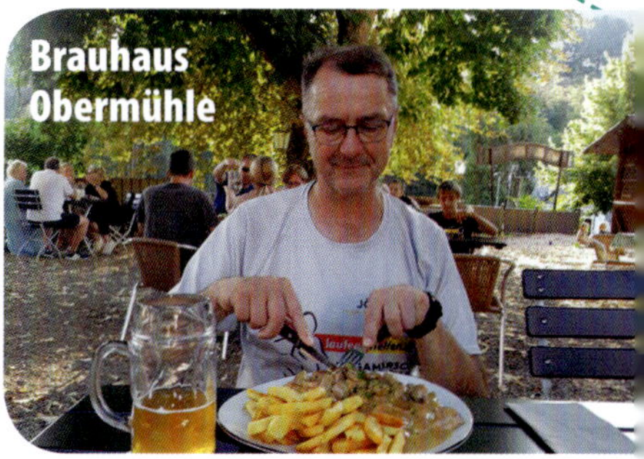
Brauhaus Obermühle

Es war einmal

Von Braunfels nach Bonbaden

Brunnen und der Hochzeitslinde vorbei schreiten wir durch das mächtige **Hintertäler Tor,** das im 15. Jahrhundert zum Schutz des Hintertales errichtet wurde. Ab hier ist der Weg durchgehend als **Permanenter Wanderweg IVV** (Silhouette Braunfels auf gelbem Hintergrund) markiert.

Wir gehen auf dem Burgweg bis zur Auffahrt zum märchenhaften **Schloss Braunfels** ❷, die ebenfalls durch ein eindrucksvolles steinernes Tor führt. Durch dieses gehen wir aber nicht, sondern wenden uns kurz hinter dem Wachturm nach links in die Straße In den Anlagen. Wir wandern am ehemaligen Marstall vorbei und biegen kurz darauf abermals nach links ab, hinauf in Richtung „Parkplatz am Schloss“. Diesen über-

***Schloss Braunfels** diente im Jahr 2008 als märchenhafte Filmkulisse für die Verfilmung des Grimm'schen Märchens „König Drosselbart“. Und im Jahr 2019 wurde es als Drehort für die Kinderbuchverfilmung „Max und die wilde 7“ genutzt.*

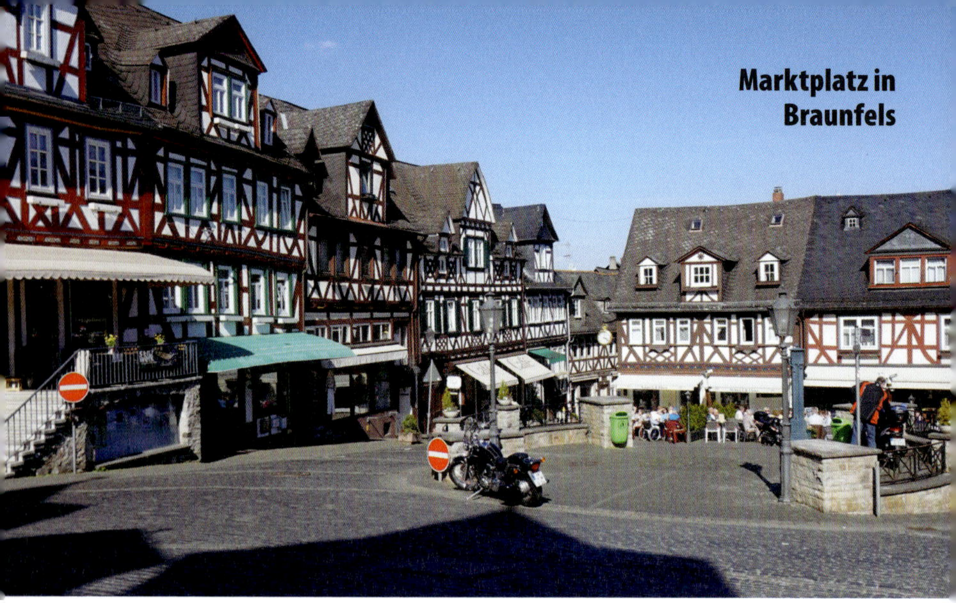

Marktplatz in Braunfels

queren wir und finden nach 100 Metern den Eingang zum **Herrengarten ③.**

Dort erreichen wir nach kurzer Zeit ein Treppchen, über das unter anderem auch der **Lahnwanderweg** hinunterführt. Diesem folgen wir und nehmen dann den halbrechts abzweigenden Weg, der uns an einem altehrwürdigen **Mammutbaum** vorbeiführt, und verlassen den Kurpark. Entlang der Kirschenhohl erreichen wir nach wenigen Schritten die Schlesierstraße, die wir auf dem Zebrastreifen sicher überqueren. Dann gehen wir über die Tiergartenstraße und schlagen den Weg entlang der Attenbachstraße ein. An einem Autohaus vorbei erreichen wir nach 300 Metern einen Parkplatz. Diesen queren wir parallel zur Landstraße und biegen in einen breiten Waldweg ein. Wir freuen uns, dass es im Wald angenehm kühl und schattig ist. Zufrieden wandern wir auf diesem schönen Weg und erfreuen uns an der alten Wegmarkierung, einem **Hirschkäfer.** Nach gut 1 Kilometer erreichen wir die **Bagnolshütte ④,** die verwunschen auf der rechten Seite des Weges liegt. An der Hütte nehmen wir uns die Zeit für eine erste kleine Verschnaufpause.

Wir folgen dem bequem ausgebauten Waldweg für weitere 750 Meter und bleiben dabei immer auf dem

*Die **Bagnolshütte** hat ihren Namen von der Städtepartnerschaft der Stadt Braunfels mit dem französischen Bagnols-sur-Cèze. Sie ist nach New Braunfels die zweitälteste von insgesamt acht Braunfelser Städtepartnerschaften und besteht bereits seit 1959.*

Schotterweg. Auf diesem biegen wir nun auch links ab. Vor uns liegt ein leichter Anstieg und eine lang gezogene Rechtskurve. Danach wenden wir uns bei einem **hölzernen Wegweiser** nach links. Nun nimmt uns der Weg gemächlich mit bergab. An einem Sportplatz vorbei erreichen wir den Braunfelser Stadtteil **Bonbaden.** Gleich bei den ersten Häusern schwenken wir nach links in die Waldstraße. Kurz darauf wandern wir nach rechts in die Straße Am Rossberg. Bei der nächsten Kreuzung geht diese in den Philippsteiner Weg über und wir gehen auf diesem geradeaus weiter, bis wir auf die **Jägerstraße** stoßen. Wir halten uns rechts in Richtung Friedhof und schlendern weiter bis zu den letzten Häusern.

Für die Seele

Ach, wem gehört der schöne Wald? – Wie einst die Königstochter im Märchen „König Drosselbart“ verfallen auch wir dem Zauber des Märchenwalds.

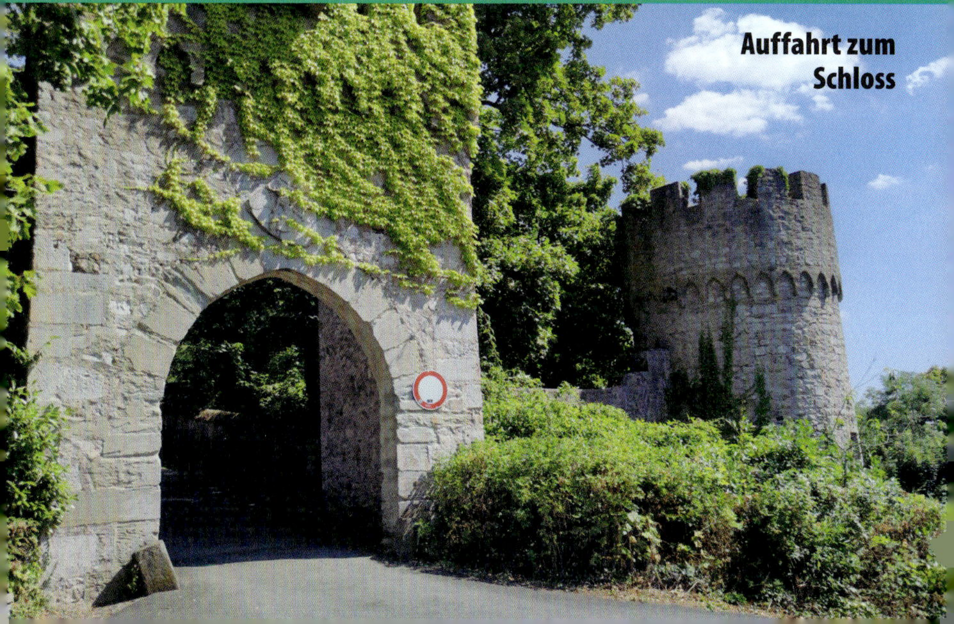

Auffahrt zum Schloss

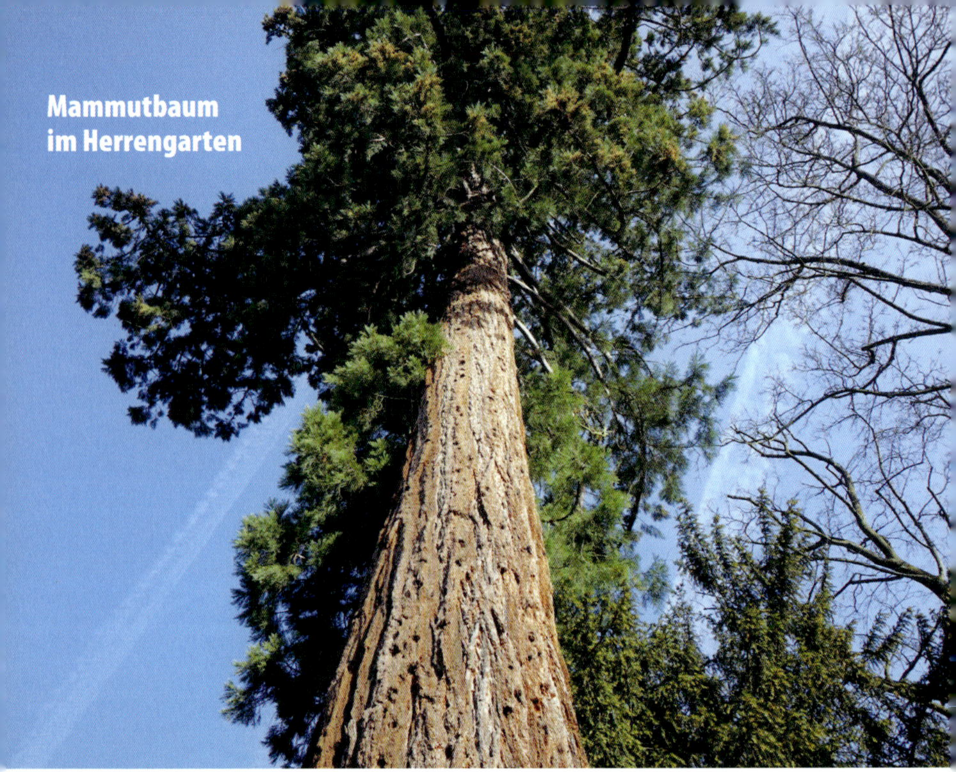
Mammutbaum im Herrengarten

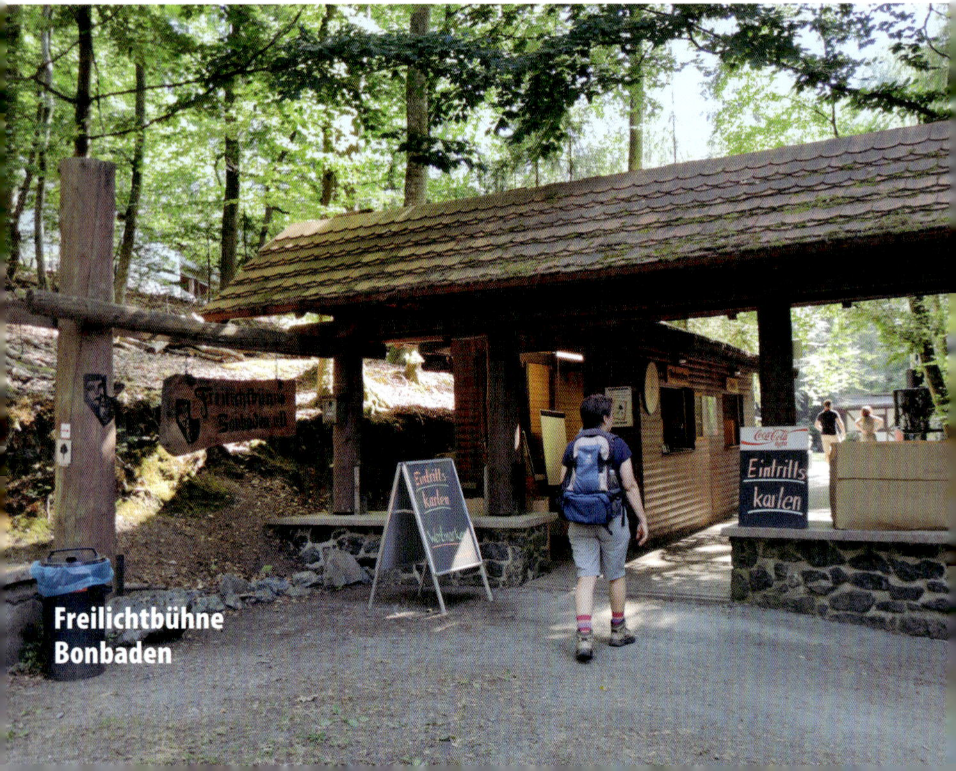

Freilichtbühne Bonbaden

Hier führt die Straße nun steil hinauf in den Wald. Wir entscheiden uns jedoch für den rechts davon verlaufenden ebenen Waldweg. Nach etwa 1 Kilometer haben wir die **Freilichtbühne Bonbaden** ⑤ erreicht.

*Die bereits seit den frühen 1950er-Jahren bestehende **Freilichtbühne** mit ihren 650 Sitzplätzen bietet der Laienspielgruppe Bonbaden Gelegenheit zur Aufführung von Mundart- und Kinderstücken.*

Wir halten uns vor dem Eingang der Bühne rechts in Richtung Parkplatz und schlagen hinter den Gebäuden den Weg nach links ein. Wir gehen nun gegen die Fließrichtung an einem **kleinen Bach** entlang. Diesen überqueren wir etwas später. Der Weg führt uns nun ein ganzes Stück etwas steiler hinauf. Wir erreichen einen Hochsitz, dort biegt der Weg nach links ab und wir folgen ihm rund 1 Kilometer weiter bergauf. Nun kommen wir an einen Querweg und biegen auf diesem nach rechts ab. An der nächsten Wegekreuzung gehen wir wiederum nach rechts. Wir sind jetzt auf dem Verbindungsweg von Altenkirchen nach Braunfels und erreichen kurze Zeit später die **Philippsteiner Hütte** ⑥, die sich perfekt für eine Rast eignet.

An der Hütte nehmen wir für ein kurzes Stück den Weg nach links und wandern direkt danach wieder nach rechts. Auf diesem gemütlichen Waldweg bleiben wir nun für 1,5 Kilometer und gelangen dann auf den eben schon kurz begangenen Verbindungsweg. Hier biegen wir links ab und haben nach wenigen Metern den Waldrand erreicht. Die Aussicht lässt Augen und Seele jubeln, denn vor uns sehen wir die Ausläufer des Westerwalds und das märchenhafte **Braunfelser Schloss.** Halb rechts verwöhnt uns der Blick zum großen Dünsberg und rechts in der Ferne thront der Stoppelberg bei Wetzlar.

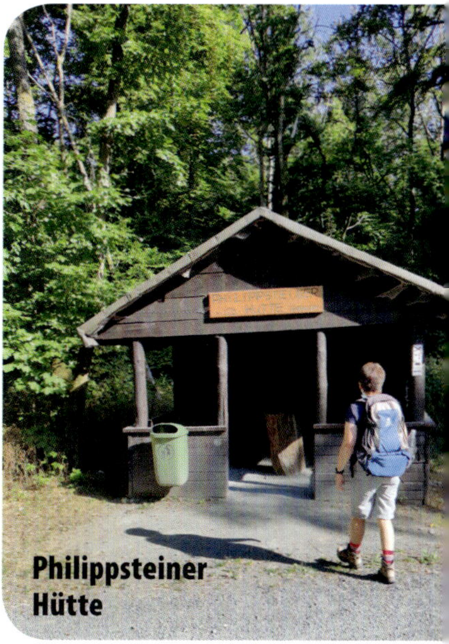
Philippsteiner Hütte

Wir wandern auf dem asphaltierten Weg über freies Feld hinab Richtung Braunfels. Vorbei an der Einfahrt zum **fürstlichen Tiergarten** und dem Lindenhof erreichen wir die ersten Häuser. In einer

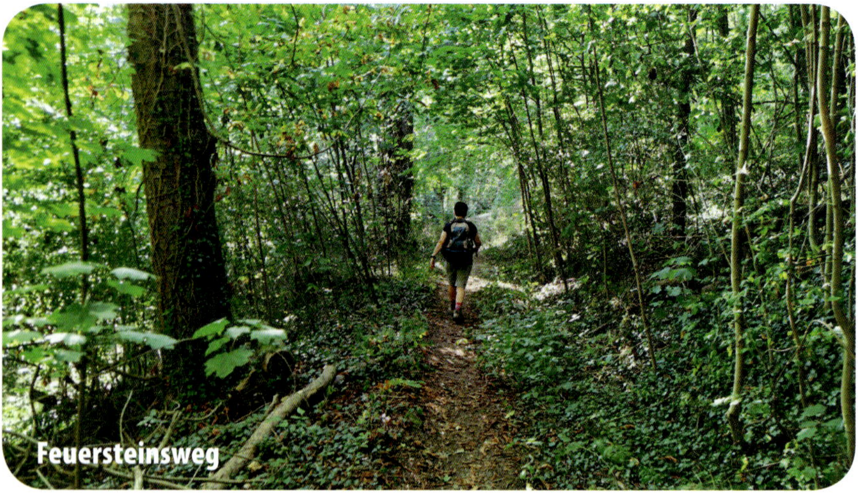

*Über den **Feuersteinsweg** kamen im Mittelalter Händler aus Frankfurt und von der Wetterau an einen Kontrollpunkt, aus dem die Stadt Braunfels entstand. Der Hohlweg ist das letzte fast unverändert gebliebene Stück dieser über 1000-jährigen Handelsstraße.*

Rechtskurve der Tiergartenstraße gehen wir vor einem Metallgitterzaun in den **Feuersteinsweg** **7**, einen historischen Hohlweg, hinein.

Der Feuersteinsweg führt uns nun wieder auf die Tiergartenstraße, entlang welcher wir erneut zu dem Zebrastreifen kommen, über den wir schon vorher gegangen sind. Wir überqueren ihn nochmals und befinden uns wieder in der uns ebenfalls bekannten Kirschenhohl. Nun betreten wir den feudalen **Herrengarten,** halten uns aber gleich beim ersten Querweg links. Dieser Weg, die Ahornallee, führt am unteren Rand des Herrengartens entlang und geht nach gut 200 Metern in die Kastanienallee über. Auf dem breiten Weg gehen wir nun weiter, bis etwa 350 Meter später der **Lahnwanderweg** von schräg rechts oben herunterkommt und kurz darauf links hinunter in den Wald führt. Auf diesem urigen Pfad wandern wir nun nach links hinab. Nach einigen kurzen Serpentinen erreichen wir die Landstraße. Achtsam überqueren wir diese und biegen in den Weiherstieg ein, der zu einem Campingplatz führt. Wir aber folgen weiter dem Lahnwanderweg nach rechts und biegen gleich hinter

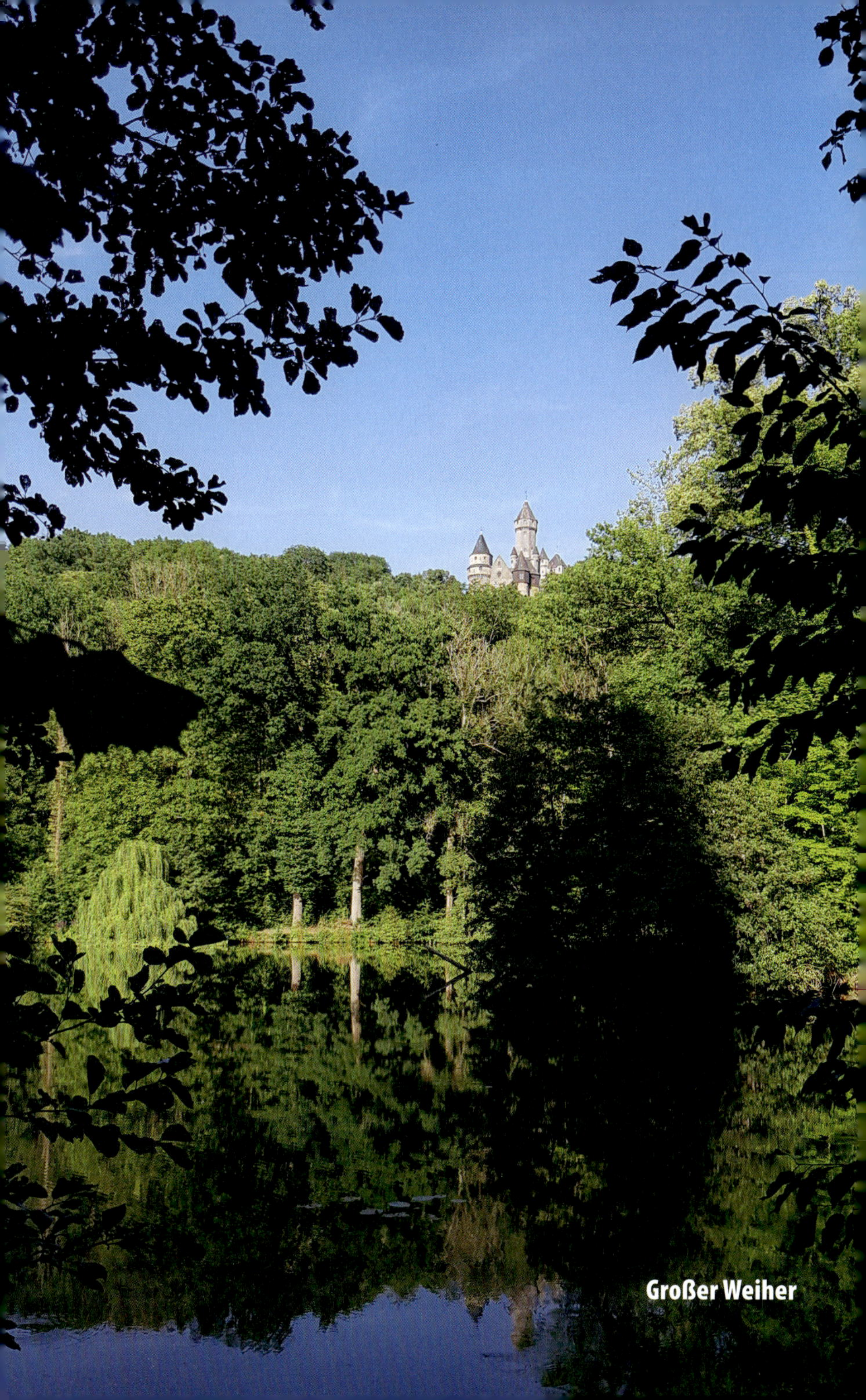

Großer Weiher

dem Parkplatz wieder links ab. Ein märchenhaft schöner Weg führt uns nun am **Großen Weiher 8** entlang. Über den Weiher hinweg sehen wir die Türme von Schloss Braunfels nochmals aus den Baumwipfeln herausragen. Bei Sonnenlicht spiegeln sie sich zauberhaft auf der Oberfläche des großen Teiches.

Hinter dem Weiher gehen wir weiter geradeaus den Lahnwanderweg entlang, bis wir auf die Landstraße stoßen, an der entlang wir nach rechts zurück zum Parkplatz gehen. Für die müden Füße gibt es unweit am **Stadtmuseum 9** einen Barfußpfad und ein Tretbecken. Im Brauhaus Obermühle lassen wir es uns zum Abschluss unserer Tour schmecken und genießen das vor Ort gebraute Bier.

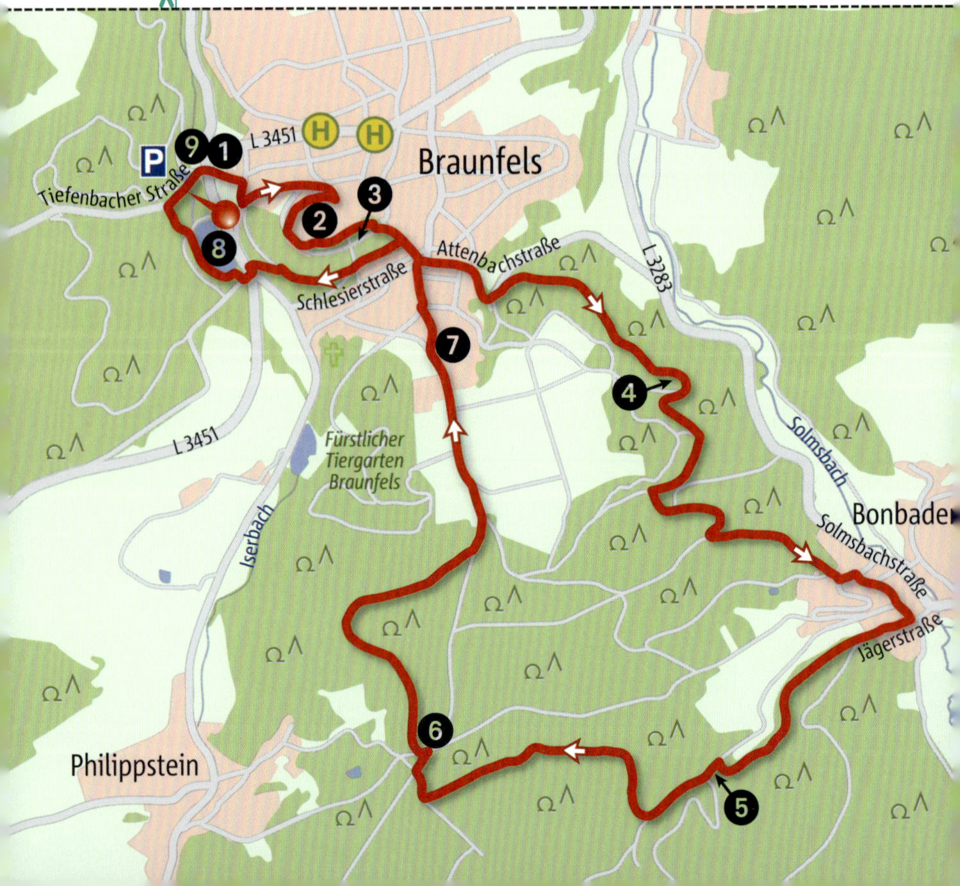

WIE & WANN:
Breite, schattige Wald- und Wirtschaftswege. In Braunfels auf den Bürgersteigen. Ganzjährig lohnend.

HIN & WEG:
Auto: Parkplatz Obermühle 1 oder Obermühle 2, 35619 Braunfels (GPS: 50.51539, 8.37952)
ÖPNV: Bus 180, 185 u. a. zum Busbahnhof Braunfels oder zur Haltestelle Kaiser-Friedrich-Straße, Braunfels

ESSEN & ENTSPANNEN:
Brauhaus Obermühle ❶ Gebrüder-Wahl-Str. 17, 35619 Braunfels, Tel. (0 64 42) 43 82, www.brauhaus-braunfels.de

Entspannung ✱✱✱✱
Genuss ✱✱✱
Romantik ✱✱✱✱

ENTDECKEN & ERLEBEN:
Schloss Braunfels ❷
Herrengarten ❸
Bagnolshütte ❹
Freilichtbühne Bonbaden ❺
Philippsteiner Hütte ❻
Feuersteinsweg ❼
Großer Weiher ❽
Stadtmuseum (mit Barfußpfad und Tretbecken) ❾ Obermühle 1, 35619 Braunfels, www.stadtmuseum-obermuehle.de

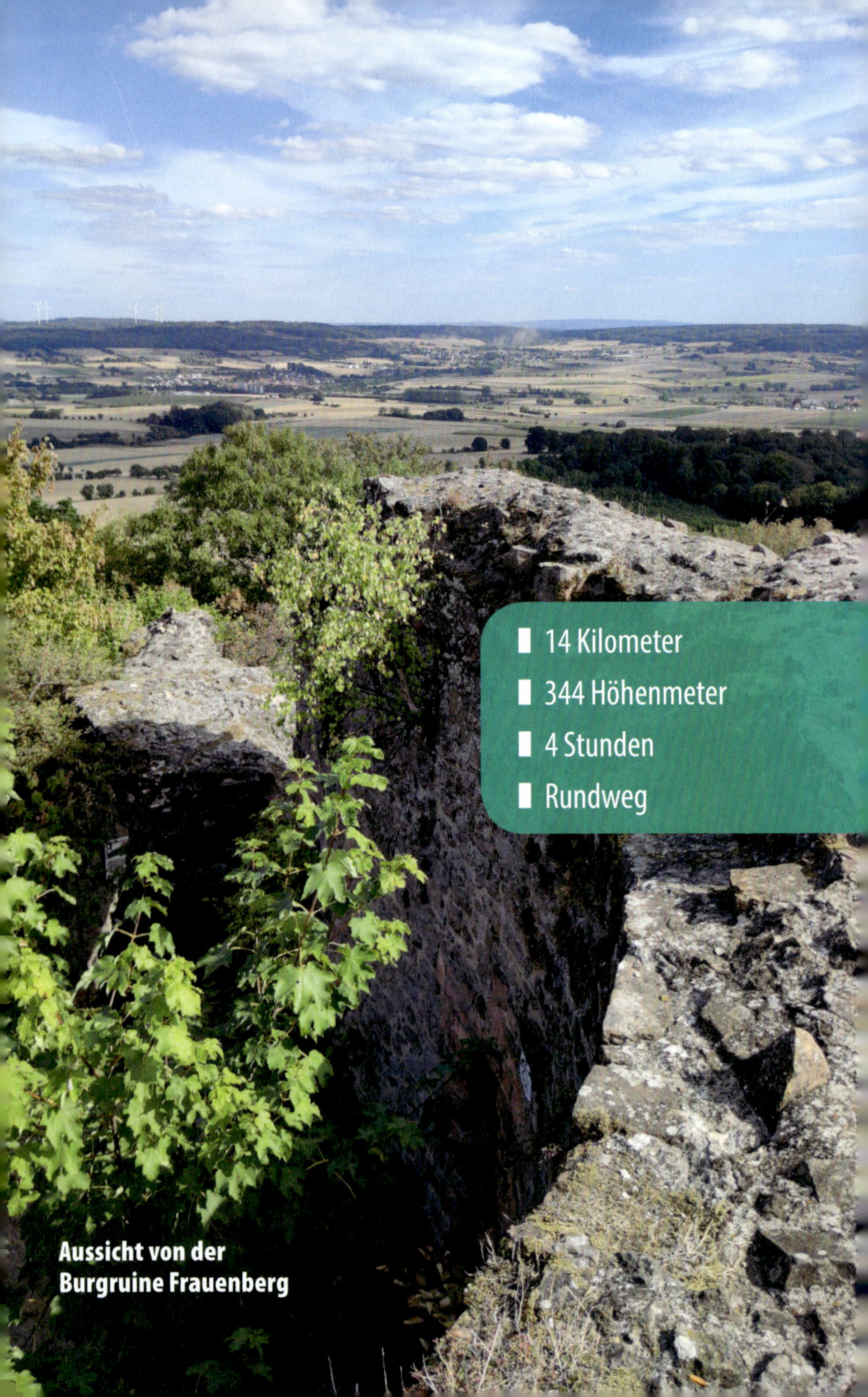

Aussicht von der Burgruine Frauenberg

Ausgangs- und Endpunkt dieser Wanderung ist der **Wanderparkplatz Eselsgrund in Cappel.** Dort nehmen wir zunächst einmal den ersten Weg rechts bergab. Der geschotterte Weg führt uns parallel zum idyllischen Wiesengrund und ist als **Gert-Siebert-Weg** mit einem weißen S markiert. An einer Freifläche linker Hand vorbei wandern wir immer sanft bergab durch den herrlichen Laubwald. An der ersten Kreuzung biegen wir rechts in Richtung Ortschaft ab und, mit dem Blick auf die ersten Häuser von **Cappel,** bei der nächsten Möglichkeit nach links. Nun wandern wir noch etwa 500 Meter durch den Wald links vom Wiesengrund und stoßen auf einen asphaltierten Weg, auf dem wir rechts abbiegen. Bei der nächsten Möglichkeit

Sophies Burg

Zum Frauenberg bei Cappel

wenden wir uns wieder nach links, bevor wir rechts in die Goldbergstraße einbiegen. Diese geht dann in eine Spielstraße über. Entlang der Goldbergstraße bewundern wir schön anzuschauende **Fachwerkhöfe,** bevor wir am malerischen **Dorfbrunnen** auf die Ronshäuser Straße stoßen. In diese Hauptstraße biegen wir links ein. Mit einem urigen Biergarten vor einer liebevoll restaurierten Scheune wartet hier das **Hotel Restaurant Carle** ❶ auf uns. Wir entschließen uns, hier nach der Wanderung einzukehren und uns die leckere Hausmacherbratwurst schmecken zu lassen.

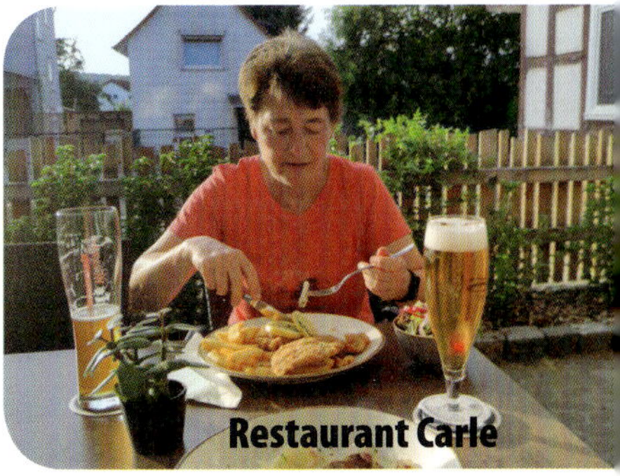
Restaurant Carle

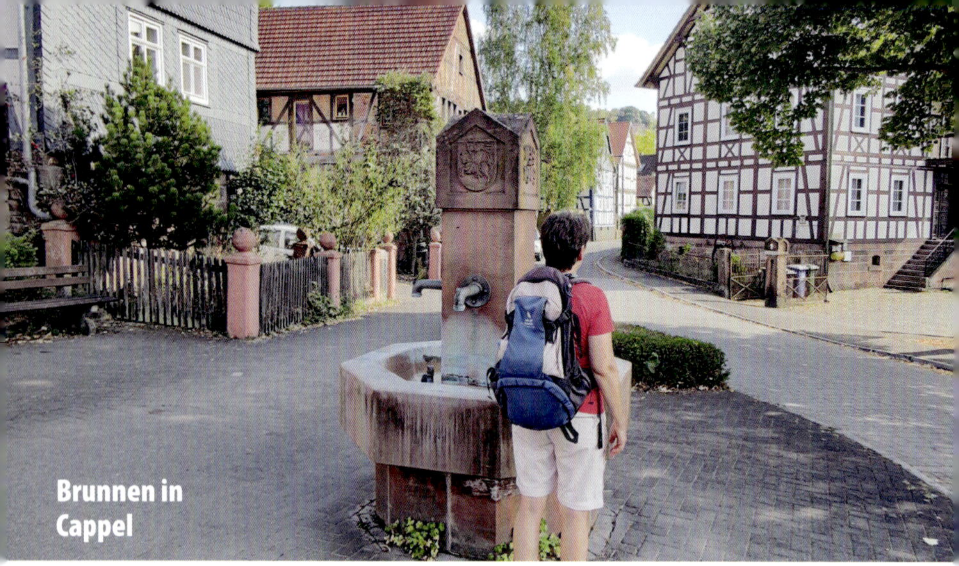

Brunnen in Cappel

Entlang der Ronshäuser Straße geht es vom Hotel Restaurant Carle aus weiter. Diese geht in die Straße Zur Burgruine über und wir orientieren uns ab jetzt an den Wegezeichen des **Planetenweges** (schwarzes + auf weißem Untergrund). Bei der Bushaltestelle Zum neuen Hieb biegen wir rechts in einen breiten Waldweg ab. Auf diesem spazieren wir weiter, genießen die gesunde Bewegung in der Natur und bewundern den aufgelassenen **Steinbruch** am Mühlenberg linker Hand.

So wandern wir beschaulich und gemütlich durch den Ruhe spendenden Wald, bis wir nach gut 1 Kilometer an eine Waldwegekreuzung kommen. Hier biegen wir rechts ab und bleiben auf dem **Planetenweg,** der nun leicht bergab durch den Wald führt. Nach kurzer Zeit kommen wir an einen Schuppen, hinter dem wir uns rechts halten. Links in der Ferne taucht der **Dünsberg** mit seinem markanten Fernmeldeturm auf. Nachdem wir ein Wasserschutzgebiet auf der rechten Seite passiert haben, erreichen wir den Ortsrand von **Ronhausen.** Dort biegen wir links in die Straße Am Alten Rasen ein. Diese führt uns nun immer schön am Ortsrand von Ronhausen entlang. Vorbei am **Dorfgemeinschaftshaus** wandern wir geradeaus in die Straße Fünfhausen und biegen dann bei der nächsten Möglichkeit nach rechts ab. Wir erreichen die

Hauptstraße des Ortes, die Bortshäuser Straße, und gehen entlang dieser nach links.

Am Ortsausgang von Ronhausen wenden wir uns dem Planetenweg folgend nach rechts. Wir wandern gemächlich geradeaus über eine Brücke, überqueren den **Radweg Marburger Kreisbahn** ❷ und biegen schräg rechts in einen Schotterweg ein. Die nächste Wegegabel kommt knapp 200 Meter später, und dort entscheiden wir uns für den Weg nach links.

Nun wandern wir am Waldrand entlang und genießen die Ruhe in diesem idyllischen Wiesengrund. An der nächsten Wegekreuzung gehen wir an einem Hochsitz geradeaus, der Weg führt uns mit moderater Steigung durch den Wald. Geraume Zeit später

Der Radweg führt über die alte Trasse der ***Marburger Kreisbahn****. Sie führte vom Bahnhof Marburg Süd in den Ebsdorfergrund. Der Personenverkehr endete im Jahr 1956, bis 1972 fuhren noch Güterzüge.*

Für die Seele

Von der romantischen Burgruine aus erfahren wir die Weite der Landschaft. Der Blick auf die lieblichen Hügel verschafft uns Wohlfühlmomente.

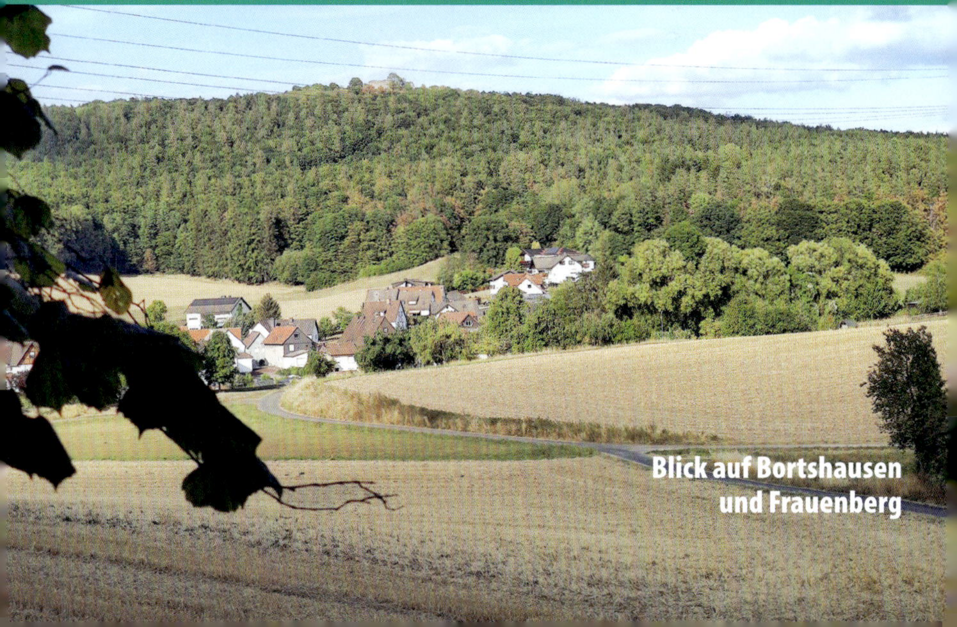

Blick auf Bortshausen und Frauenberg

kommen wir an eine Wegekreuzung von mehreren Waldwegen. Hier stößt der Planetenweg auf den **Hugenotten- und Waldenserpfad** (blauer Punkt mit grüner Linie auf weißem Hintergrund), dem wir nun bis zum Ende unserer Wanderung folgen. Allerdings ist das Wegezeichen nicht direkt an dieser Kreuzung erkennbar. Wir wählen den ersten Weg links und kurze Zeit später erkennen wir an der eben noch vermissten Wegemarkierung, dass wir richtig sind. Schließlich kommen wir aus dem Wald heraus, entdecken in der Ferne über das Feld hinweg den **Frauenberg** mit seiner **Burgruine** und wandern geradeaus weiter.

Die Hugenotten und Waldenser kamen als Glaubensflüchtlinge nach Deutschland. Der 2500 Kilometer lange ***Hugenotten- und Waldenserpfad*** *führt über ihren Fluchtweg und durch Orte, in denen das Kulturerbe der Hugenotten und Waldenser erfahren und erlebt werden kann.*

An der nächsten Kreuzung gehen wir erneut geradeaus und der geschotterte Pfad geht in einen asphaltierten Weg über. Auf diesem gelangen wir gut 500 Meter später an eine wunderbar gelegene **Aussichtsbank ❸** mit Blick auf den Frauenberg und die vor uns liegende Ortschaft Bortshausen. Wir lassen uns nieder und gönnen uns diesen kleinen Wohlfühlmoment.

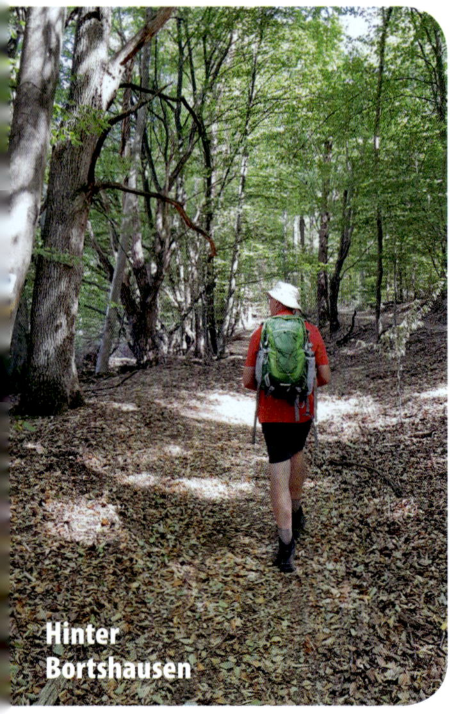

Hinter Bortshausen

Nach unserer kurzen Pause geht es auf dem sonnigen Weg weiter hinunter in Richtung **Bortshausen.** Wir überqueren erneut den **Radweg Marburger Kreisbahn** und erreichen das beschauliche Dörflein. Auf der Hachborner Straße kommen wir an der alten Schule vorbei. Auch hier gibt es die schöne Tradition der alten Dorfnamen an den Gebäuden. Am Dorfplatz mit dem liebevoll restaurierten **alten Brunnen ❹,** dessen Pumpe übrigens noch funktioniert, strecken wir gemütlich die Beine aus.

Über die Ebsdorfer Straße hinweg gelangen wir geradeaus auf den **Burgweg.** Am Ortsende wird der asphaltierte Weg zum urigen Pfädchen. Wir folgen

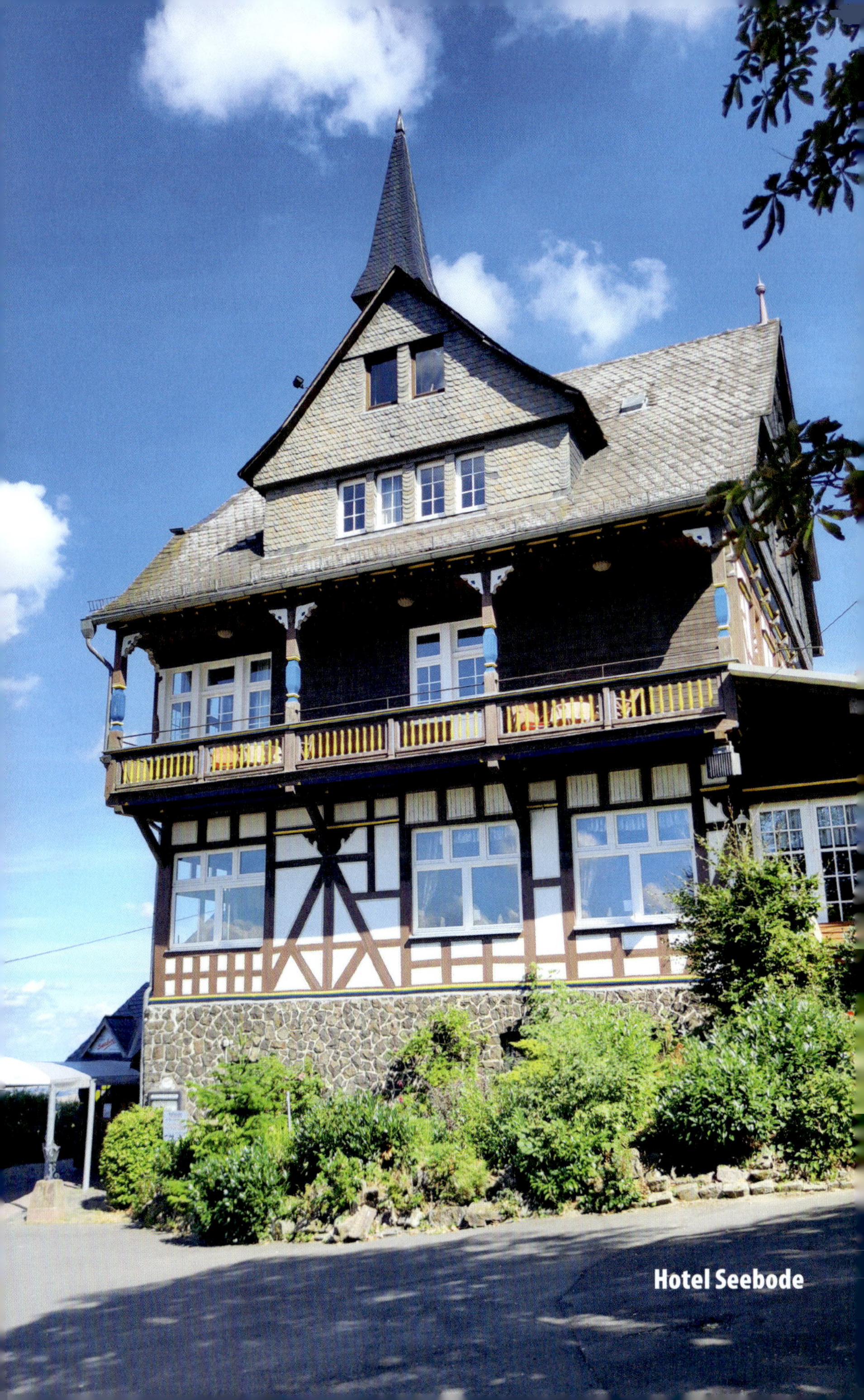

Hotel Seebode

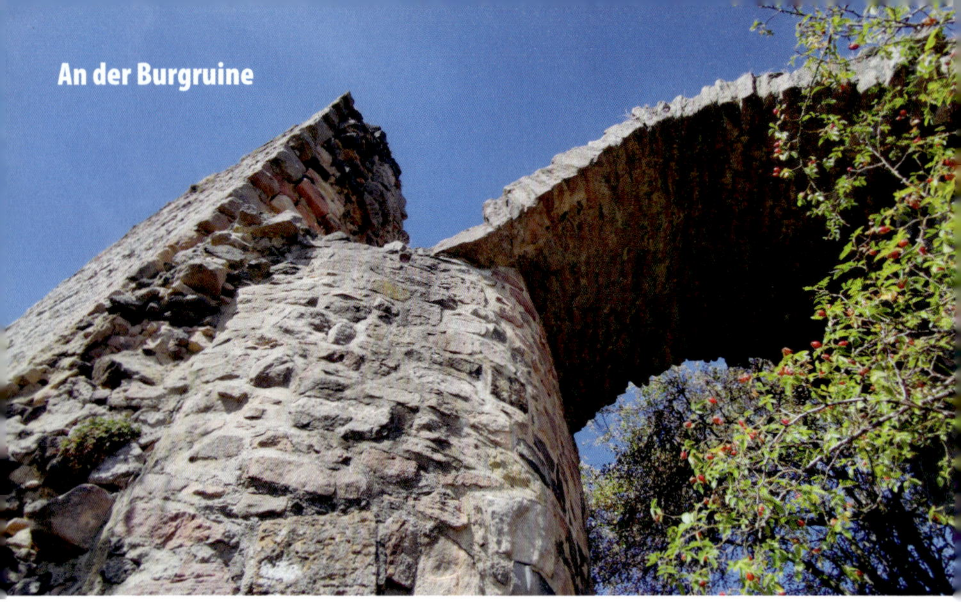

An der Burgruine

der Wegmarkierung nach links und steigen dann über ein kleines Treppchen weiter hinauf. An der nächsten Wegekreuzung nehmen wir den breiten geschotterten Weg nach rechts. Auf diesem wandern wir fast 1 Kilometer stetig bergauf, bis wir aus dem Wald herauskommen und einen **Picknickplatz** ❺ erreichen. Hier gehen wir entlang des Waldrandes links und ein Holzschild zeigt uns an, dass wir auf dem richtigen Weg zur Burgruine Frauenberg sind, dem im doppelten Sinne Höhepunkt der Tour.

Wir stoßen auf einen Querweg und der Wanderweg nimmt uns an einem Wegweiser rechts über eine offene Wiese mit hinauf. An der Bank halten wir uns links und wandern auf ein imposantes Fachwerkhaus aus dem frühen 20. Jahrhundert zu, das **Hotel Seebode** ❻. Über den Parkplatz des Hotels, das übrigens den Titel „Kulturdenkmal von besonderem historischem Wert“ vom Landkreis Marburg-Biedenkopf verliehen bekommen hat, geht es dann rechts hinauf zur **Burgruine Frauenberg** ❼.

Der Weg hinauf zu der an belebten Tagen etwas engen **Aussichtsplattform** lohnt sich allemal! Wie wohl einst Sophie auf dem Bergfried genießen auch wir ausgiebig den fantastischen 360-Grad-Panoramablick.

*Sophie von Brabant, Tochter der heiligen Elisabeth, ließ um 1252 die **Burg Frauenberg** errichten. Damit sollte der Besitzanspruch der Landgräfin gegen die Mainzer Herrschaft gesichert und die Straßen der „Langen Hessen“ kontrolliert werden.*

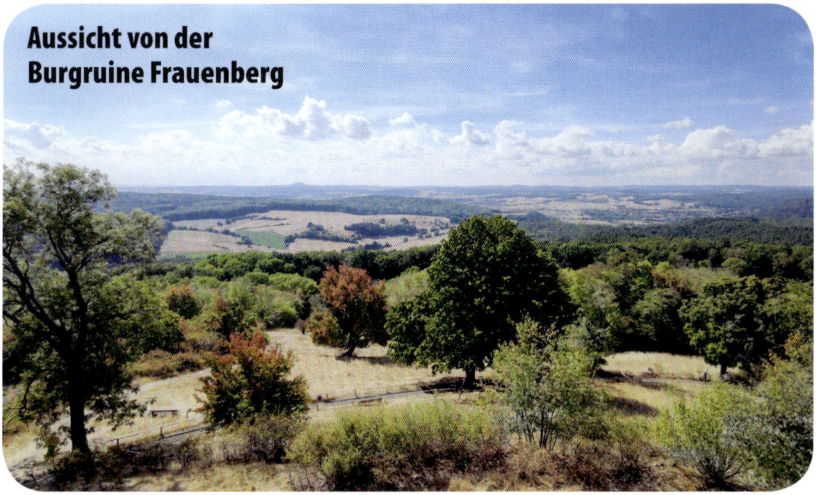

Aussicht von der Burgruine Frauenberg

Fast 50 Ortschaften soll man von hier oben sehen können. Wir machen auf jeden Fall Marburg, den Dünsberg, die Burg Gleiberg und die Amöneburg aus.

Von der Burgruine aus folgen wir dem Hugenotten- und Waldenserpfad am Hotel vorbei zur Kreisstraße hinunter. An der Straße halten wir uns rechts

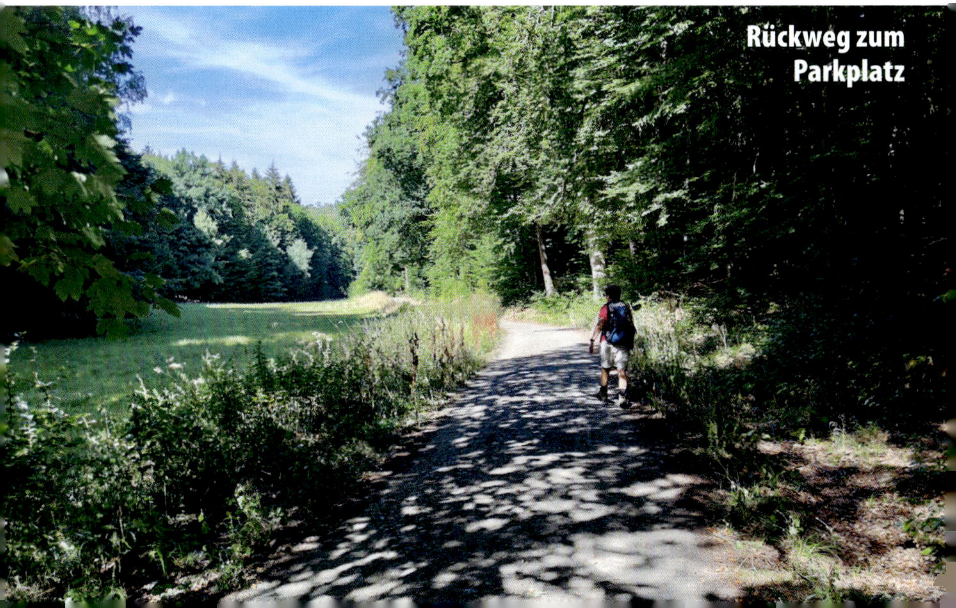

Rückweg zum Parkplatz

Verwöhntour 12

Im späten 17. Jahrhundert siedelten sich Glaubensflüchtlinge aus Südfrankreich unweit der Burg an. Sie gründeten eine Schankwirtschaft und noch heute bieten direkte Nachfahren im ***Hotel-Restaurant Zur Burgruine*** *auch hugenottische Spezialitäten an.*

und erreichen kurze Zeit später auf dem Bürgersteig das **Restaurant Zur Burgruine Frauenberg 8.** Im schattigen Biergarten gönnen wir uns eine Erfrischung.

Hinter dem Parkplatz des Hotels wandern wir die Heynstraße hinunter. Dort, wo diese eine Rechtskurve macht, verlassen wir sie und schlendern links in den Wald hinein. An der nächsten Wegekreuzung gehen wir schräg nach links. Wir sind immer noch auf dem uns nun schon gut bekannten **Hugenotten- und Waldenserpfad,** aber auch die Markierung des **Marburger Weges** (roter Strich auf weißem Hintergrund) hilft uns bei der Orientierung. Wir spazieren weiter geradeaus hinunter, und an zwei lauschigen Teichen vorbei erreichen wir wieder den **Wanderparkplatz Eselsgrund.**

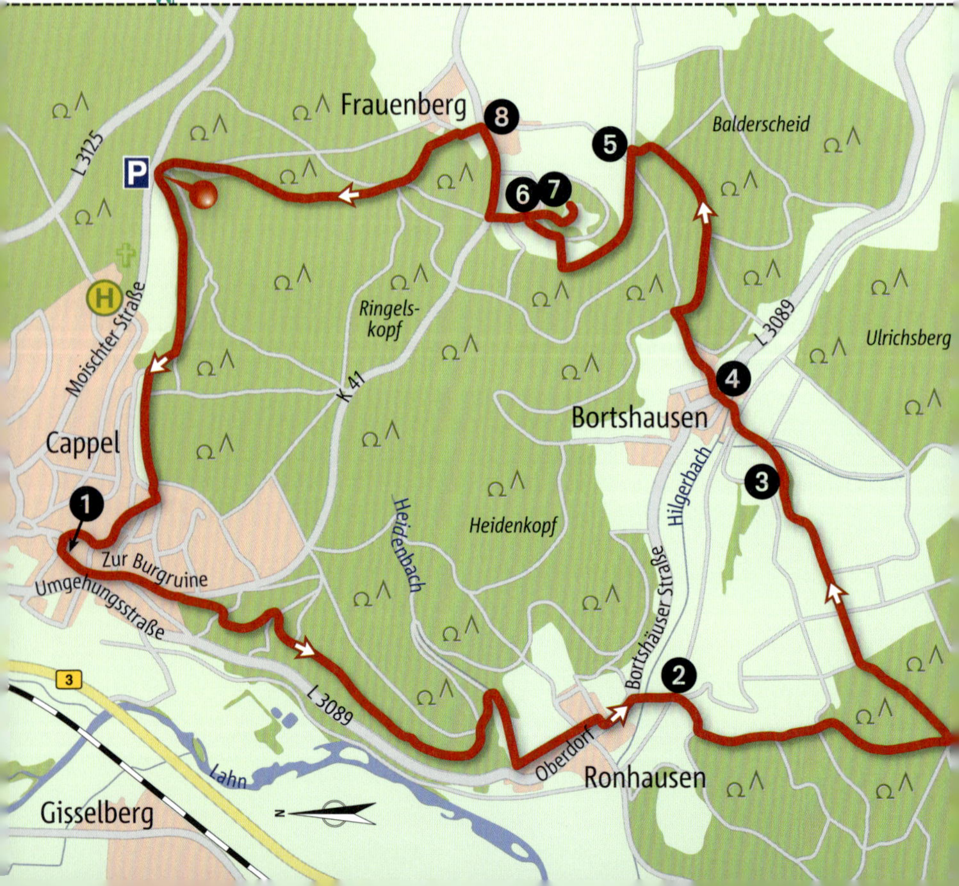

Alles auf einen Blick

WIE & WANN:
Zumeist breite Wald-, Wiesen- und Wirtschaftswege. In den Ortschaften auf den Bürgersteigen. Ganzjährig lohnend.

HIN & WEG:
Auto: Wanderparkplatz Eselsgrund, K38, 35043 Marburg (GPS: 50.77199, 8.78960)
ÖPNV: Bus 3 bis Haltestelle Marburg-Cappel Neuer Friedhof

ESSEN & ENTSPANNEN:
Hotel Restaurant Carle ❶ Ronhäuser Straße 8, 35043 Marburg, Tel. (0 64 21) 9 49 30, www.hotel-carle.de
Hotel Restaurant zur Burgruine Frauenberg ❽ Cappeler Straße 10, 35085 Ebsdorfergrund, Tel. (0 64 24) 13 79, www.zur-burgruine-frauenberg.de

Entspannung ✸✸✸✸✸
Genuss ✸✸✸✸✸
Romantik ✸✸✸✸✸

ENTDECKEN & ERLEBEN:
Radweg Marburger Kreisbahn ❷
Aussichtsbank ❸
Alter Brunnen ❹
Picknickplatz ❺
Hotel Seebode ❻
Burgruine Frauenberg ❼

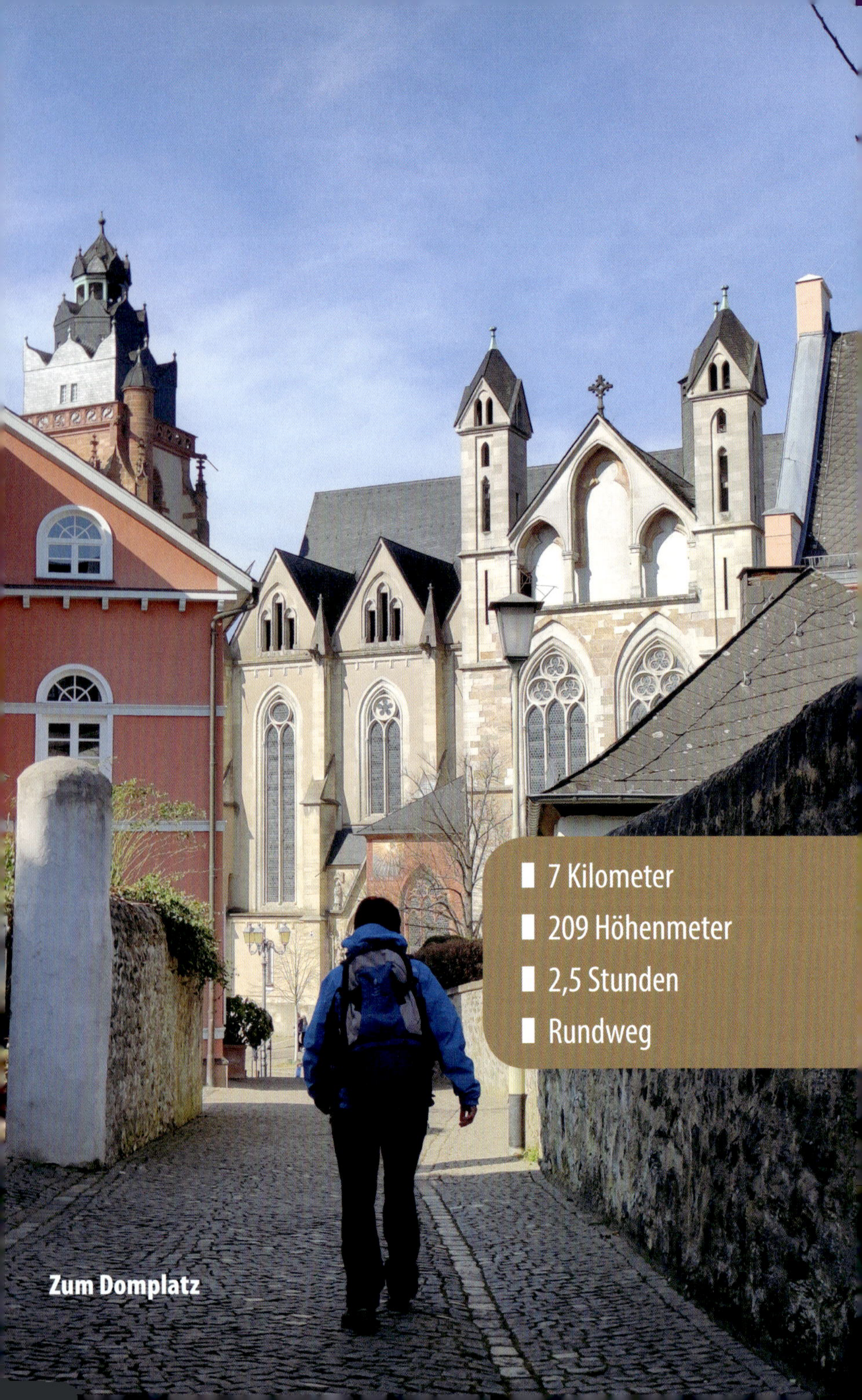

Zum Domplatz

Heute begleiten wir den jungen Goethe auf seinem Spazierweg über die Lahnhöhen bei Wetzlar. Der Weg ist als **Goetheweg** durchgehend markiert (Goethekopf auf weißem Grund). Passend dazu starten wir am **Lottehaus** ❶. Durch die Pfaffengasse gehen wir geradeaus auf den imposanten **Wetzlarer Dom** ❷ zu. Am Domplatz schlendern wir rechts die Goethestraße hinauf und biegen an ihrem Ende links in die Wöllbachertorstraße.

Die Wöllbachertorstraße führt uns direkt an der Parkanlage **Rosengärtchen** ❸ vorbei. Heute haben wir uns eine kurze und gemütliche Strecke vorgenommen und so gönnen wir uns den kurzen Abstecher durch die wunderschöne Parkanlage mit der Freilichtbühne.

Nachdem wir ausgiebig die Sonne im Rosengärtchen genossen haben, geht es weiter an der Wöllbachertorstraße entlang, bis wir eine Treppe erreichen, die uns zur Haarbachstraße hinunterführt. Wir überqueren dort den Zebrastreifen und kommen zum **Goethebrunnen.** An diesem folgen wir zunächst dem Wahlheimer Weg und kurz darauf nehmen uns Treppenstufen mit links hinauf. Oben angelangt wandern wir rechts in die Straße Am Deutschherrenberg und dann direkt wieder nach links in die Straße Auf dem Hauserberg. Auf dieser erreichen wir nach gut 250 Metern den Stadtrand von Wetzlar. Wir biegen nach rechts in den Lahnbergweg. Bei einer Bank knickt der

__Johann Wolfgang von Goethe__ machte im Jahr 1772 ein Praktikum am Reichskammergericht in Wetzlar. Während dieser Zeit wanderte er gerne nach Garbenheim. Er genoss die Wanderungen, die Natur und die Blicke ins Lahntal.

Das __Rosengärtchen__ wurde bis 1881 als Friedhof genutzt. Hier wurde auch Karl Wilhelm Jerusalem nach seinem Freitod beigesetzt. Er war Vorbild für den Werther in Goethes berühmtem Roman. Ein Gedenkstein erinnert heute an Jerusalem.

Goethes Spazierweg

Wetzlar und Garbenheim

Weg nach rechts ab und endet dann im Wahlheimer Weg, dem wir ein kurzes Stück nach links folgen. Bei der nächsten Möglichkeit halten wir uns rechts und wandern am bebauten Gebiet entlang aufwärts. Ganz oben knickt der Weg nach links ab. An dieser Stelle ruhen wir ein wenig, lassen die Worte Goethes, angebracht an einer der Stelen des Goetheweges, an unser Herz und genießen die wunderschöne Aussicht über Wetzlar und ins mittlere Lahntal.

Weiter folgen wir dem asphaltierten Weg, der uns dann in einer sanften S-Kurve zur **Garbenheimer Warte** ④ führt. Hier haben wir nicht nur einen idealen Picknickplatz, sondern auch die Aussicht zum großen Dünsberg. An der Garbenheimer Warte, die auch als Bismarckturm bekannt ist, geht es geradeaus und der Weg verläuft mit weiteren Panoramasichten auf der Höhe entlang. Eine **Relaxliege** lädt zu einer erneuten besinnlichen Pause ein. Am Ende des Weges wenden wir uns nach links. Etwas später genießen wir durch einen **Bilderrahmen** den Blick auf Garbenheim und erfahren auf einer Infotafel etwas über Goethes Wanderungen in das beschauliche Dörflein, das er in „Die Leiden des

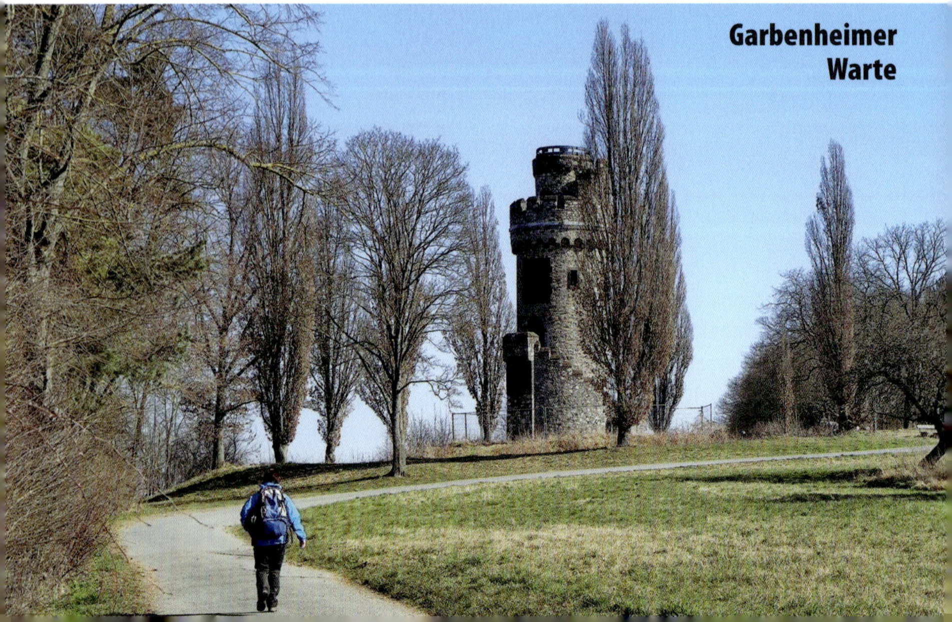

Garbenheimer Warte

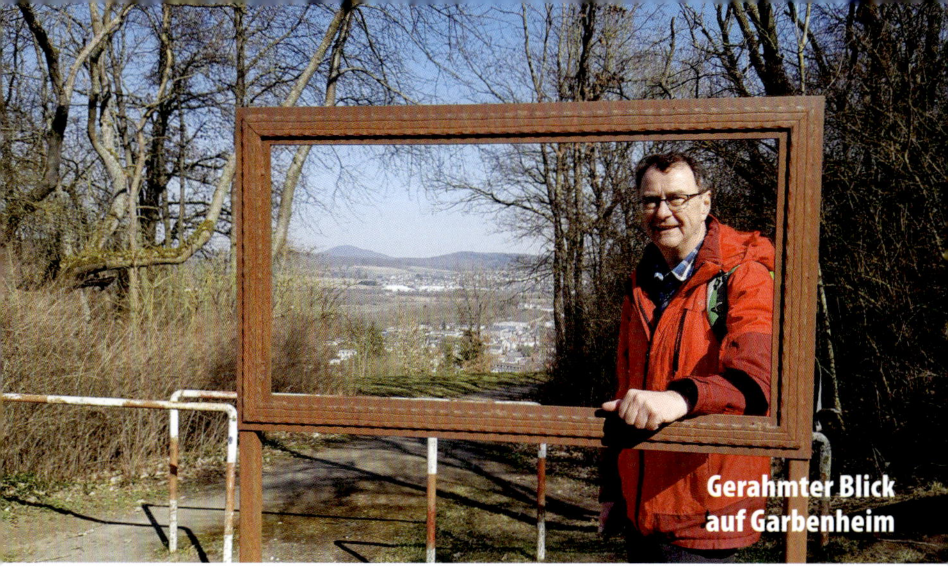

Gerahmter Blick auf Garbenheim

jungen Werther“ Wahlheim nannte. Allerdings bot sich dem Dichter noch ein anderes Bild von Garbenheim, denn im Jahr 1986 wurde bei einem verheerenden Großbrand viel der alten Bausubstanz zerstört.

Auf dem Haarbergsweg wandern wir wie einst Goethe auf Garbenheim zu. Der Weg geht in die Bergstraße über und beschreibt an der Kindertagesstätte als Auf der Mauer eine Linkskurve. Nach dieser Kurve

Für die Seele

Wie Goethe erfreuen wir uns an den Wundern der Natur über dem lieblichen Tal mit dem sanften Fluss – so beschrieb er einst selbst das Lahntal.

biegen wir scharf rechts in die Straße Haarberg ein. Am Ende der Straße wenden wir uns nach links in die Ritterkaut. Über die Bachstraße und die Untergasse erreichen wir den reizvollen Ortskern **Garbenheims**.

Vorbei am **Heimatmuseum** ❺ und der evangelischen Kirche erreichen wir den Goetheplatz mit dem

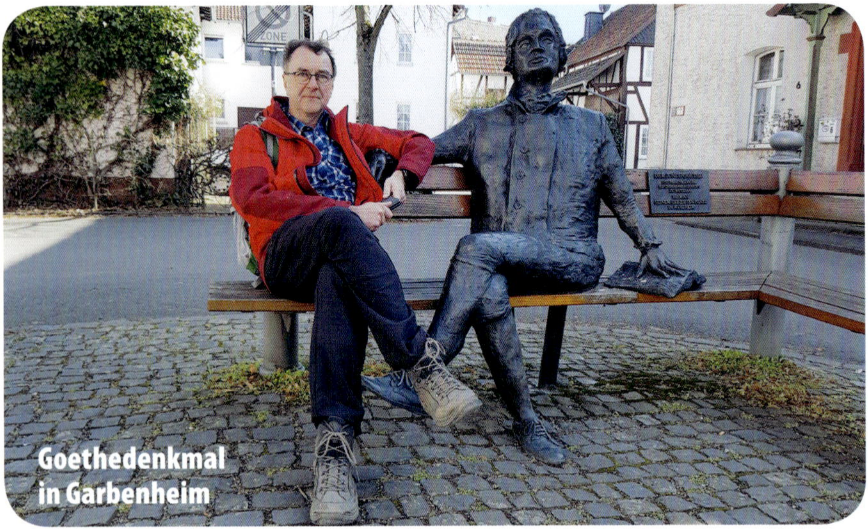

Goethedenkmal in Garbenheim

Goethe *weilte sehr gerne an der Lahn. Neben Wetzlar besuchte er auch Diez, Nassau, Bad Ems und Lahnstein. Über seine Erlebnisse führte er Tagebuch, welches sich zum Teil wie ein Reiseführer las. Ob Goethe wohl heute Blogger oder Influencer wäre?*

Goethedenkmal ⑥. Ganz nah neben dem jungen Goethe dürfen wir Platz nehmen. Ob Johann Wolfgang hier mit seiner Lotte Kaffee getrunken hat? Denn das tat er unter einer Linde in Garbenheim. Die Linde gibt es heute nicht mehr. Wir schauen jedoch direkt auf den **Obelisken,** der an den Baum erinnern soll.

An diesem geschichtsträchtigen Platz bereitet das süße Nichtstun Freude. Zufrieden treten wir nun den Weg zurück nach Wetzlar an. Hinter dem Goetheplatz biegen wir rechts in die Backhausstraße und danach links in die Straße Im Stiegel ein. Dieser Straße folgen wir anschließend nach links und ignorieren mehrere Abbiegemöglichkeiten, bevor sie dann schließlich in den Talsweg übergeht. Wir kommen an die Kreuzung von Talsweg, Ritterkaut und Auf der Mauer und nehmen letztgenannte Straße nach rechts. Kurz darauf biegen wir allerdings in den Junkersgrund, dem wir bis zur Hausnummer 5 folgen, dort nach links gehen und aus Garbenheim heraus wandern. In einer leichten Linkskurve befindet sich wieder eine Stele mit einem Goethe-Zitat.

Hier nimmt uns ein nach rechts ansteigender naturbelassener Pfad am Waldrand mit hinauf. Der Pfad endet an einem netten **Picknickplatz,** wo wir den asphaltierten Weg überqueren und geradeaus am Waldrand entlanggehen. An der nächsten Waldecke nehmen wir den Wiesenweg und erreichen die Umzäunung des Neuen Friedhofes. Hier führt der Weg links ins Tal hinab. Im Anschluss gehen wir unterhalb des Friedhofes auf dem Gießer Weg nach rechts, bevor wir links in die Straße Am Rasselberg abbiegen und dann sofort nach rechts in die **Ilmenau-Anlage** ❼ einschwenken.

Die Parkanlage begeistert durch ihre Ursprünglichkeit. Ein Bächlein, Teiche, viel Grün und bunt blühende Blumen. Hier geht uns das Herz auf und so tut es uns fast leid, dass wir bei dem markanten **Thüringer Wegweiser** wieder die Innenstadt erreichen. Wir überqueren den Philosophenweg und wandern leicht ansteigend links hinauf.

Nach knapp 150 Metern biegen wir rechts in die **Wertherstraße** und im Anschluss links in die **Kestnerstraße** ein. In Wetzlar ist Goethe überall präsent, denn auch diese beiden Straßennamen erinnern an den Erfolgsroman „Die Leiden des jungen Werther“. Die

Seit 1990 besteht die Städtepartnerschaft zwischen dem thüringischen Ilmenau und dem hessischen Wetzlar. Auch Ilmenau darf sich ***Goethestadt*** *nennen. Denn in seiner Zeit als Bergbauminister ging der Dichter dort seinen beruflichen Aufgaben nach.*

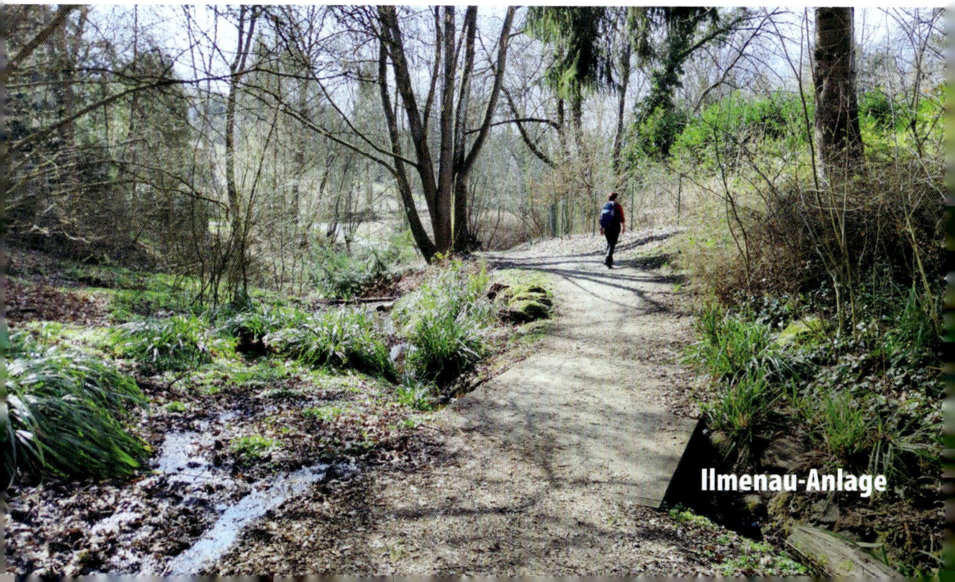

Ilmenau-Anlage

Kestnerstraße führt uns zur **Siena-Promenade.** Über eine kleine Treppe gelangen wir in die sonnendurchflutete Parkanlage. An der Treppe gehen wir im Park kurz rechts und dann bei der nächsten Möglichkeit wieder links. Noch einmal vollführen wir die gleiche Richtungskombination und stehen an der Fußgängerampel, die über die Konrad-Adenauer-Promenade in den Bereich der **Altstadt** führt. Über die Arnsburger Straße und die Pfaffengasse erreichen wir wieder das **Lottehaus.**

Nach dem Museumsbesuch im Lottehaus lassen wir den Tag ganz entspannt in einem der vielen gemütlichen Restaurants der sehenswerten **Wetzlarer Altstadt** ausklingen.

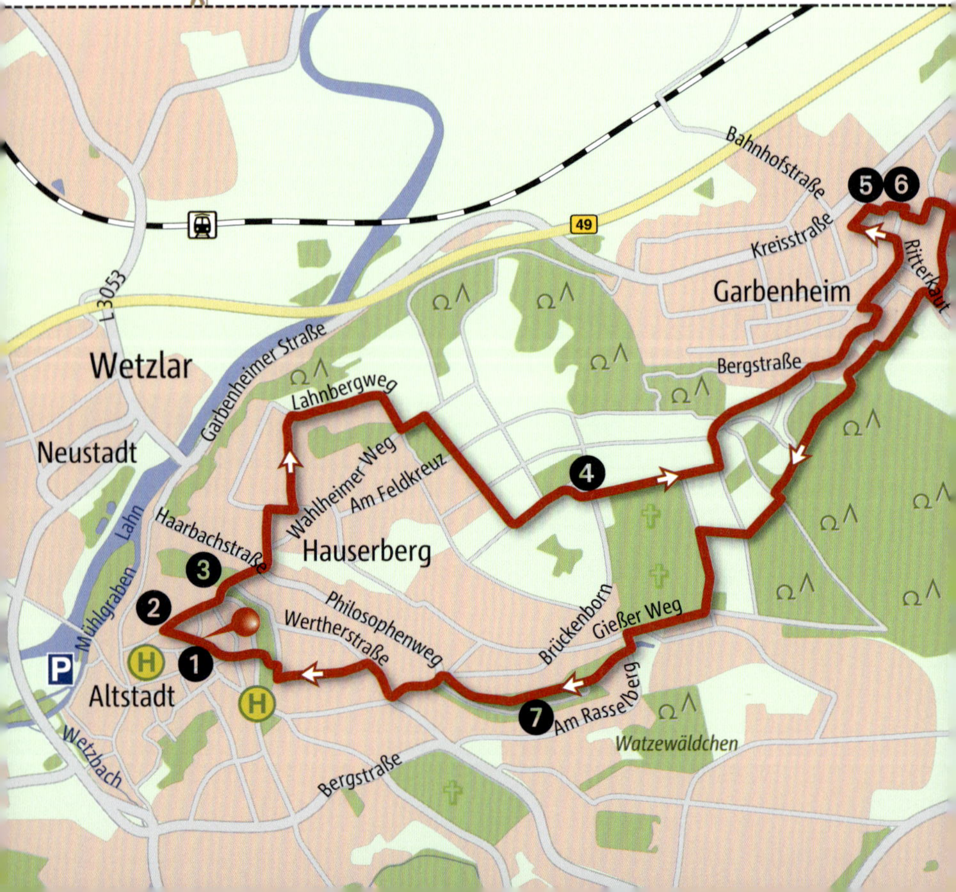

WIE & WANN:
Gute, befestigte und zumeist asphaltierte Feld- und Wirtschaftswege. In den Ortschaften auf Bürgersteigen. Kurze Abschnitte über naturbelassene Pfade oder über Treppenstufen. Ganzjährig geeignet.

HIN & WEG:
Auto: Kostenpflichtige Langzeitparkplätze auf der Lahninsel, 35578 Wetzlar (GPS: 50.55483, 8.49823)
ÖPNV: Züge bis Wetzlar, dann Bus 17/18 bis Haltestelle Goldfischteich/Promenade oder Citybus bis Haltestelle Domplatz

ESSEN & ENTSPANNEN:
Rucksackverpflegung und Getränke nicht vergessen! Nach der Wanderung bietet die Altstadt Wetzlar eine Vielzahl an gemütlichen Einkehrmöglichkeiten.

ENTDECKEN & ERLEBEN:
Lottehaus ❶ Lottestraße 8–10, 35578 Wetzlar, Tel. (0 64 41) 99 41 40, www.wetzlar.de/tourismus/das-lottehaus-in-wetzlar.php
Wetzlarer Dom ❷
Rosengärtchen ❸
Garbenheimer Warte ❹

Entspannung ✱✱✱✱
Genuss ✱✱✱
Romantik ✱✱✱✱✱

Heimatmuseum Garbenheim ❺ Untergasse 3, 35583 Wetzlar, Tel. (0 64 41) 4 66 61, heimatvereingarbenheim.de/heimatmuseum (Öffnungszeiten beachten!)
Goethedenkmal ❻
Ilmenau-Anlage ❼

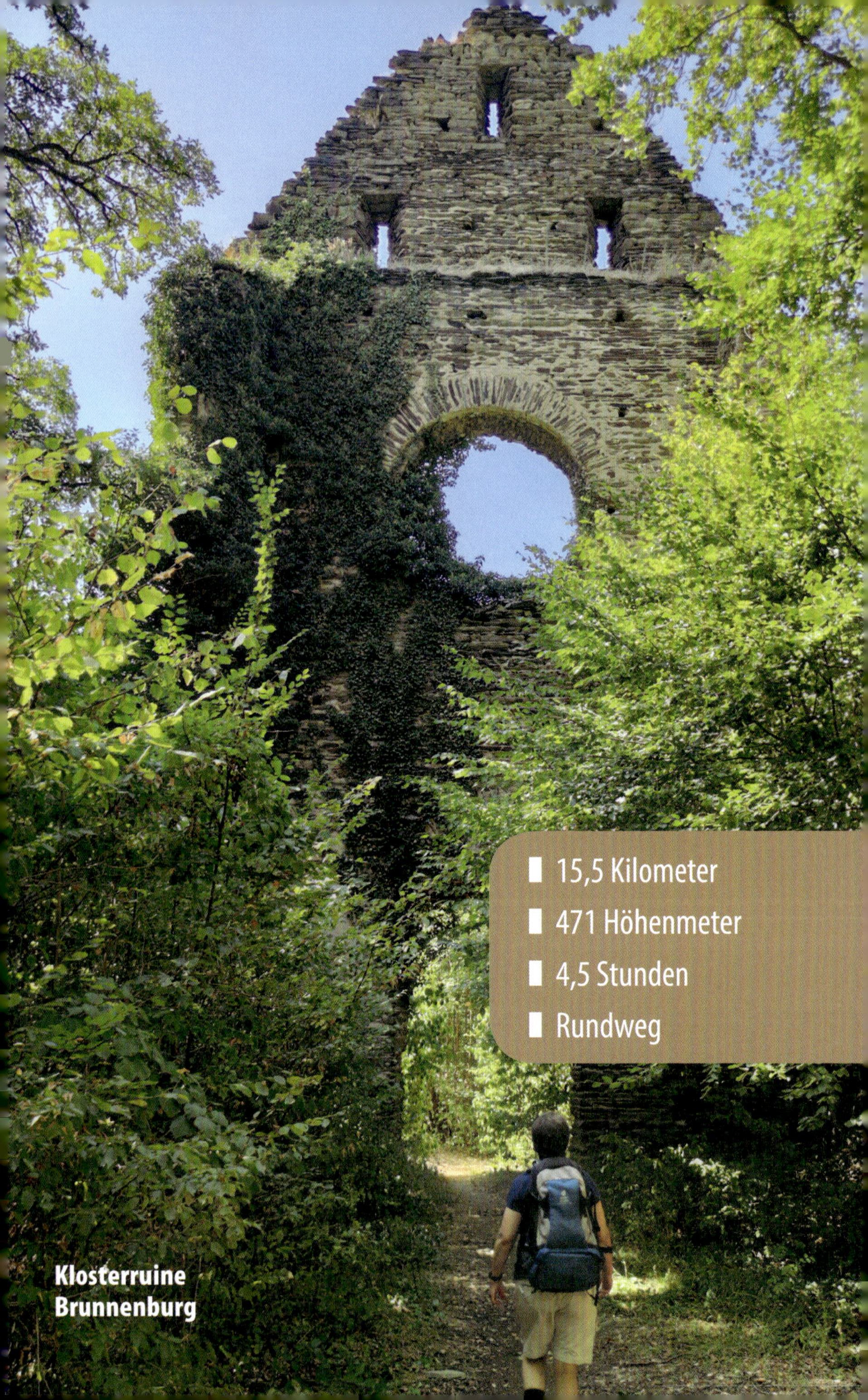

- 15,5 Kilometer
- 471 Höhenmeter
- 4,5 Stunden
- Rundweg

Klosterruine Brunnenburg

Vom Wanderparkplatz bei Bremberg aus wandern wir zunächst in Richtung „Zum alten Kloster“ und „Zur Brunnenburg“. Der Weg ist durchgehend als **Klosterweg** markiert und am Parkplatz befindet sich eine Übersichtstafel. Es geht gemütlich durch den Wald hinab und bei nächster Möglichkeit nehmen wir den Abzweig links zur **Brunnenburg** ❶. Eine Infotafel gibt Auskunft über das ehemalige Kloster, von dem heute nur noch eine Ruine mit der mächtigen Giebelseite vorhanden ist.

Das Betreten der Ruine ist leider verboten, aber schon beim Blick durch den Torbogen bekommen wir einen Eindruck von der damaligen Größe. Direkt gegenüber führt uns ein Pfad zu einem herzerfrischenden **Aussichtspunkt auf die Lahnschleife** hinunter. Diesen dürfen wir natürlich auf keinen Fall verpassen.

Orte wie die Brunnenburg und der Aussichtspunkt sind wahre Kraftoasen. Hier könnte man ewig verweilen und sich vorstellen, wie es damals wohl ausgesehen hat. Beflügelt wandern wir vom Eingang des Pfades auf bekanntem Weg zurück zum Abzweig und gehen dort

*Der **Klosterweg** war einst Verbindungsweg zwischen dem Mönchskloster Arnstein und dem Nonnenkloster Brunnenburg. Bis heute wird darüber spekuliert, dass es auch einen unterirdischen Verbindungsweg gegeben haben soll.*

*Das Archiv des **Klosters Brunnenburg** ist leider verloren gegangen. Belegt ist, dass es sich um ein Nonnenkloster und um eine Benediktinerinnenabtei gehandelt hat. Gegründet wurde es um 1200 und im Jahr 1542 im Zuge der Reformation aufgelöst.*

Klostergeist

Brunnenburg und Kloster Arnstein

geradeaus. Jetzt nimmt uns ein breiter Waldweg mit hinauf und später geht es über freies Feld weiter. Bei einer Bank mit schöner Aussicht halten wir uns dann rechts, hinauf in Richtung **Bremberg**. Im Dorf wandern wir entlang der Lindenstraße bis zur Feuerwehr und dort rechts in die Schulstraße. Am Ortsausgang biegen wir links ab und gegenüber der Hausnummer 2b wenden wir uns wieder nach rechts. Am letzten Haus biegen wir schräg nach rechts ab, durchwandern eine leichte Senke und gehen dann wieder bergan. Am Ende der Baumreihe führt der Weg nach rechts. Die Sonne strahlt mit uns um die Wette und rechts in der Ferne erkennen wir die markante **Schaumburg** bei Balduinstein. Übrigens führt auch an dieser eine Wanderung dieses Buches vorbei.

Wir spazieren an der Straße ganz kurz nach rechts und dann geht es links weiter bergauf. Wir kommen an eine Bank, von der wir bei klarer Sicht bis zum **Feldberg im Taunus** blicken können. An der Bank gehen wir nach links und bei der nächsten Möglichkeit an einem knorrigen Apfelbaum wieder nach rechts hinauf. Nach nur 300 Metern erreichen wir einen **Aussichtspunkt** ❷ mit einem Fast-360-Grad-Panorama. Welche Ortschaften wir sehen, können wir den aufgestellten Tafeln entnehmen. Und weil es ja doch recht gut bergauf ging, lassen wir uns an der **Picknickgruppe** nieder und genießen ausgiebig die traumhafte Weite der Landschaft.

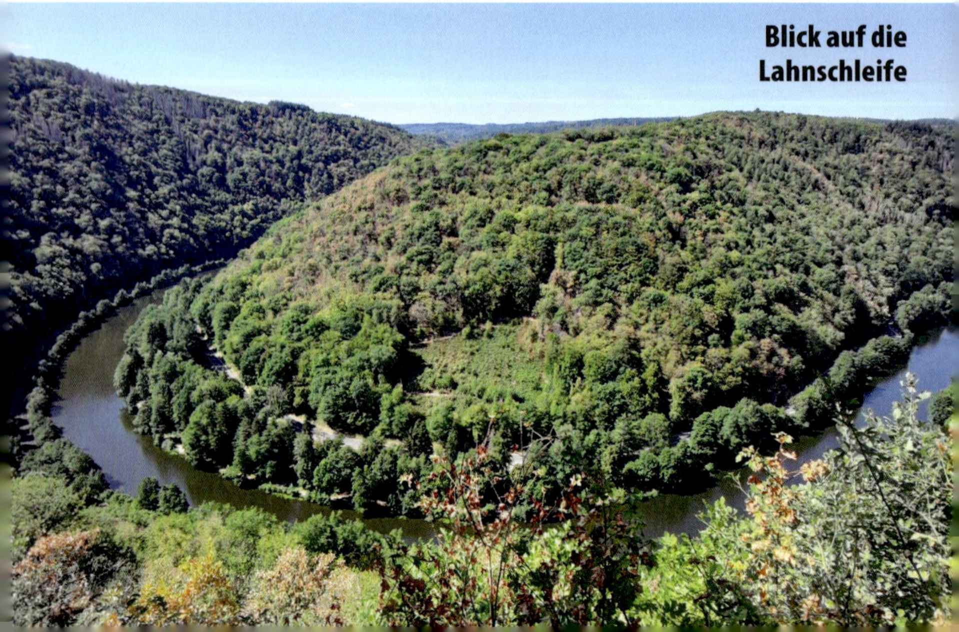

Blick auf die Lahnschleife

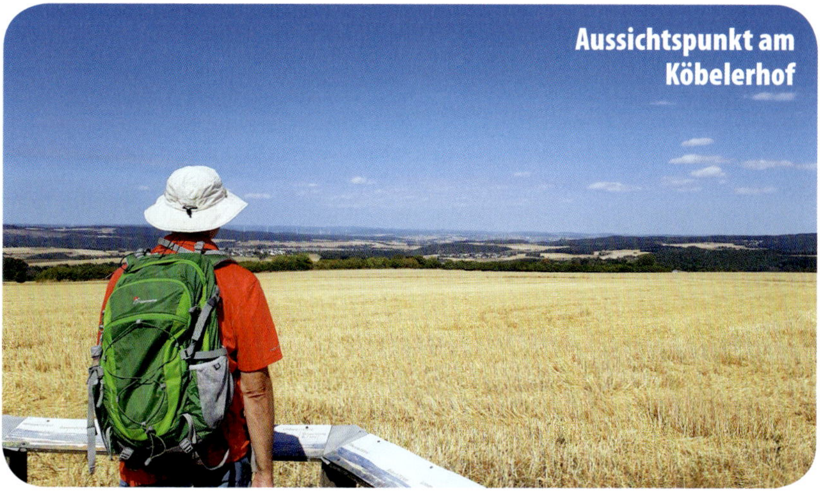

Aussichtspunkt am Köbelerhof

Sobald wir uns erholt haben, überqueren wir die Straße und gehen geradeaus in die Allee zum Köbelerhof. Vor diesem biegen wir rechts ab und haben nochmals eine Aussicht, die unser Herz jubeln lässt. Am Funkmast halten wir uns dann links und schlendern

Für die Seele

In der kleinen Schutzhütte an der Jakobsruh tanken wir Energie. Das Gefühl von Zufriedenheit und Ruhe kehrt in unseren Herzen ein.

am Waldrand entlang, bevor wir rechts bis zur Straße hinuntergehen. Hier, am Hof Fernblick, müssen wir leider ein ganz kurzes Stück nach rechts an der Straße entlanggehen, bevor wir diese überqueren und den nächsten Weg links hinunter nehmen. Am Ende des Weges schwenken wir nach links, gehen an einem

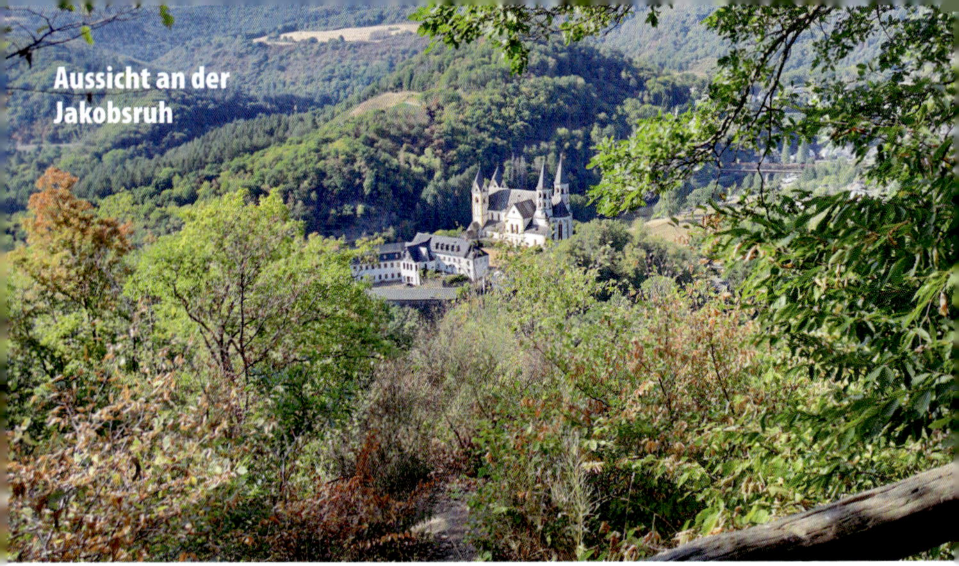

Wasserschutzgebiet und an einem im Sommer wunderbar wild blühenden Sonnenblumenstreifen vorbei. Wir folgen einfach weiter dem geschotterten Weg. Schon ist der Kirchturm der Ortschaft **Seelbach** zu erkennen. Eine Bank kommt in Sicht, aber die Beschilderung des Klosterweges weist uns nach rechts ins Tal hinunter. Wir durchqueren die kleine Talsenke und halten uns am Ende des Weges links. Nun gehen wir auf ein Gehöft, den **Bärenhof,** zu und an ihm vorbei. Der geschotterte Weg wird zu einem asphaltierten, und hinter dem Gehöft knickt der Weg links ab. Jetzt gehen wir auf den Kirchturm zu und schlendern am Wasserwerk mit dem **alten Windrad** geradeaus weiter.

Die **katholische Pfarrkirche St. Nikolaus** ist wunderschön anzusehen. Sie liegt links unseres Weges und wir gehen dort geradeaus in die Kirchstraße. Unser Blick fällt etwas später auf ein weiteres Kirchlein, wir aber biegen vorher am Bürgerhaus vorbei links in die Obernhofer Straße ein. Auf dieser bleiben wir dann bis zum Ortsausgang. Dort lenkt uns ein Wegweiser „Zur Jakobsruh, Blick auf Kloster Arnstein“ nach links. Der asphaltierte Weg wird nun wieder zu einem Schotterweg und beschreibt im Anschluss einen Rechtsknick. Nach einer weiteren kleinen Rechtskurve erreichen wir den Abzweig zur **Jakobsruh ❸.** Von der kleinen Schutzhütte an der Jakobsruh bietet sich uns ein malerischer Ausblick auf **Kloster Arnstein** und auch auf **Schloss Langenau** sowie die Ortschaft **Obernhof.**

Von der Jakobsruh aus gehen wir beschwingt wieder zurück zu unserem Hauptweg. Wir halten uns am Waldrand links, bis wir schließlich bei einem **Kapellchen** auf die Landstraße stoßen. Die Straße ist zum Glück nicht stark befahren, denn wir folgen ihr knapp 200 Meter nach rechts. Beim **Rettungspunkt 5613–435** tauchen wir aber schon wieder nach links in den Wald ein. Es beginnt ein herrlich uriger Wegabschnitt.

*Schon im 11. Jahrhundert wurde eine **Burg Arnstein** als Sitz der Grafen erwähnt. Im Jahr 1139 wandelte der letzte Graf von Arnstein die Burg in ein Prämonstratenser-Kloster um. Seit 2019 wird das Kloster von griechisch-orthodoxen Schwestern bewohnt.*

An der nächsten Waldwegekreuzung gehen wir geradeaus. Es lohnt sich, aufmerksam nach links zu schauen, denn durch die Bäume hindurch erkennt man die **Weinberge von Obernhof.** Wir erreichen wieder den Waldrand, an dem wir nun ein ganzes Stück entlangwandern. Der Weg vereint sich mit dem **Lahnhöhenweg links der Lahn** (schwarzes L auf weißem Grund) und dem **Hessenweg 1.**

Diesen beiden Wegen und natürlich auch unserem Klosterweg folgen wir nun weiter. Zunächst wieder nach links in den Wald hinein und dann durch eine Rechtskurve. In einer Linkskurve nehmen wir eine Treppe rechts hinauf und der Weg wird zu einem abenteuerlichen Pfad. Dieser endet am beeindruckenden **Kalkofen-Blick ④,** von wo sich der Weg schließlich als breiter Forstweg fortsetzt.

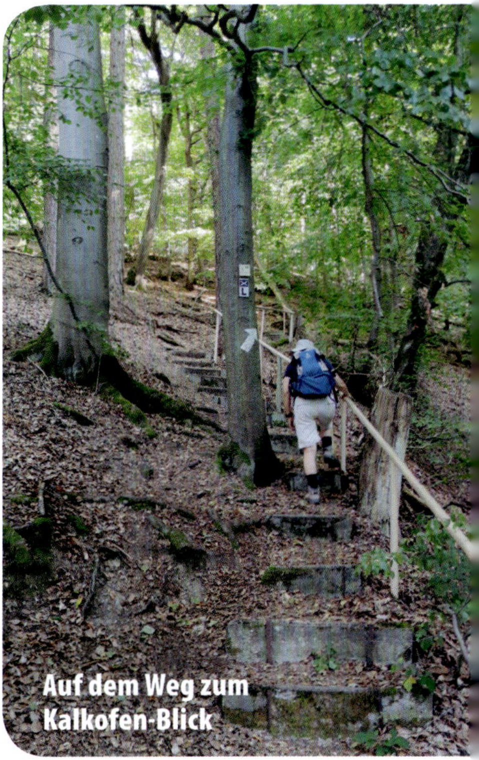

Auf dem Weg zum Kalkofen-Blick

Wir genießen weiter die Wanderung durch den grünen, erfrischenden Buchenwald. Im Tal schimmert immer wieder die Lahn durch das Blätterwerk und imposante Felsen

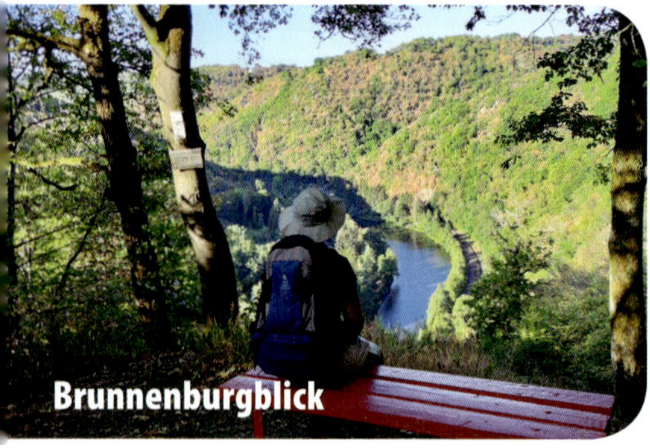
Brunnenburgblick

begleiten uns. Nach 1,5 Kilometern erfreut uns ein weiterer imposanter Aussichtspunkt, der **Brunnenburgblick ❺,** mit einer Bank und dem Blick auf die im Tal sanft dahinfließende Lahn. Wer entdeckt von hier aus die **Brunnenburg?** Nicht einfach. Aber oben, am Horizont, lugt der Giebel der ehemaligen Klosterkirche aus den Baumwipfeln hervor. Nun macht unser Weg noch eine Linkskurve, wir folgen dieser und haben bald darauf wieder unseren Ausgangspunkt, den Wanderparkplatz, erreicht.

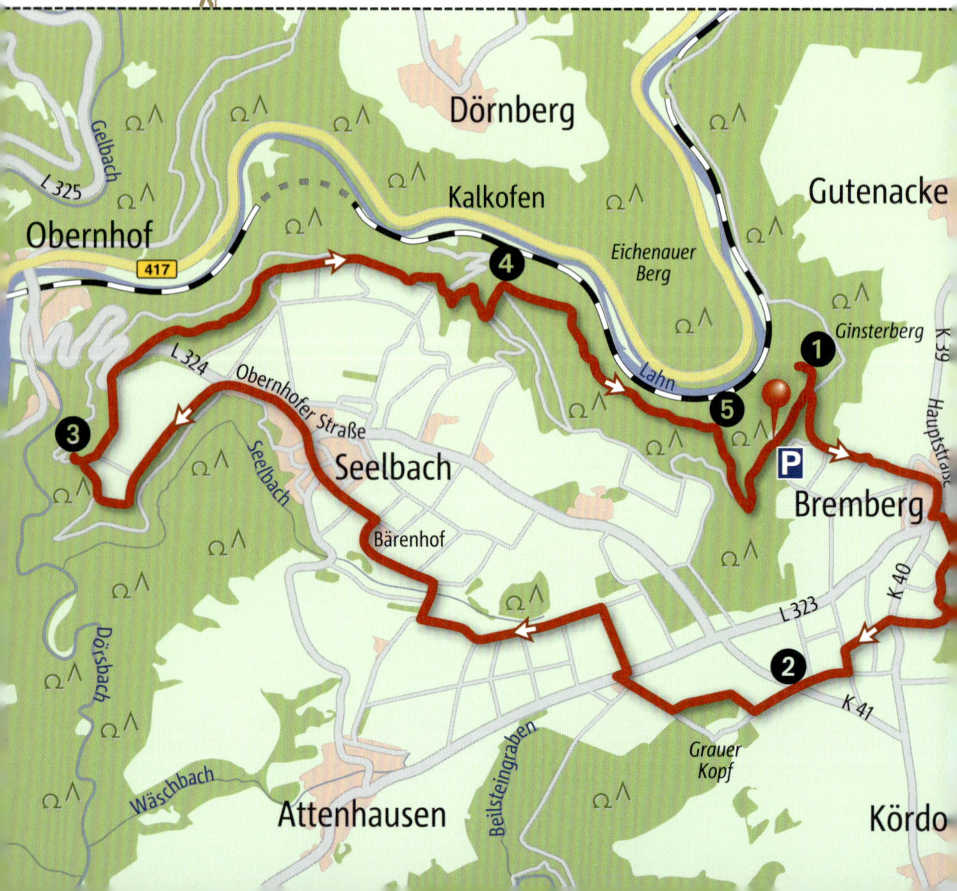

Alles auf einen Blick

WIE & WANN:
Naturpfade, Wald-, Wiesen- und Wirtschaftswege. In den Ortschaften auf Bürgersteigen. Ganzjährig lohnend.

HIN & WEG:
Auto: Wanderparkplatz Kloster Brunnenburg, 56370 Bremberg, von Bremberg über Lindenstraße, von dort ausgeschildert (GPS: 50.30826, 7.90812)
ÖPNV: Anruf-Linie ab Bahnhof Laurenburg zur Hauptstraße in Bremberg. Die Fahrt ist bis 90 Minuten vor Abfahrt anzumelden, Gruppen ab 5 Personen bis 2 Werktage vor Abfahrt, Tel. (02 61) 29 67 03 88.

ESSEN & ENTSPANNEN:
Unterwegs gibt es keine Einkehrmöglichkeit. Rucksackverpflegung und Getränke also nicht vergessen!

ENTDECKEN & ERLEBEN:
Brunnenburg ❶
Aussichtspunkt ❷
Jakobsruh ❸
Kalkofen-Blick ❹
Brunnenburgblick ❺

Entspannung ★★★★ (4/5)
Genuss ★★★ (3/5)
Romantik ★★★★ (4/5)

Burg Balduinstein

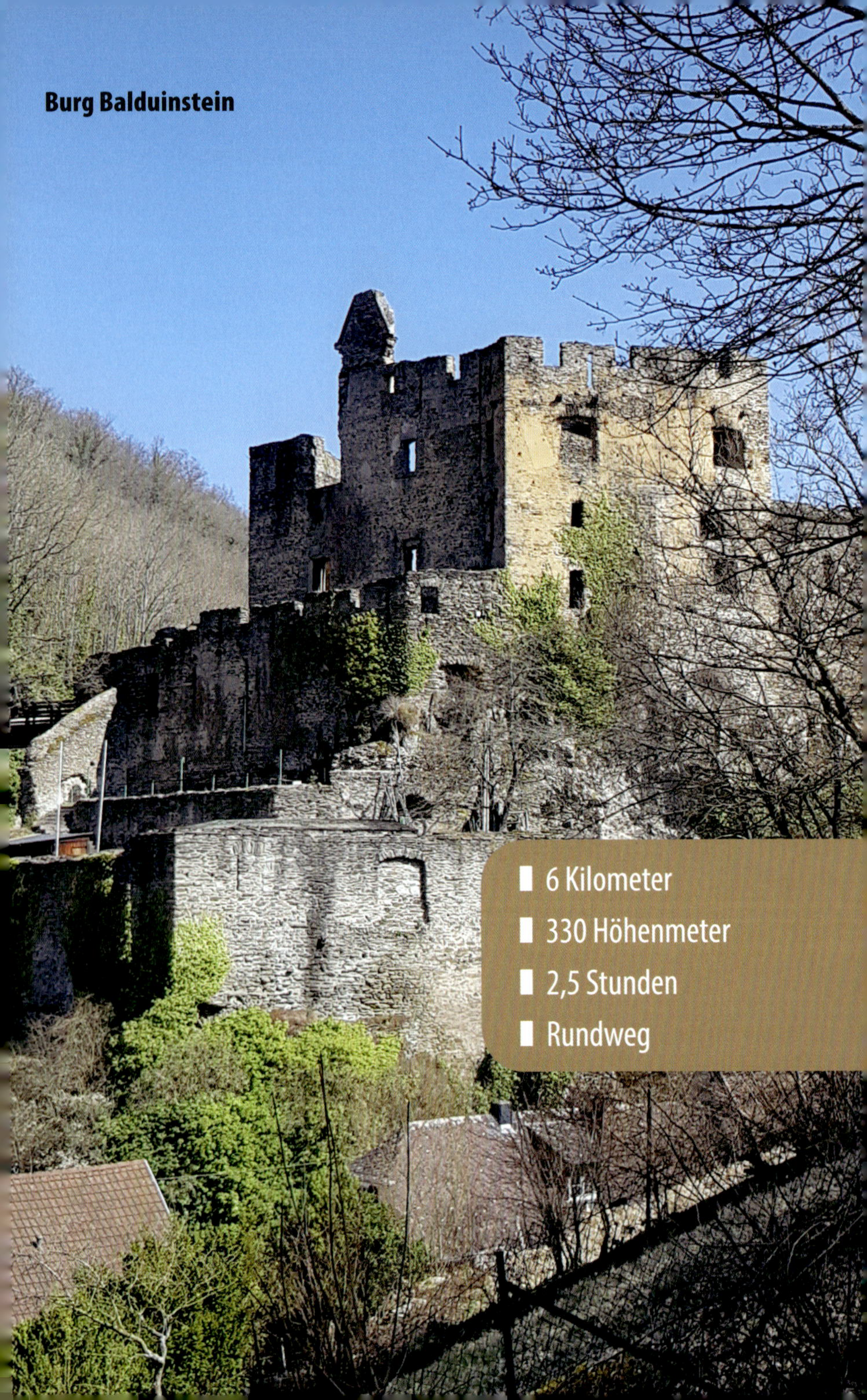

- 6 Kilometer
- 330 Höhenmeter
- 2,5 Stunden
- Rundweg

Start- und Zielpunkt unserer Wanderung ist der beschauliche **Bahnhof in Balduinstein**. Direkt gegenüber, noch vor dem Bahnübergang, schlendern wir durch den Sonnenschein hinunter zur **Lahnpromenade ❶**. Wir beobachten das Treiben auf unserem Wanderfluss und genießen die beschaulich-romantische Atmosphäre des kleinen Dörfleins. Zum Glück gibt es hier genügend Plätze zum Verweilen.

An der Lahn entlang spazieren wir weiter bis zum Ende der Promenade. Hier macht der Weg einen Linksknick. Wir durchwandern eine Unterführung und bestaunen den kleinen, aber feinen **Dorfplatz** auf der linken Seite. Wir gehen geradeaus entlang der Hauptstraße und folgen ab hier dem **Lahnwanderweg** (rotes LW auf weißem Hintergrund). Hinter dem Kirchlein St. Bartholomäus führt der Weg uns rechts hinauf.

Zunächst wandern wir oberhalb der Häuser entlang, haben einen eindrucksvollen Blick auf **Burg Balduinstein ❷** und schließlich nimmt uns ein uriger Pfad mit in den Wald hinein.

Um den Gegnern den Versorgungsweg zur Lahn abzuschneiden, ließ der Trierer Erzbischof Balduin im Jahr 1320 ***Burg Balduinstein*** *an der engsten Stelle des Tales auf einem Felsen erbauen. Gleichzeitig diente sie als Verwaltungssitz.*

Der böhmische ***Priester Johannes Nepomuk*** *gilt als Schutzpatron der Brücken, aber auch der Schiffer, Flößer, Müller, Priester und Beichtväter. Weil er sich weigerte, das Beichtgeheimnis zu brechen, wurde er gefoltert und von der Prager Karlsbrücke gestoßen.*

Burgenblick

Schaumburg und Burg Balduinstein

Nach 250 schönen Metern, einigen Kurven und zugegebenermaßen auch einigen Höhenmetern wagen wir den nur wenige Schritte langen Abstecher nach links und sind erstaunt, dass hier, mitten im Wald, eine Statue des heiligen **Nepomuk ❸** steht. Warum nur? Die einfache Lösung: Die Lahnschiffer konnten

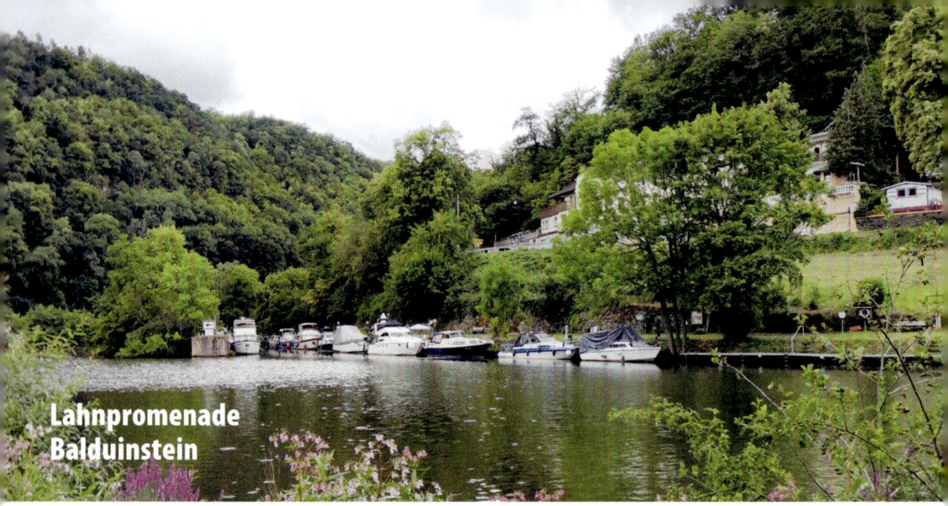
Lahnpromenade
Balduinstein

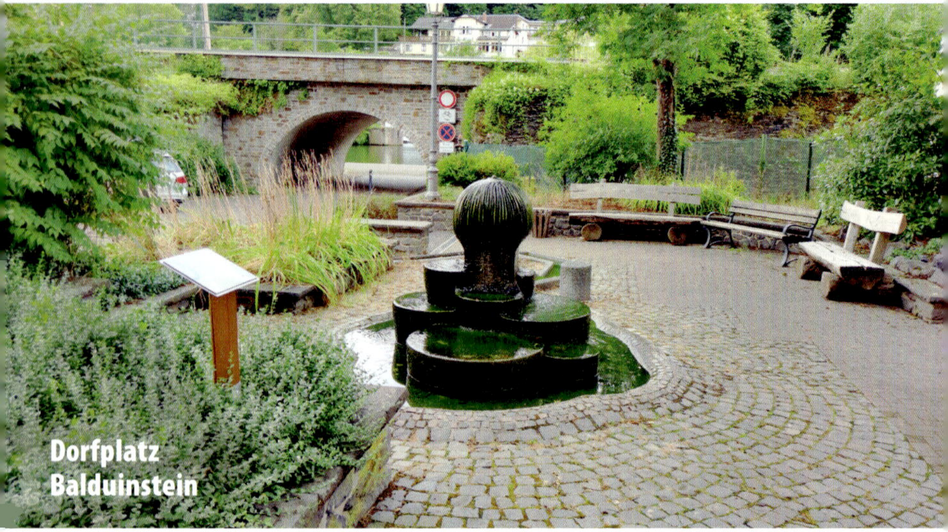
Dorfplatz
Balduinstein

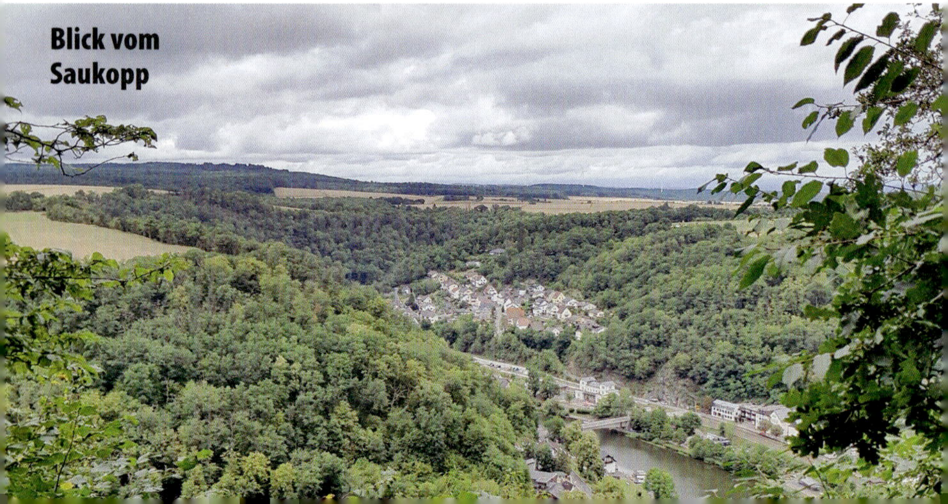
Blick vom
Saukopp

die barocke Statue des Brückenheiligen von der Lahn aus sehen.

Von der Nepomuk-Statue und dem **Felsengrab** aus geht es auf dem gut markierten Lahnwanderweg weiter durch den herrlich duftenden Buchenwald hinauf. Nach dem steilen Aufstieg bietet sich die **Saukopphütte** ❹ perfekt für eine Rast an. Die Aussicht auf Balduinstein tut ihr Übriges. Ein gutes Stück hinter der Saukopphütte kommen wir aus dem Wald heraus und gehen am Waldrand entlang weiter. Links in der Ferne können wir bereits die **Schaumburg** sehen.

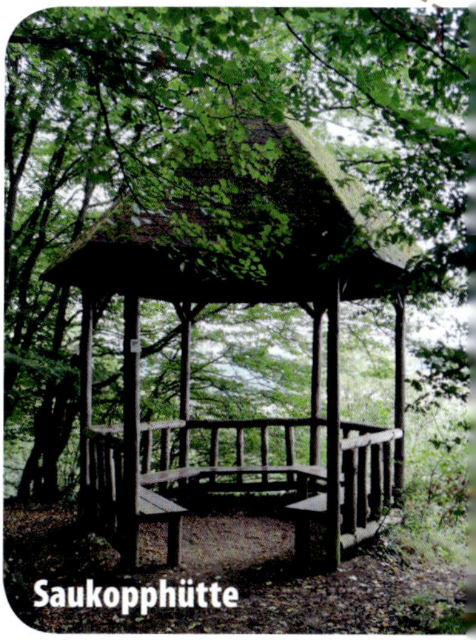

Saukopphütte

Wir wandern noch ein kleines Stückchen bergauf und kommen am Ende des Weges an einen **Wegweiser.** Hier halten wir uns links in Richtung Balduinstein. Ab jetzt orientieren wir uns an der **Lahnfacette Küppeltour** (blaues L auf weißem Untergrund). Auf diesem schönen Wegabschnitt genießen wir herrliche Blicke auf die Schaumburg und den Talhof.

Für die Seele

Unter den bunten Fähnchen des Aussichtspavillons erfreuen wir uns am malerischen Blick auf die mittelalterlichen Burgen. Wir genießen das Hier und Jetzt.

Kurz vor diesem erreichen wir eine wenig befahrene Straße und wandern neben dieser zum **Talhof** ❺ hinunter. Hinter dem Hof geht es auf einem schmalen naturbelassenen Pfad den Berg hinauf. Dieser wird kurz von einem asphaltierten Weg unterbrochen und danach dürfen wir weiter den verwunschenen Pfad

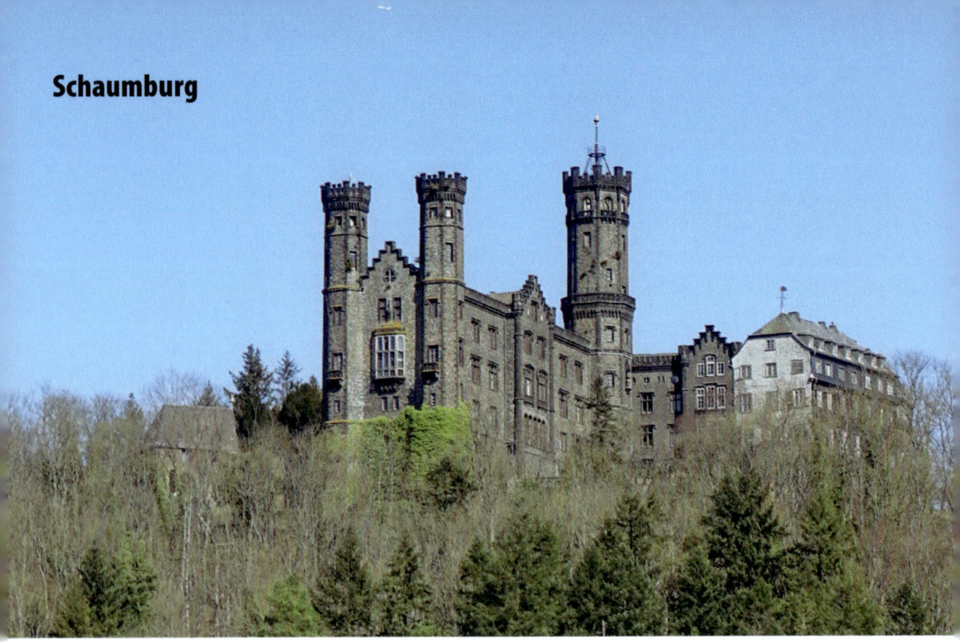

Schaumburg

genießen. Am Ende des Weges kommen wir über ein kleines Treppchen auf eine Straße und eine Mauer und gehen an dieser entlang nach rechts. Kurz darauf nehmen wir eine eindrucksvolle Treppe links hinauf. Sie führt uns zur **Schaumburg** ❻. Auch wenn die Burg momentan nicht besichtigt werden kann, treibt uns die Neugier zu einem Abstecher. Ob das geplante Café im alten Marstall inzwischen eröffnet ist?

Von unserem Abstecher zurück, halten wir uns auf dem Fahrweg zum Parkplatz hinunter und folgen in der ersten Rechtskurve den Wanderwegweisern nach links in den Wald. Wir erreichen einen **Basaltsteinbruch** ❼ auf der linken Seite. Ein seltener Anblick, denn seine dunkelgrauen Säulen scheinen fast quer zu liegen. Hier kann man Natur und Erdgeschichte ertasten und fühlen.

Wir setzen unsere gemütliche Wanderung hinunter nach **Balduinstein** fort. Ein Holzschild mit der Aufschrift „Fußweg" lenkt uns nach rechts. Beim Wasserwerk Balduinstein verlassen wir den Wald. Dort wandern wir auf dem Weg weiter abwärts und biegen hinter dem ersten Haus der Ortschaft in die Straße nach rechts ein. Auf dieser Straße, Am Hain, bleiben

*Die Anfänge der **Schaumburg** reichen ins frühe Mittelalter zurück. Ihre heutige Form erhielt sie in den Jahren 1850–1855, als Erzherzog Stephan von Österreich sie nach englischem Vorbild umbauen und ihre markanten Türme anfügen ließ.*

*Im Laufe der Erdgeschichte konnten **Vulkane** immer wieder ihre glühenden Gesteinsmassen durch die Gesteinsschichten des Rheinischen Schiefergebirges bringen. Bei langsamer Abkühlung entwickelten sich so die markanten Basaltsäulen.*

wir ein gutes Stück, bis wir auf ein **Modell der Burg Balduinstein** stoßen. Ist man mit Kindern unterwegs, muss man hier sicher eine kleine Pause einlegen! Beim Modell gehen wir links und nehmen dann gegenüber der Hausnummer 9 den Weg rechts hinunter zum Parkplatz der Küppeltour.

Eine Straße führt am Parkplatz vorbei, die wir jetzt ein kurzes Stück hinunterlaufen. Gleich hinter dem Ortsschild nehmen wir einen kleinen Pfad rechts hinauf. Dieser nimmt uns nun mit nach oben, bis wir ein Grundstück erreichen, das wir fast umrunden, uns aber dann doch links in Richtung Straße halten. Wir biegen links auf die Straße ab. Schon bald erreichen wir die **Gaststätte Lenaus 8**, die in der Region ein echter Geheimtipp ist. Im kleinen Biergarten sitzt man wunderbar gemütlich und die schmackhaften Speisen sind liebevoll zubereitet. Da die Öffnungszeiten sehr eingeschränkt sind, unbedingt vorher informieren!

Gegenüber der Gaststätte führt der **Lahnwanderweg** als Pfad hinunter nach Balduinstein. Nach 300 Metern erreichen wir einen **Aussichtspavillon** an einer alten Schieferhalde. Von hier aus ist ein zweiter Aussichtspunkt ausgeschildert, den wir uns auf keinen

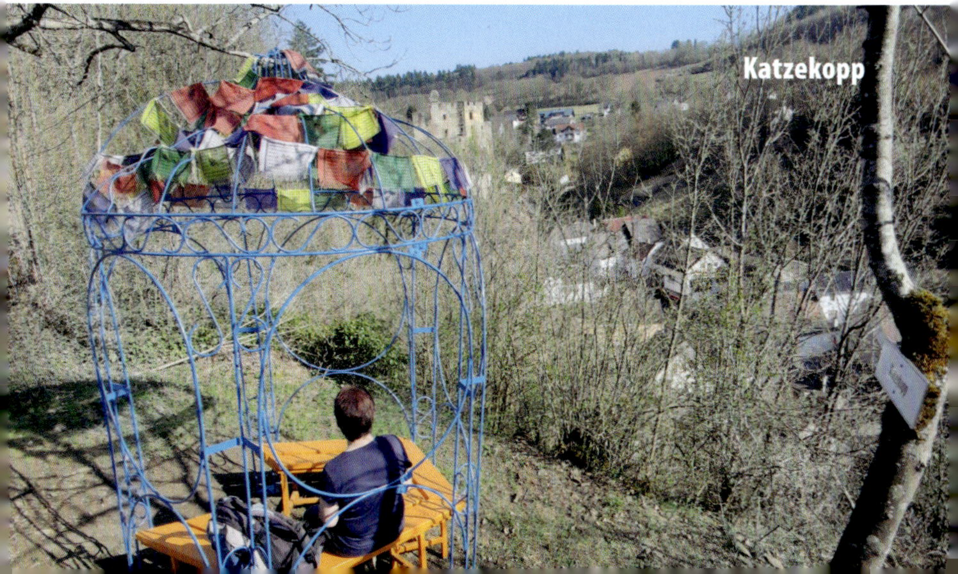

Fall entgehen lassen wollen. Diesen Aussichtspunkt namens **Katzekopp** 9 erreichen wir auf einem herrlich naturbelassenen Pfad.

Wie zu Beginn der Tour haben wir auch hier wieder einen herzergreifend schönen Blick auf Burg Balduinstein und die Schaumburg. Welch ein grandioses Finale einer solch schönen Tour! Zufrieden wandern wir zur **Schieferhalde** zurück und folgen dem Lahnwanderweg hinunter nach Balduinstein, wo wir die Hauptstraße über eine Treppe erreichen. Wir halten uns rechts und auf der Bahnhofsstraße gelangen wir wieder zu unserem Ausgangspunkt. Bestimmt ist jetzt noch Zeit für die Einkehr im neuen **Kaffeehaus Stellwerk** 10 im alten Balduinsteiner Bahnhof.

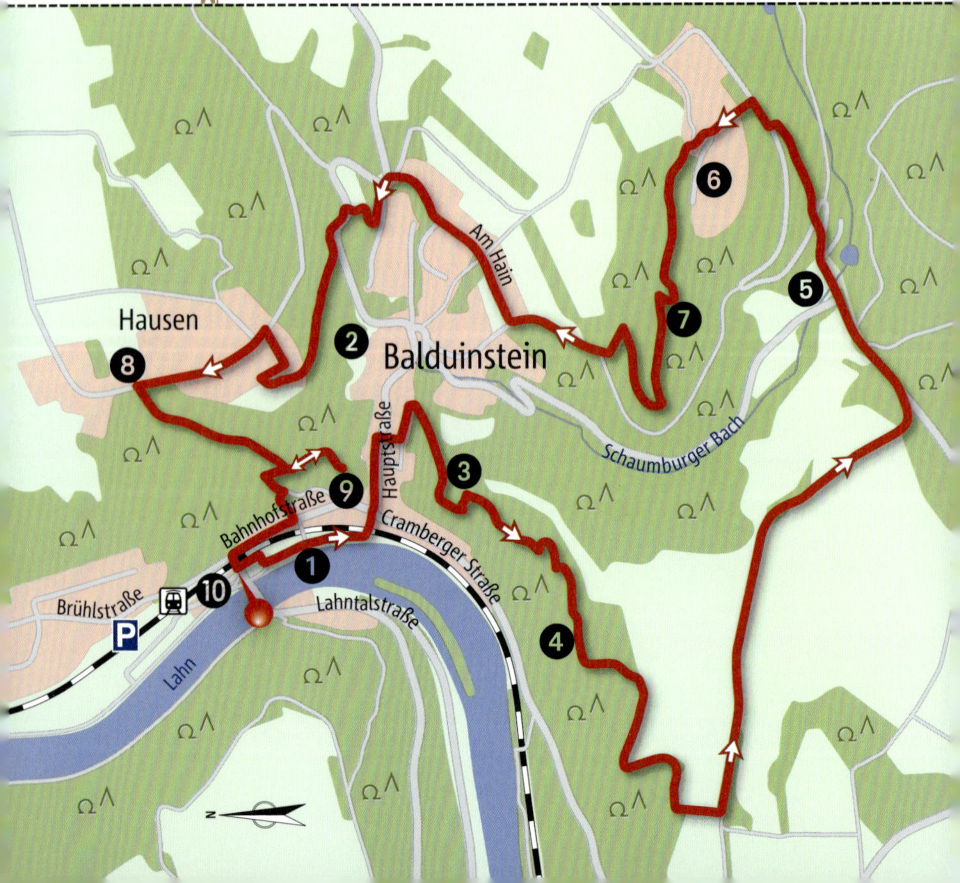

Alles auf einen Blick

WIE & WANN:
Naturpfade, Wald- und Wirtschaftswege. Treppenstufen an der Schaumburg und in Balduinstein. In Hausen und Balduinstein auf Bürgersteigen. Ganzjährig lohnend.

HIN & WEG:
Auto: Parkplatz Über den Gärten, 65558 Balduinstein (GPS: 50.34818, 7.96694)
ÖPNV: RB 23 bis Balduinstein

ESSEN & ENTSPANNEN:
Lenaus ❽ Hausen 7, 65558 Balduinstein, Tel. (01 51) 61 13 67 54, www.lenau.de
Kaffeehaus Stellwerk ❿ Bahnhofsstraße 19, 65558 Balduinstein, Tel. (01 75) 6 67 44 92, www.bahnhof-balduinstein.de

ENTDECKEN & ERLEBEN:
Lahnpromenade Balduinstein ❶
Burg Balduinstein ❷
Nepomuk ❸
Saukopphütte ❹
Talhof ❺
Schaumburg ❻

Entspannung ✱✱✱✱✱
Genuss ✱✱✱✱✱
Romantik ✱✱✱✱✱

Basaltsteinbruch ❼
Katzekopp ❾

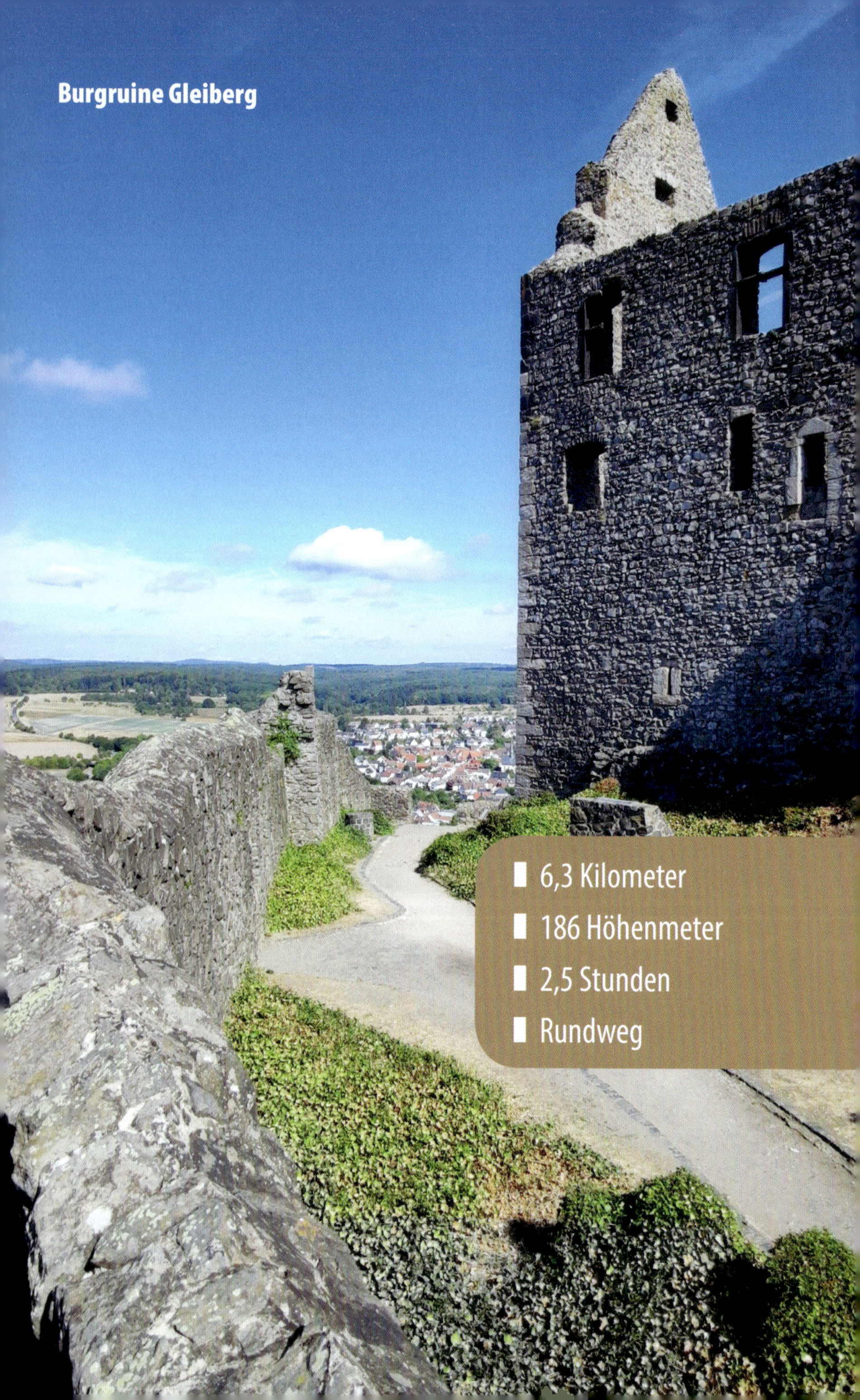
Burgruine Gleiberg
6,3 Kilometer
186 Höhenmeter
2,5 Stunden
Rundweg

Unsere Wanderung startet am Parkplatz der **Burg Gleiberg ❶.** Natürlich sind wir gespannt auf die Burg und würden sie am liebsten sofort erkunden. Aber wir haben ja den ganzen Tag Zeit und heben uns das einfach für unsere Rückkehr auf. Schließlich wollen wir dann sowieso noch im Burgrestaurant einkehren. Also folgen wir am Gemeinschaftshaus dem **Lahnwanderweg** (rotes LW auf weißem Hintergrund) in Richtung Burgruine Vetzberg.

*Die das Landschaftsbild des Gleiberger Landes prägenden Berge **Gleiberg und Vetzberg** sind vulkanische Kegelberge. Sie sind gut 300 Meter hoch und vermutlich Ausläufer des Vogelsberg-Vulkanismus.*

Auf dem Weg durch die Wiesen haben wir erste vielversprechende Aussichten auf die **Burgruine Vetzberg** und den großen **Dünsberg** mit seinem markanten Fernmeldeturm. Logisch, dass hier auch eine schöne Rastbank steht. Bei der nächsten Möglichkeit biegen wir, wie es die Markierungen des Lahnwanderweges anzeigen, scharf links ab und kommen an privatem Grund vorbei. Entlang der Gärten schlendern wir nun den Hang hinunter und queren einen Feldweg.

Durch eine leichte Rechtskurve erreichen wir einen asphaltierten Weg, den wir wiederum kreuzen. Danach folgen wir weiter dem Wegweiser des Lahnwan-

Alte Gemäuer

Burgruinen Gleiberg und Vetzberg

derweges und der anderen Wanderwege in Richtung **Burgruine Vetzberg.** Am Ortsrand geht es nun weiter hinunter. Unten halten wir uns ein ganz kurzes Stück rechts und biegen dann in den Kastanienweg nach links ab. Schließlich erreichen wir eine größere Straße, neben der wir ein kurzes Stück nach links gehen.

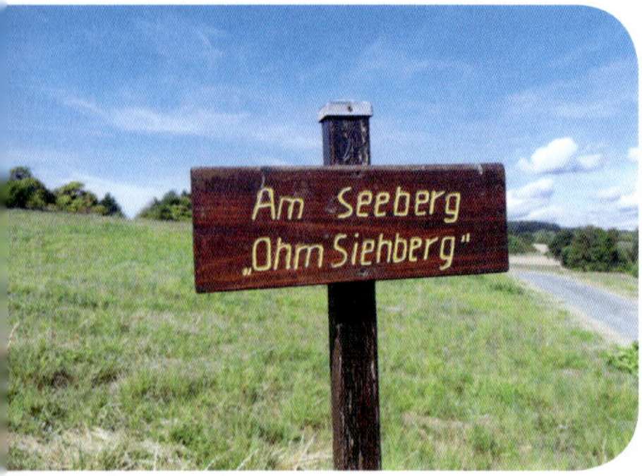

Hinter einer kleinen Brücke über den **Fohnbach** zweigen wir rechts ab und entscheiden uns am Ende des Weges für den linken der beiden Pfade. Auf einer Brücke überqueren wir die Landstraße. Der Lahnwanderweg zweigt hier nach links ab. Auf diesem kommen wir dann später zurück. Im Moment gehen wir aber geradeaus auf den **Kelten-Römer-Pfad** (rotes KR auf weißem Hintergrund). Der breite Weg beschreibt eine Rechts- und später dann eine Linkskurve. Auf dem **Kelten-Römer-Pfad** überqueren wir eine Straße und genießen unsere Wanderung auf dem nun asphaltierten Weg. An der nächsten Wegegabel gehen wir links und der Asphalt wechselt nun zu einem geschotterten Belag. Auf diesem kommen wir am Schützenheim vorbei und verlassen dann den Kelten-Römer-Pfad, da wir ja nach links zur **Burgruine Vetzberg** wollen.

__Burg Vetzberg__ wurde 1226 erstmals als „Vogtisburg" (Vogts-Berg) erwähnt. Der Aufgang zur Burg führte damals wie heute rechts um den Burgberg herum. So wurden Angriffe erschwert, denn Rechtshänder trugen den Schild links und waren rechts ungeschützt.

Wir folgen nun dem **Lahnhöhenweg** (weißes L auf schwarzem Grund), der uns vorhin schon aufgefallen

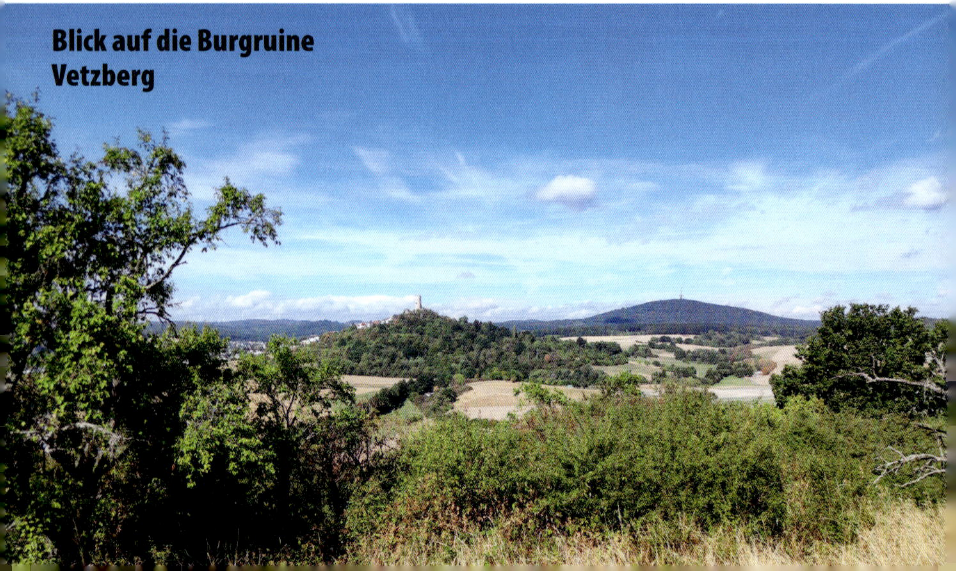
Blick auf die Burgruine Vetzberg

ist. Rechts des Weges zeigt ein Holzschild, dass wir nun **„ohm Siehberg“** (am Seeberg) sind und wir wandern geradeaus bergan. Erneut fällt uns rechts der Fernmeldeturm auf dem großen Dünsberg ins Auge, eine Bank lädt uns zu einem schattigen Päuschen ein. Am Ende des Weges biegen wir nach rechts auf den Lahnhöhenweg. An der nächsten Wegegabel gehen wir geradeaus weiter und wandern nun auf der Borngasse am Friedhof entlang. Auf ihr bleiben wir, bis die Burgstraße nach links abzweigt. In diese biegen wir ein, kommen unterhalb der **Burgruine** am Parkplatz vorbei, und an einer Infotafel gehen wir über eine Treppe und über Pflastersteine hinauf zur **Burg Vetzberg ②.**

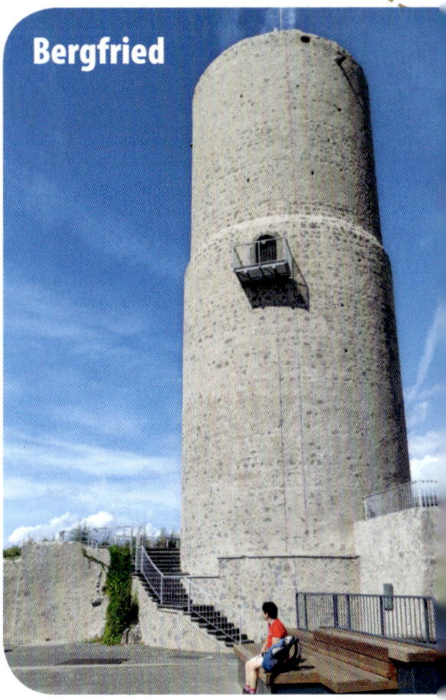
Bergfried

Eine Stahltreppe am Bergfried mit den Namen aller Unterstützer ihres Baus führt zu einer kleinen **Aussichtsplattform**. Von hier aus bietet sich ein fantastischer Blick rundherum ins Land. Sogar den Feldberg im Taunus können wir von hier aus erkennen.

Für die Seele

Wir genießen malerische Ausblicke auf gleich zwei Burgruinen und lassen uns von Schönheit und Ruhe der Umgebung verzaubern.

Wir sehen uns ausgiebig um, genießen nochmals die Weitblicke und schauen hinüber zur Burg Gleiberg, zu der wir nun wieder zurückwandern wollen. Wir nehmen den Weg, den wir gekommen sind, gehen dann aber an der Infotafel geradeaus die Treppe hinunter. Der **Backhausbrunnen** vor dem Backhaus aus

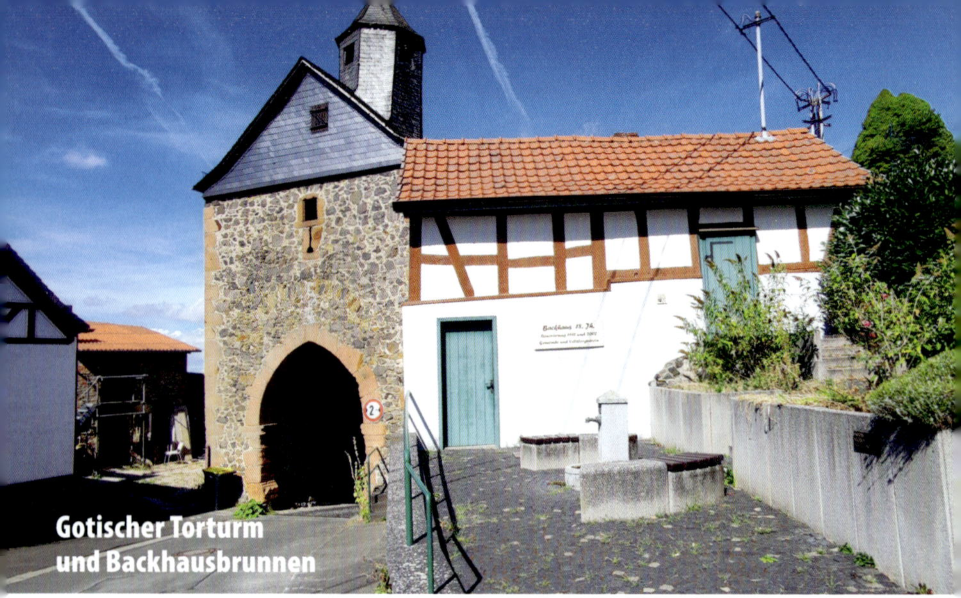

Gotischer Torturm und Backhausbrunnen

***Vetzbergs Verteidigungsanlage** bestand aus einer 6 Meter hohen und 340 Meter langen Ringmauer mit 6 Halbrundtürmen und dem gotischen Torturm als Eingang. 1830 wurde ernsthaft überlegt, das Dorf abzureißen und unterhalb des Basaltkegels neu zu errichten.*

dem 18. Jahrhundert ist auch so ein Ort, an dem man sich gerne niederlässt und die Hektik des Alltags für einen Moment vergisst.

Malerisch ist auch der **gotische Torturm** ❸ aus dem 14. Jahrhundert, durch den wir nun hindurchschreiten. Früher war dies der einzige Zugang zum Dorf. Am Kriegerdenkmal folgen wir der Burgstraße noch ein wenig nach links und biegen kurz danach wieder links in die Hainstraße ein. Nach 200 Metern kommen wir an einem alten Judenfriedhof vorbei, kurz bevor die Hainstraße eine Rechtskurve beschreibt.

In der Rechtskurve biegen wir vor der Hausnummer 2 nach links ab. Auf dem Wiesenweg erreichen wir nach kurzer Zeit wieder den **Lahnwanderweg,** auf dem wir nun den Berg hinunterwandern, bis er schließlich in einen Radweg mündet. Diesem Radweg folgen wir ein kurzes Stück nach links und überqueren dann auf dem Lahnwanderweg die Straße. Auf der anderen Seite geht es über einen Wiesenweg weiter und an der nächsten Gabelung halten wir uns schräg links. Wir überqueren den idyllischen Hammersbach und erreichen schon bald eine **Pausenbank** ❹ mit Blick auf beide Burgen. Wir schlendern geradeaus weiter und erreichen kurz darauf die Stelle, an der wir auf dem

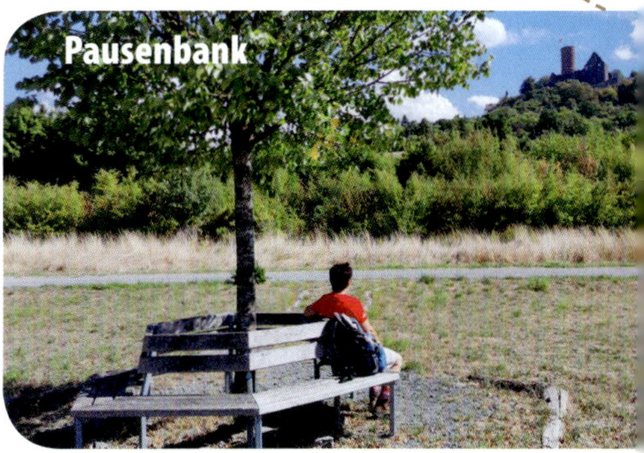
Pausenbank

Hinweg zur Burg Vetzberg schon einmal gewesen sind. Wir überqueren die Brücke, biegen bei der nächsten Möglichkeit rechts ab und wandern an der Straße wieder nach links. Am Ortseingang überqueren wir die Straße und gehen den Kastanienweg diesmal hinauf. Wo der Weg eine Linkskurve macht, biegen wir mit den uns bekannten Wanderwegen rechts ab. Allerdings gehen wir kurz darauf auf dem asphaltierten Weg nach rechts und folgen der Beschilderung am **Wegweiser des Vogelsberger-Höhen-Clubs VHC** (hellblauer Balken).

Als ob wir noch nicht genug in die Ferne geschaut hätten, bieten sich uns nun nochmals zauberhafte Blicke ins **Gießener Lahntal** und auf die eben noch besuchte Burg Vetzberg. Nachdem wir uns an der Infotafel über die Vuuhelsberger Ruure (Rotes Höhenvieh) informiert haben, biegen wir links ab und nun nimmt uns der Lahnwanderweg mit hinauf zur Burg. Wir

*Die Oberburg der **Burg Gleiberg** wurde bereits im 10. Jahrhundert errichtet. Im Laufe der Zeit führten Besitzstreitigkeiten und Kriege zur teilweisen Zerstörung. Beim Wiederaufbau im 16. Jahrhundert wurde auch die Unterburg neu erbaut.*

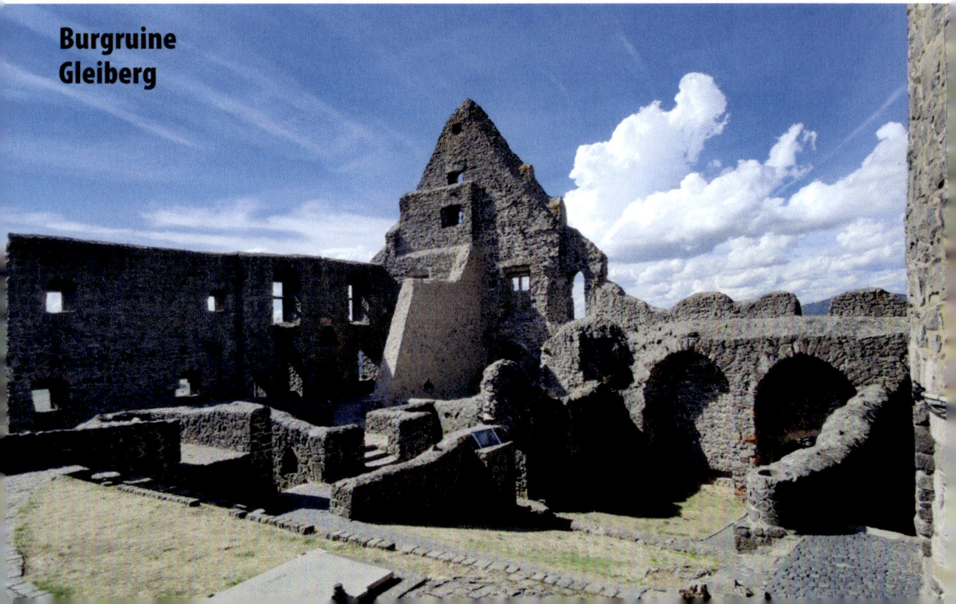
Burgruine Gleiberg

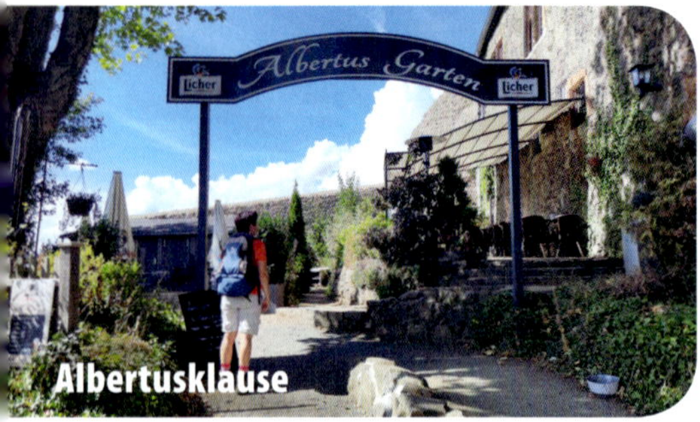

Albertusklause

kommen wieder zu unserem Startpunkt, aber nun fehlt ja noch der versprochene Abstecher zur Burg Gleiberg.

Der Aufgang zur Burg befindet sich rechts vom Parkplatz. Auf dem alten Burgpfad wandern wir im Zickzack hinauf zur **Burg Gleiberg.** Nach einer ausgiebigen Burgbesichtigung und der Besteigung des Bergfrieds kehren wir in der **Albertusklause** ❺ ein und lassen die zauberhafte Wanderung bei schmackhaften Speisen im sonnendurchfluteten Albertusgarten ausklingen.

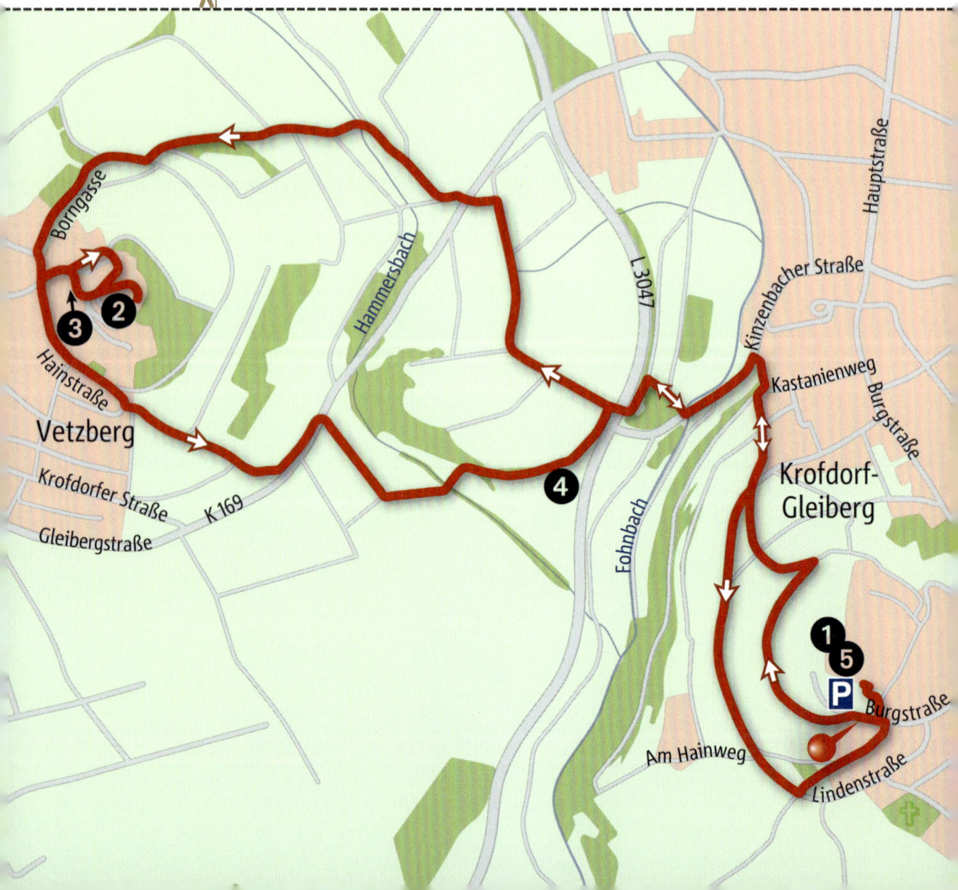

Alles auf einen Blick

WIE & WANN:
Breite Wald-, Wiesen- und Wirtschaftswege. Durch Vetzberg und Gleiberg auf dem Bürgersteig. Die Treppen in Vetzberg können mit kurzem Umweg umgangen werden. Ganzjährig empfohlen.

HIN & WEG:
Auto: Parkplatz Burg Gleiberg, Burgstraße 86, 35435 Wettenberg (GPS: 50.61400, 8.63514)
ÖPNV: Bus GI-81 oder GI-82 bis Haltestelle Wettenberg-Krofdorf-Gleiberg, Hardtweg

ESSEN & ENTSPANNEN:
Albertusklause ❺ Burg Gleiberg, Burgstraße 90, 35435 Wettenberg, Tel. (06 41) 8 77 89 18, www.burggleiberg.de

ENTDECKEN & ERLEBEN:
Burg Gleiberg ❶
Burg Vetzberg ❷
Gotischer Torturm ❸
Pausenbank ❹

Entspannung ✱✱✱✱✱
Genuss ✱✱✱✱✱
Romantik ✱✱✱✱✱

Die Lahn
bei Runkel

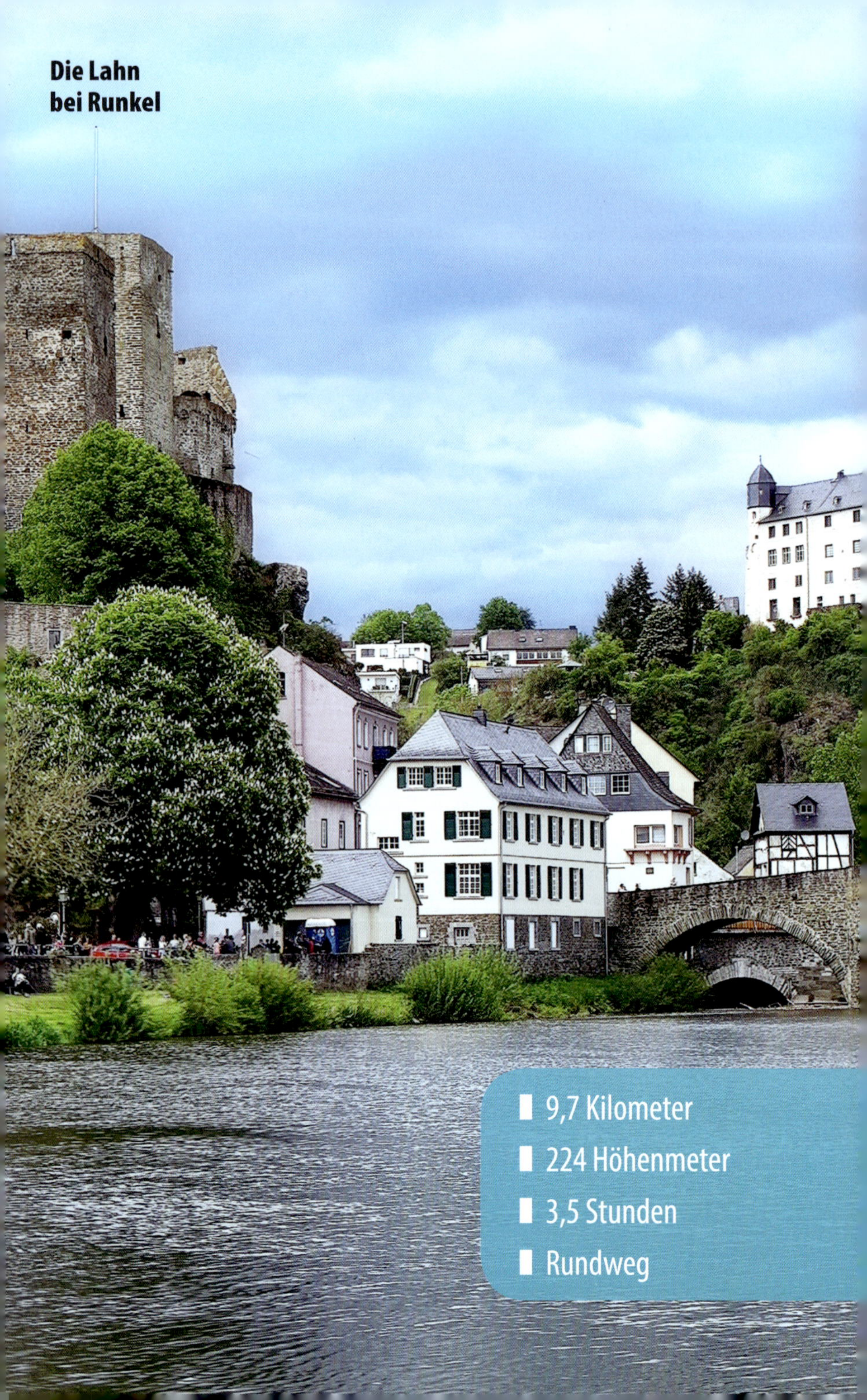

- 9,7 Kilometer
- 224 Höhenmeter
- 3,5 Stunden
- Rundweg

Wir starten am Bahnhof in Villmar. Direkt gegenüber liegt das **Lahn-Marmor-Museum** und zeugt davon, dass wir uns hier in der Heimat des Lahnmarmors befinden. Wir folgen der Straße Unterau in Richtung Bahnübergang. Diesen überqueren wir und gehen nach links. Jetzt wandern wir auf die imposante **Marmorbrücke** ❶ zu. Auf dieser begrüßt uns freundlich der heilige Nepomuk, der Schutzpatron der Brücken. Über die drei Bögen der altehrwürdigen Brücke aus dem Jahr 1875 wechseln wir die Lahnseite und halten uns dann rechts. Eine Treppe führt uns wenige Schritte später zwischen den Häusern hinunter zum **Lahnufer.**

Dort gibt es einiges zu entdecken. Eine 1992 angelegte **Freiluftausstellung** zeigt Maschinen aus der Zeit, in der hier noch die Nassauischen Marmorwerke ansässig waren. Wir wandern weiter durch die kleine Grünanlage und genießen erfrischende Ausblicke auf die Lahn. Dort, wo heute die **König-Konrad-Halle** mit dem **Restaurant Klickermill** ❷ steht, erhob sich im 15. Jahrhundert eine herrschaftliche Mühle.

Wir lösen uns von den herrlichen Ausblicken auf den Fluss und setzen unsere Wanderung fort. Über die Leonhardstraße und die König-Konrad-Straße wandern wir hinauf in das beschauliche Örtchen. Wir passen gut auf, dass wir den Abzweig nach rechts in die Straße **Am Kissel** nicht verpassen. Diese wandern wir hinauf, biegen nach 100 Metern rechts ab und wenden uns danach nach links. Schon bald sind wir am Ende des Weges angekommen und halten uns rechts. In

!

Die Städtchen Villmar und Runkel sind zwei echte Perlen und fügen sich malerisch in die zauberhafte Szenerie des Lahntals ein. Über die Steilhänge beiderseits der Lahn verbindet der mit einem roten S markierte ***Wanderweg*** *die beiden Ortschaften.*

Steile Hänge

Zwischen Runkel und Villmar

*Aus geologischer Sicht ist der **Lahnmarmor** kein Marmor, sondern polierfähiger Kalkstein. Trotzdem wurde er zum Exportschlager und fand unter anderem im Empire State Building, im Palast des Maharadschas von Tagore und im Moskauer Kreml Verwendung.*

*Das **König-Konrad-Denkmal** sollte in Weilburg aufgestellt werden, was aber an der Kritik eines Justizrates scheiterte. Er hielt König Konrad für einen schwachen König, der kein Denkmal verdiene. Das sah man in Villmar anders und gewährte ihm gerne Zuflucht.*

einem Bogen führt der Weg nun am **Waldrand** entlang und mündet schließlich in einen naturbelassenen Pfad in den Wald. Sollten wir das rote „S" einmal nicht finden, können wir uns ab jetzt auch am schwarzen „L" des Lahnhöhenweges orientieren.

Am **Friedenskreuz** ③ wartet die erste schöne Aussicht auf uns. Das Kreuz wurde 1946 von Kriegsheimkehrern, glücklich über ihre Rückkehr, als Symbol des Dankes errichtet. Noch heute ist es aber auch ein Mahnmal für Schrecken, Leid und Tod, die ein Krieg mit sich bringt. Wie es sich für die Region gehört, wurde das frühere Holzkreuz 1991 durch ein künstlerisch interessantes Kreuz aus Lahnmarmor ersetzt.

Wir blicken noch einmal zurück nach Villmar, bevor wir auf dem naturbelassenen Pfad weiterwandern. Nach gut 500 Metern führt uns der Pfad hinunter zur **Bodensteiner Lay.** Der Name „König Konrad" ist uns in Villmar bereits mehrfach begegnet, hier treffen wir den ersten deutschen König nun leibhaftig – zumindest fast. Denn auf dem schroffen Felsen über der Lahn hat man ihm ein **Denkmal** ④ gesetzt. König Konrad scheint die fabelhafte Aussicht zu genießen.

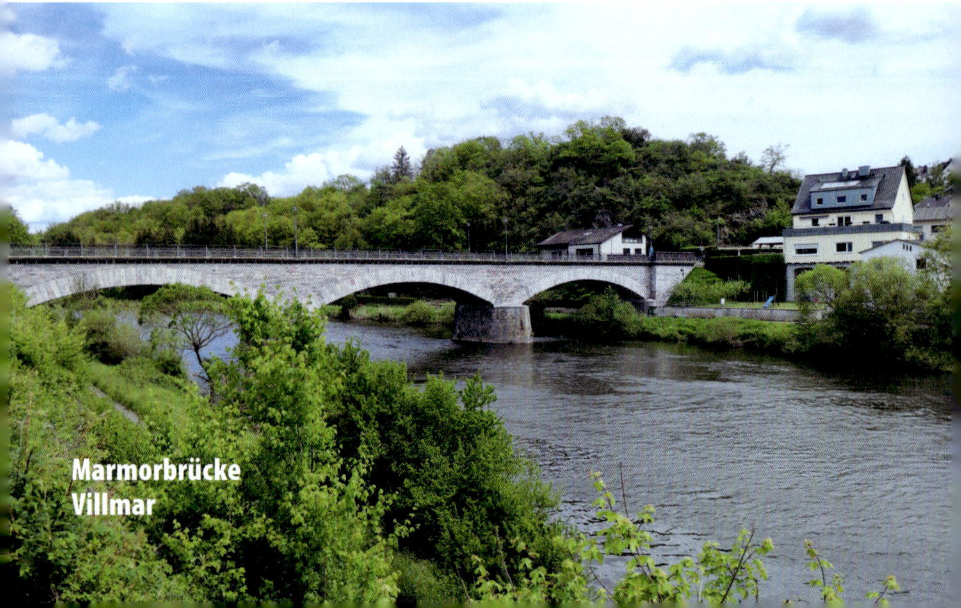

Marmorbrücke Villmar

Nachdem auch wir dies ausgiebig getan haben, wandern wir, geschützt von der Leitplanke, an der Straße nach rechts. In der nächsten Rechtskurve müssen wir diese überqueren. Vorsicht, die motorisierten Verkehrsteilnehmer sind hier mitunter schnell unterwegs! Auf der anderen Straßenseite gehen wir noch ein paar Schritte den geteerten Weg hinauf und biegen dann an der Waldecke rechts ab. Gut 1 Kilometer geht es nun immer am Waldrand entlang, bevor wir im Schatten der Bäume in das wildromantische Tal des **Ansbachs** hinunterwandern. Wir überqueren das quirlige Bächlein und schlendern immer links am Bachlauf entlang. Hier inmitten der herrlichen Natur sammeln wir frische Kraft für den gleich folgenden Aufstieg. Denn nach rund 800 Metern zweigt unser Weg links ab und schlängelt sich in Serpentinen aufwärts. Oben angekommen haben wir eine kleine Pause verdient. Die Aussicht auf die in der Sonne schimmernde Lahn beflügelt unsere Seele.

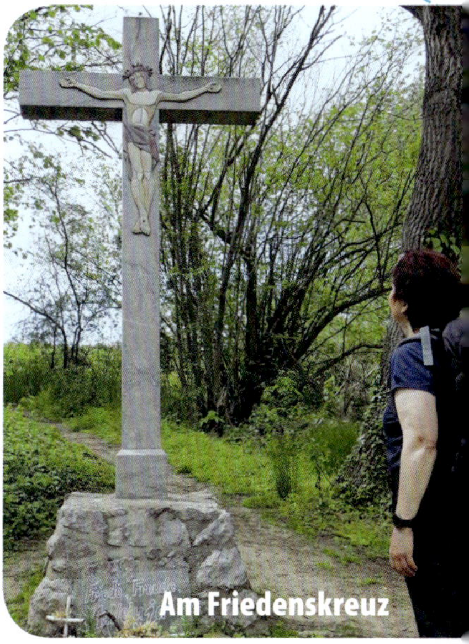

Am Friedenskreuz

Hinter dem Aussichtspunkt nehmen wir den rechten Weg bergab, passieren nochmals einen Aussichtspunkt und erreichen schließlich die Straße unten im Tal. Hier halten wir uns scharf rechts und gehen noch ein paar Schritte am Rand der wenig befahrenen Straße entlang. Dann biegen wir links ab und sind wieder

Für die Seele

Im Naturschutzgebiet Wehrley genießen wir das Zirpen der Grillen, das Rauschen der Blätter und den frischen Duft der Blumenwiesen.

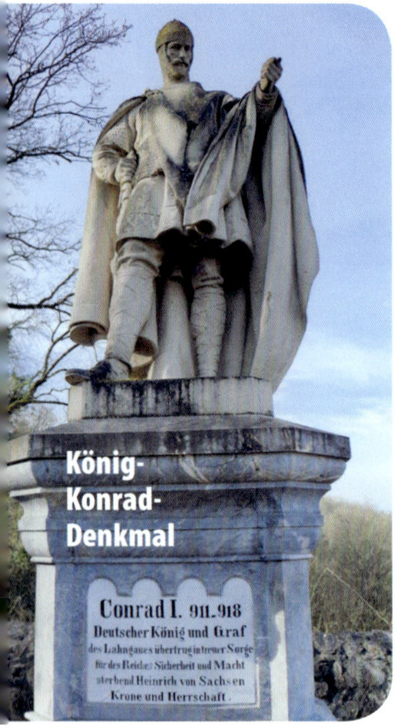

König-Konrad-Denkmal

am **Lahnufer.** Dieses verlassen wir nun nicht mehr, bis wir schließlich **Runkel** erreichen. Das mittelalterliche Städtchen begrüßt uns mit gleich zwei Burgen und der pittoresken alten Lahnbrücke.

Das empfehlenswerte **Eiscafé Manusco** ⑤, direkt unterhalb der **Burg Runkel** ⑥, ist leider schon lange kein Geheimtipp mehr. Dementsprechend ist hier an heißen Tagen eine Menge los und die Schlange kann sehr lang sein. Aber das Warten lohnt sich, denn das Eis schmeckt wirklich fantastisch. Nach der kühlen Gaumenfreude schlagen wir den Weg über die **historische Lahnbrücke** ⑦ ein. Von der Brücke aus bewundern wir **Burg Schadeck.** Unterhalb der Burg, die auf den noch zur Gemarkung Runkel gehörenden südlichen Lahnhängen steht, wurde bis 1929 der einstmals berühmte „Runkeler Rote“ angebaut. Leider setzte dann die Reblaus dem Weinbau an der mittleren Lahn ein Ende. Aber es gibt neue Hoffnung: Derzeit wird eine kleine Weinlage dieses Rotweins an historischer Stelle wieder neu angepflanzt.

Hinter der Brücke drehen wir uns kurz um, damit wir den wohl berühmtesten Blick auf Runkel nicht verpassen. Aber bitte noch etwas Platz auf der Speicherkarte der Kamera lassen, denn es kommen noch einige schöne Motive! Auf der Schadecker Straße überqueren wir die Bahnschienen und biegen kurz darauf zwischen einer Mauer und einem Gartengrundstück nach rechts ab. Wir befinden uns jetzt auf dem **Lahnwanderweg** (rotes LW auf weißem Grund), dessen Markierung wir nun bequem folgen können. Gemächlich wandern wir circa 400 Meter bergauf, verlassen Runkel und tauchen wieder ins Grüne ein. Am Eingang des **Naturschutzgebietes Wehrley von Runkel** thront auf einem Felsen der

Seit 1988 ist die ***Wehrley*** *von Runkel Naturschutzgebiet. In den sonnigen Südhängen wurde früher Wein angebaut. Die zerfallenen Trockenmauern und der Magerrasen haben mediterranen Charakter und bieten wärmeliebenden Pflanzen und Tieren einen wertvollen Lebensraum.*

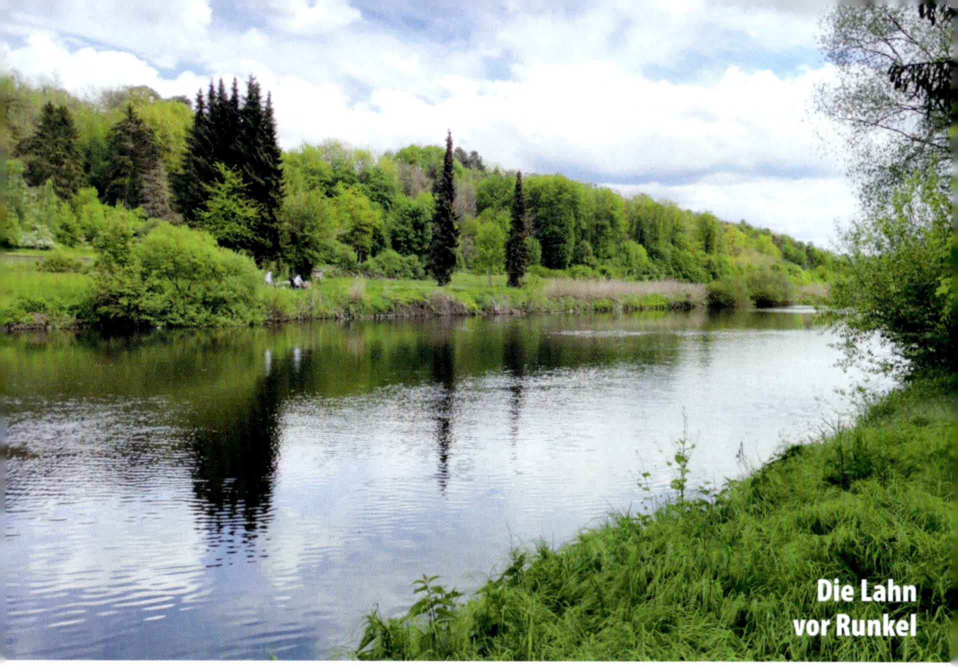

Die Lahn vor Runkel

Dr.-Otto-Bruchhäuser-Tempel 8, ein Aussichtspavillon und ein idealer Platz für eine Vesperpause.

Auf einem urigen Pfad durchwandern wir nun das Naturschutzgebiet. Ein kurzes Stück geht es nach dem Pavillon noch bergauf, wir passieren eine Bank mit toller Aussicht und folgen dann dem Pfad rechts hinunter. Am tiefsten Punkt des Pfades angekommen,

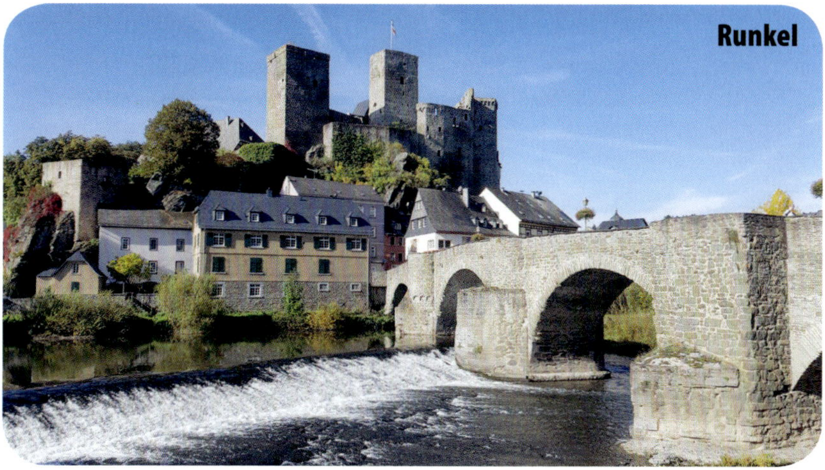

Runkel

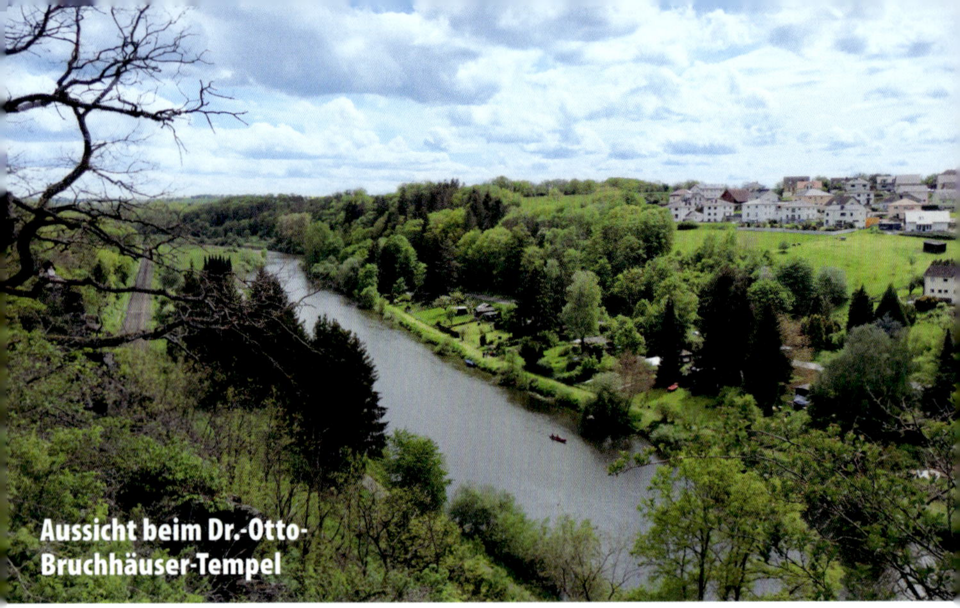

Aussicht beim Dr.-Otto-Bruchhäuser-Tempel

informiert eine **Schautafel** über Flora und Fauna dieses mediterran anmutenden Lebensraumes.

Im Schatten der Bäume wandern wir nun wieder bergauf, kommen in einer Linkskurve an einer schönen Ruhebank vorbei und biegen auf der Höhe nach rechts ab. Zwischen Feld und Buschreihe geht es nun gemütlich weiter. Wo die Büsche den Blick freigeben, schaut man auf die gegenüberliegende Lahnseite – dort drüben sind wir eben noch gewandert. Der Weg führt an einem **Hochsitz** vorbei und macht danach eine Links- und dann wieder eine Rechtskurve. Durch ein kleines Waldstück gehen wir leicht bergab und wir erreichen wieder freie Wiesenfläche. Wir passieren wiederum eine **Ruhebank,** wandern ein kurzes Stück geradeaus weiter und dann rechts in den Wald hinein. Der Pfad schlängelt sich fröhlich durch das lichte Waldstück. 120 Meter weiter lockt ein kurzer Abstecher nach rechts. An einem alten Grenzstein vorbei erreichen wir nach wenigen Schritten die **Karlsteine 9.** Hier heißt es verweilen und den Blick ins Tal schweifen lassen. Während wir das rege Treiben der Paddler und Radfahrer unter uns beobachten, grüßt uns von der gegenüberliegenden Seite König Konrad von seinem imposanten Felsbalkon auf der Bodensteiner Lay.

Sich von diesem Blick zu lösen, fällt nicht leicht. Wir wandern wieder dorthin zurück, wo wir eben unseren Weg verlassen haben, folgen dem Pfad nach rechts und verlassen schließlich das Waldstück. Hier halten wir uns rechts und wandern am Waldrand entlang, bis der Weg eine Linkskurve macht und wir an einen **Wegweiser** des Lahnwanderweges kommen. An dieser Stelle nehmen wir den mit einem roten „LW“ auf gelbem Grund markierten Zuweg des Lahnwanderweges hinunter nach Villmar.

Der Weg führt uns an der uralten, knorrigen **Ibach-Eiche** vorbei. Sie erinnert an Johannes Ibach, Limburger Domvikar, Pfarrer und Dekan in Villmar von 1869 bis 1908. Kurz darauf haben wir wieder freie Sicht zum König Konrad auf der Bodensteiner Lay. Wir wandern weiter am Waldrand entlang. Die Trockenmauer links von uns stützt eine größere ehemalige Abraumhalde des dahinterliegenden **Unica-Bruches.**

Der Weg beschreibt eine Rechtskurve und etwas verwundert stehen wir vor einem Bahnübergang. Hier kommen nostalgische Gefühle auf, denn von der Digitalisierung, die uns im Alltag überall umgibt, ist hier

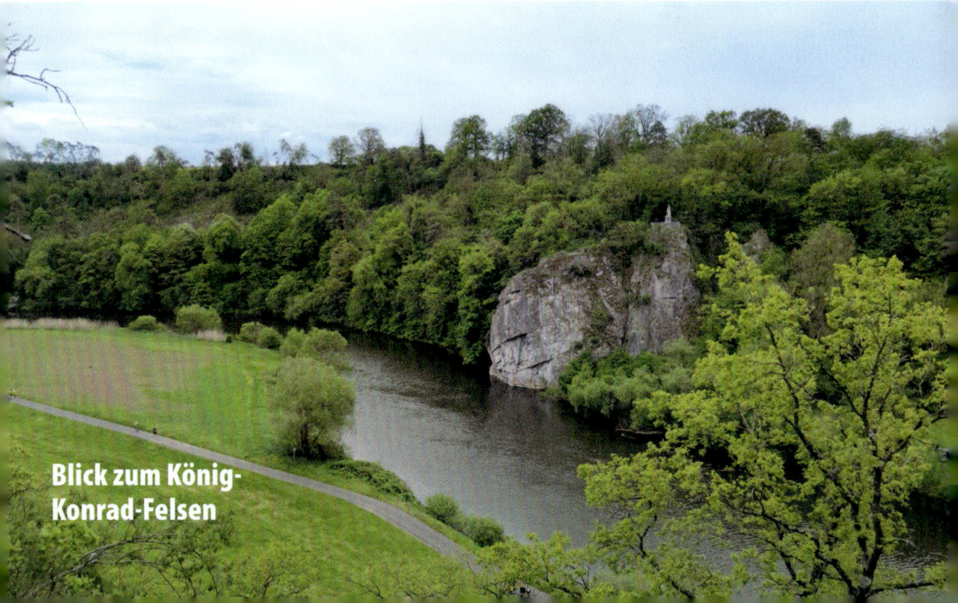

Blick zum König-Konrad-Felsen

noch nichts zu spüren: Soll sich die Bahnschranke heben, müssen wir einen Hebel betätigen und den Schrankenwärter höflich um Durchlass bitten. Falls keine Gefahr durch einen herannahenden Zug droht, wird uns dieser natürlich gewährt.

Kurz hinter dem **Bahnübergang** stoßen wir auf den Lahnradweg, dem wir nun mit herrlichem Blick auf Villmar und vorbei an einer handbetriebenen **Paddlerschleuse** bis zur Unterführung vor dem Bahnhof folgen. Hier unterqueren wir die uns nun schon bekannte Bahnlinie und erreichen schließlich wieder unseren Ausgangspunkt, den Bahnhof Villmar. Im Anschluss an die Wanderung empfiehlt sich ein Besuch des **Lahn-Marmor-Museums** ⑩ und des **Marmorbruchs Unica** ⑪.

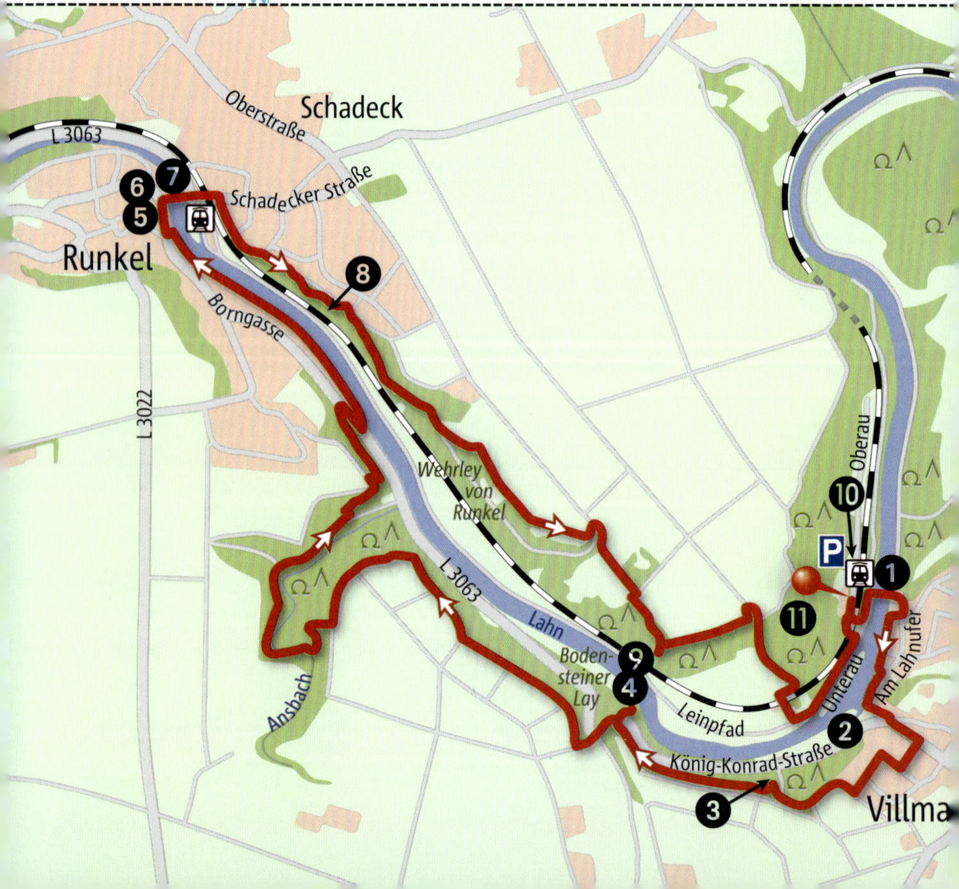

Alles auf einen Blick

WIE & WANN:
Naturpfade, Wald- und Wirtschaftswege. Die Pfade erfordern teilweise etwas Trittsicherheit, besonders bei Nässe oder Schnee. Ganzjährig lohnend.

HIN & WEG:
Auto: Parkplätze am Bahnhof Villmar (GPS: 50.39459, 8.18667) oder an der König-Konrad-Halle, 65606 Villmar (GPS: 50.391618, 8.187220)
ÖPNV: RB 45 (Hessische Landesbahn) bis Villmar

ESSEN & ENTSPANNEN:
Restaurant Klickermill ❷ König-Konrad-Straße 36, 65606 Villmar, Tel. (0 64 82) 26 77
Eiscafé Manusco ❺ Borngasse 2, 65594 Runkel, Tel. (0 64 82) 51 60

ENTDECKEN & ERLEBEN:
Marmorbrücke ❶
Friedenskreuz ❸
König-Konrad-Denkmal ❹
Burg Runkel ❻
Historische Lahnbrücke ❼
Dr.-Otto-Bruchhäuser-Tempel ❽
Karlsteine (König-Konrad-Blick) ❾
Lahn-Marmor-Museum ❿ Oberau 4, 65606 Villmar, Tel. (0 64 82) 6 07 55 88, www.lahn-marmor-museum.de
Marmorbruch Unica ⓫

Entspannung ✱✱✱✱✱
Genuss ✱✱✱✱✱
Romantik ✱✱✱✱✱

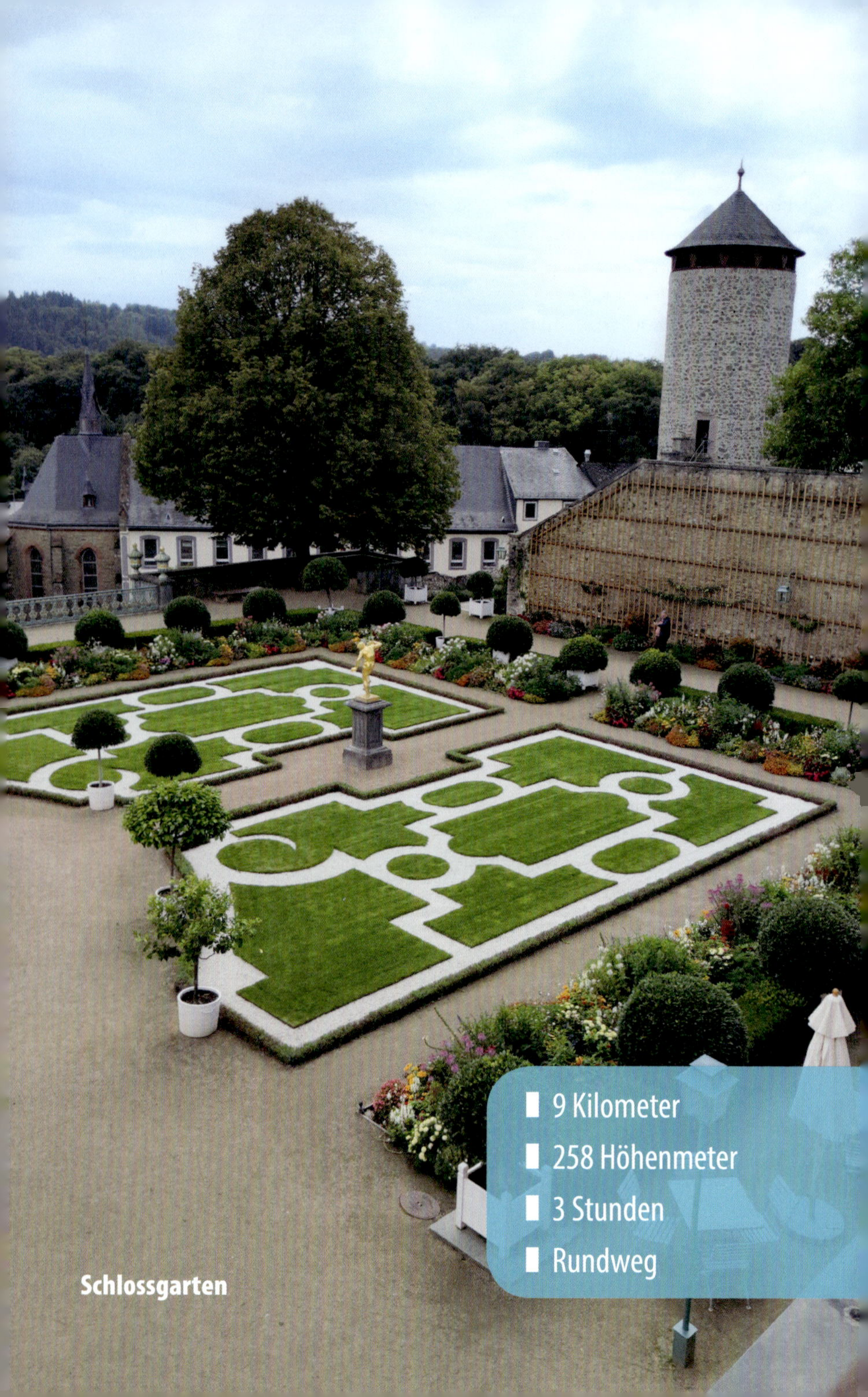

Schlossgarten

Wir starten unsere Wanderung am idyllisch gelegenen **Ernst-Dienstbach-Steg** ❶ und schreiten gemächlich über die majestätisch dahinfließende Lahn.

Gleich hinter dem Steg halten wir uns links und folgen einem idyllischen Weg direkt am Fluss entlang. Unsere Wanderstrecke ist durchgehend als **Wasserwanderweg** (blaue Forelle auf weißem Grund) ausgezeichnet. Allerdings fehlt hier und dort einmal ein Schildchen. Schon bald erreichen wir den imposanten **Hauseley-Felsen** ❷, den wir auf zwei an die Felsen angelehnten Stegen direkt über dem Wasser umrunden. Und kurz darauf kommen wir an der **Anlegestelle des Rollschiffes** vorbei.

Weiter an der Lahn entlang kommen wir an einer freien Fläche und einem **Jugendzeltplatz** vorüber. Auf der linken Seite können wir über die Lahn hinweg auf den Weilburger **Schiffs- und Bahntunnel** blicken. Der Tunnel ist der älteste und längste heute noch befahrbare Schiffstunnel Deutschlands und fast 200 Meter lang!

Wir schlendern weiter auf dem Schotterweg die Lahn entlang. Später geht dieser in einen asphaltierten Weg über. Schließlich erreichen wir die ersten Häuser von **Odersbach** und folgen der Lahnstraße. Dann biegen wir links auf die Runkeler Straße, die uns am **Dorfplatz** ❸ vorüberführt. Ein Hunt, also ein historischer Transportwagen, der **Eisenerzgrube „Erhaltung“** zeugt von der Bergbauvergangenheit des Ortes. Von 1836 bis 1960 wurde bei Odersbach das wertvolle Gestein abgebaut.

*Die Tour führt uns zu verschiedenen Orten der historischen Wasserversorgung Weilburgs. Auch der **Ernst-Dienstbach-Steg** war in seiner früheren Version als „Kettenbrücke“ Teil der Anlage, die einst auch das Weilburger Schloss versorgte.*

*Das erste **Rollschiff** wurde 1691 angeschafft. Die einzigartige Fährverbindung existiert damit also schon seit über 300 Jahren. Seitdem zieht ein Fährmann Personen und Tiere an einem Drahtseil über die Lahn.*

Barocke Wässer

Rund ums Weilburger Wasser

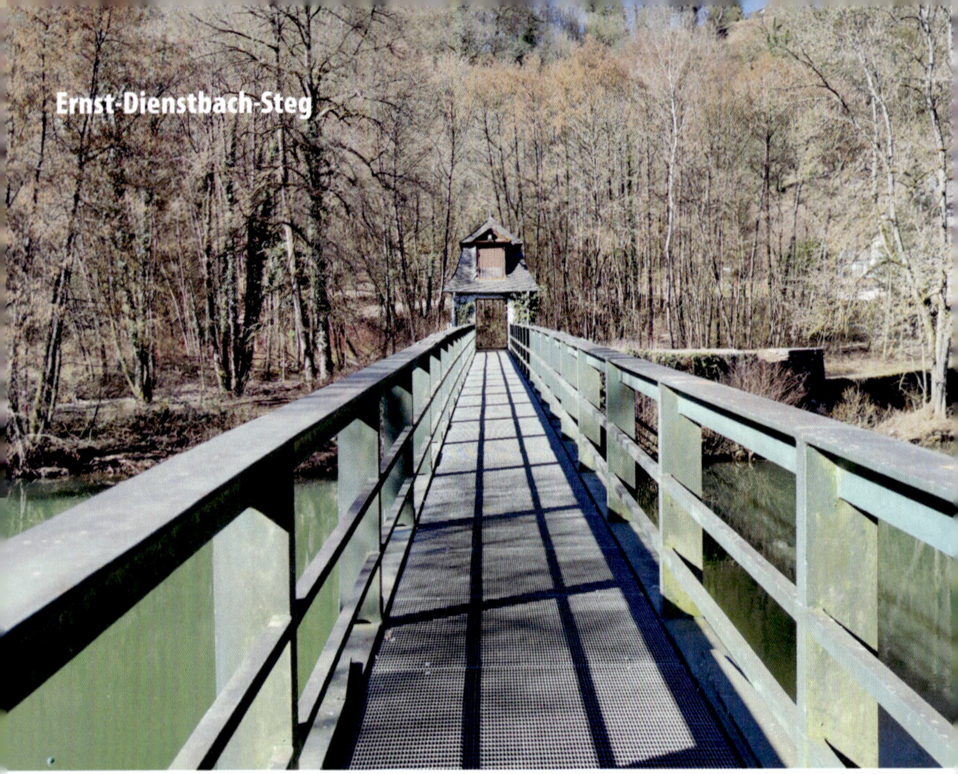
Ernst-Dienstbach-Steg

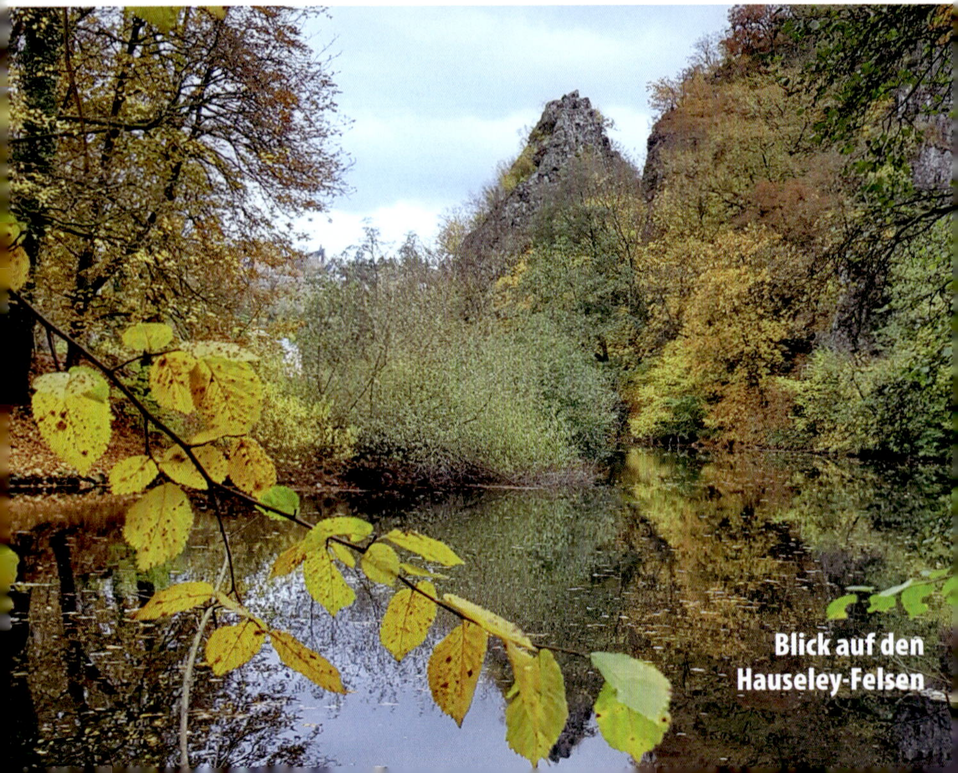
Blick auf den Hauseley-Felsen

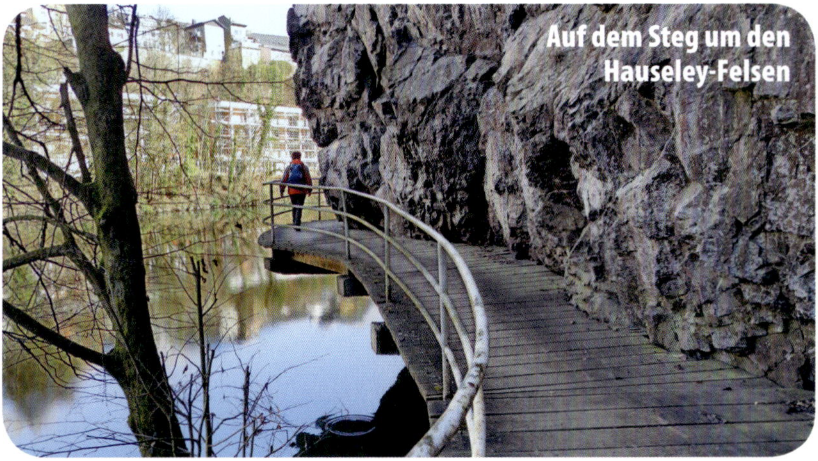

Wir setzen unseren Weg entlang der Runkeler Straße fort. Ein **Fachwerkhaus von 1586** begeistert uns. Das liebevoll hergerichtete Haus ist das älteste Gebäude im Ort. Die schmale Straße nimmt uns weiter mit hinauf und schließlich biegen wir rechts in den Forellenweg ein. Ober er wohl so heißt, weil wir kurze Zeit später die Fischteiche erreichen?

In einer S-Kurve nimmt uns der Wanderweg bei den **Fischteichen** mit hinauf. Bei der nächsten Möglichkeit biegen wir rechts ab und erreichen dann einen Waldrand. Wir folgen dem Weg durch den Wald hinab und nach einer Linkskurve geht es wieder bergauf. Wir sind jetzt am Rande des **Naturschutzgebietes Springersberg** und schon bald kommt die Jugendherberge

Für die Seele

Am Hauseley-Felsen wandern wir direkt über dem ruhig dahinfließenden Wasser der Lahn. Unsere Gedanken fließen mit ihr in die Ferne und wir lassen los.

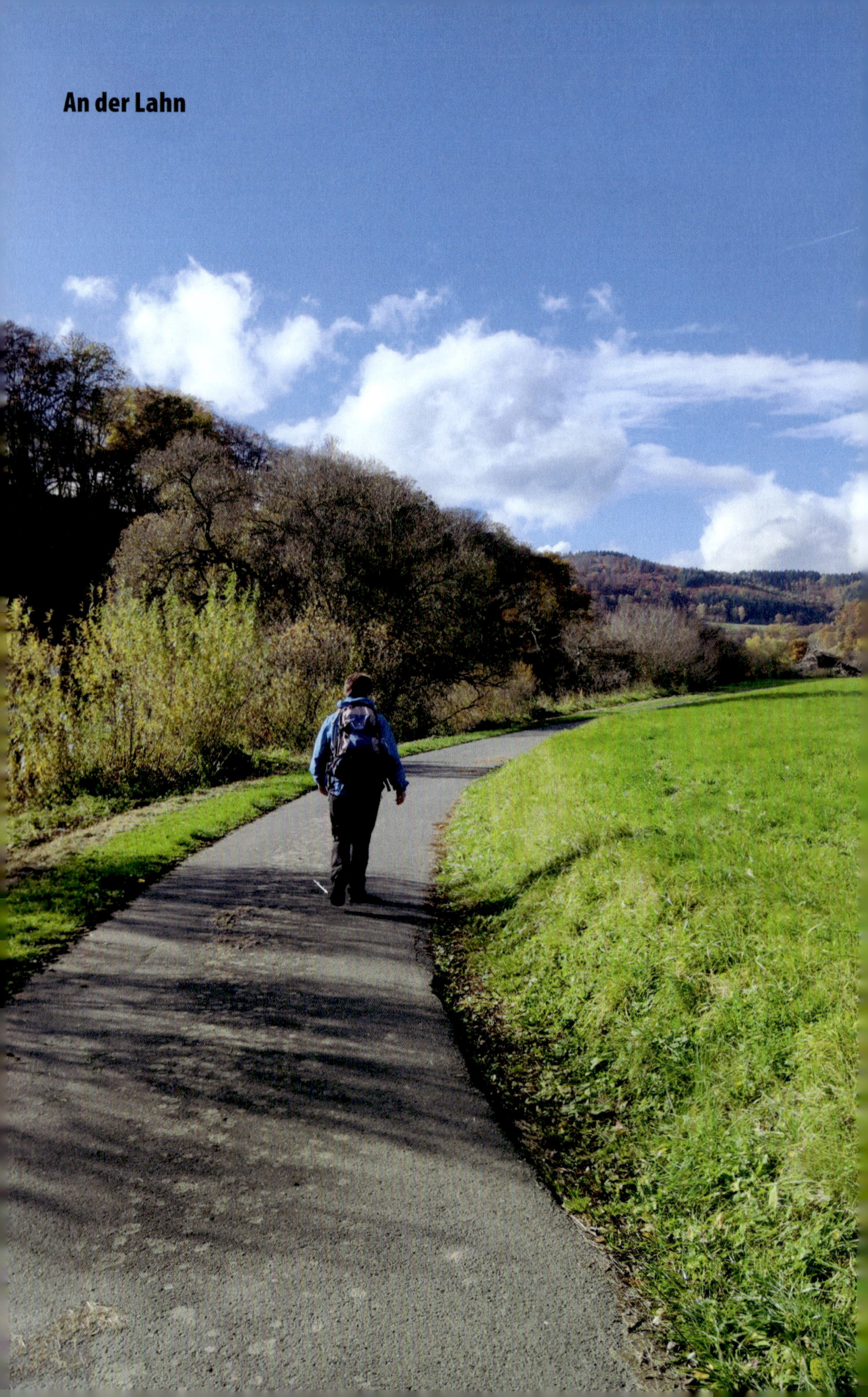
An der Lahn

ins Blickfeld. Nach 400 Metern nehmen wir schließlich am Sportplatz den Weg links zu dieser hinauf. Der Weg führt nun gemächlich bergauf und an der Herberge vorbei. Am Waldrand wartet eine kleine, aber feine **Bank mit Aussicht** 4 auf uns. Genau an der richtigen Stelle, um den malerischen Blick ins Lahntal zu genießen und Ruhe zu finden. Nach der Pause gehen wir dann weiter am Waldrand entlang. Nach einem Rechtsknick bietet eine weitere Bank die Gelegenheit einer erholsamen Pause, falls die erste bereits belegt gewesen sein sollte.

Bei nächster Möglichkeit biegen wir der Markierung des Wasserwanderweges folgend rechts in den Wald hinein und dann am nächsten Abzweig links ab. Über den breiten Waldweg gelangen wir an eine Wegekreuzung, an der sich auf der linken Seite eine **Schutzhütte** befindet. Wir nehmen dort den ersten Weg, der scharf nach rechts abzweigt. Nach 400 Metern kommen wir erneut an eine Kreuzung und biegen hier links ab. Wenige Schritte später gehen wir rechts ab und rätseln über ein etwas seltsam anmutendes Bauwerk. Wir sehen eine Überdachung und eine

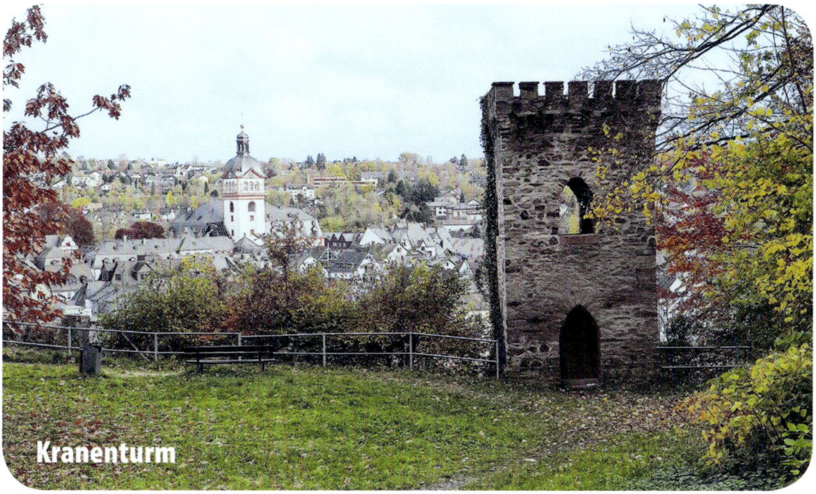

Kranenturm

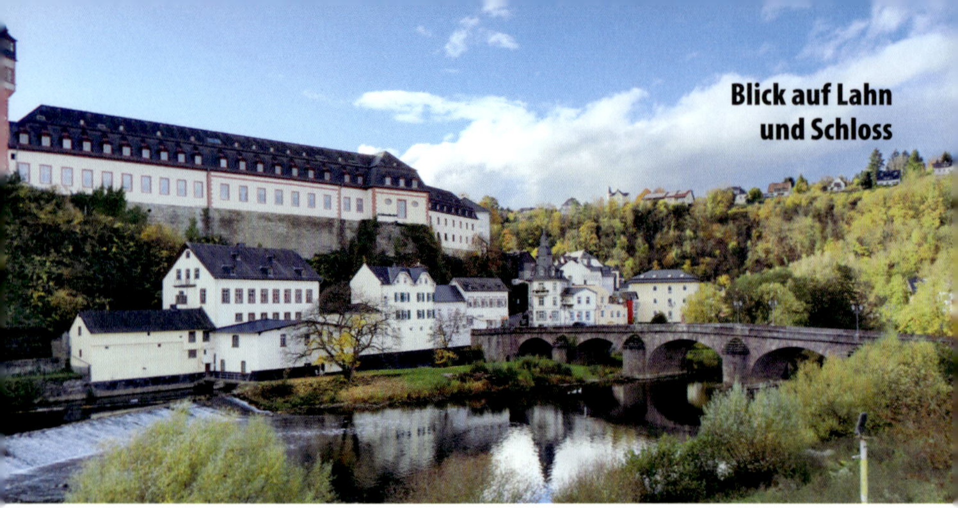

*Um Schloss Weilburg und die Wasserspiele mit **Wasser** zu versorgen, wurde in den Jahren 1710 bis 1715 ein ausgeklügeltes System errichtet. 20 Quellen im Wehrhölzer Wald versorgten die Stadt durch verschiedene Leitungen mit Wasser unterschiedlicher Qualität.*

Metalltreppe, die in ein offensichtlich nicht gefülltes Becken hinunterführt. Ein altes Schwimmbad? Nein, eine Infotafel gibt uns darüber Auskunft, dass wir hier an der **Kranenkammer,** einem Teil der **historischen Wasserversorgung** ⑤ Weilburgs, stehen.

Von der Kranenkammer wandern wir weiter bergab und folgen bei nächster Möglichkeit der blauen Forelle nach links. So erreichen wir den Parkplatz des **Weilburger Krankenhauses**. An diesem vorbei kommen wir an eine Straße, überqueren sie und biegen in den Weg, der links neben einer Bushaltestelle hinabführt.

Vor uns liegt der **Kranenturm** ⑥**.** Welche Funktion der Turm einst hatte, ist nicht eindeutig gesichert. Leider ist er zumeist geschlossen, aber auch neben dem Turm ist die Aussicht auf Weilburg atemberaubend. Links des alten Gemäuers führt uns ein eindrucksvoller Weg, teilweise über Treppen und vorbei an schroffen Felsen, hinab zur Lahn. Unten angekommen halten wir uns an der Straße links und folgen dem Verlauf der Lahn. Durch eine lang gezogene Rechtskurve gelangen wir an den Kreisel bei der alten, mit Lahnmarmor verkleideten **Brücke aus dem Jahr 1769.** Bereits im 14. Jahrhundert gab es an dieser Stelle eine Holzbrücke und zusammen mit dem Schloss hoch über der Lahn finden wir hier ein großartiges Fotomotiv.

Wir überqueren die Brücke aber nicht, sondern bleiben auf der linken Lahnseite. Und so können wir weiter das imposante **Weilburger Schloss** aus der Froschperspektive bewundern. Den Gehweg nutzend wandern wir schließlich über die neue Lahnbrücke. Hinter der Brücke nehmen wir die Treppe rechts hinauf zum **König-Konrad-Platz.** Hier begrüßt uns das markante **Landtor** aus dem Jahr 1768. Bei seiner Grundsteinlegung im Jahr 1759 wurden übrigens unter anderem Weilburger Münzen und Weilburger Wein eingemauert. Ob dieser wohl heute noch zu genießen wäre?

Wir gehen am Torbogen vorbei und nehmen kurz danach die Treppe hinauf zur **unteren Orangerie** des Schlossgartens. Die Gartenanlage ist herrlich gepflegt. Im **Café Untere Orangerie** 7 genießen wir einen Milchkaffee in der Sonne. Wie es sich für ein Schloss gehört, führt uns eine repräsentative Treppe weiter aufwärts in den **oberen Schlossgarten.** Wozu die Eile? Wir nehmen uns einfach die Zeit, uns im Schatten der Platanen ausgiebig umzuschauen und lassen unsere Augen über die mit großen grün-goldenen Vasen geschmückte Balustrade hinweg über die Lahn gleiten.

Wir verlassen den Schlosspark durch das Tor zum **Weilburger Marktplatz.** Hier staunen wir über den **Neptunbrunnen** im Zentrum des schon Anfang des 18. Jahrhunderts in der heutigen Form angelegten Platzes. Bestimmt findet sich auch ein weiteres gemütliches Plätzchen vor einem der gepflegten Cafés der

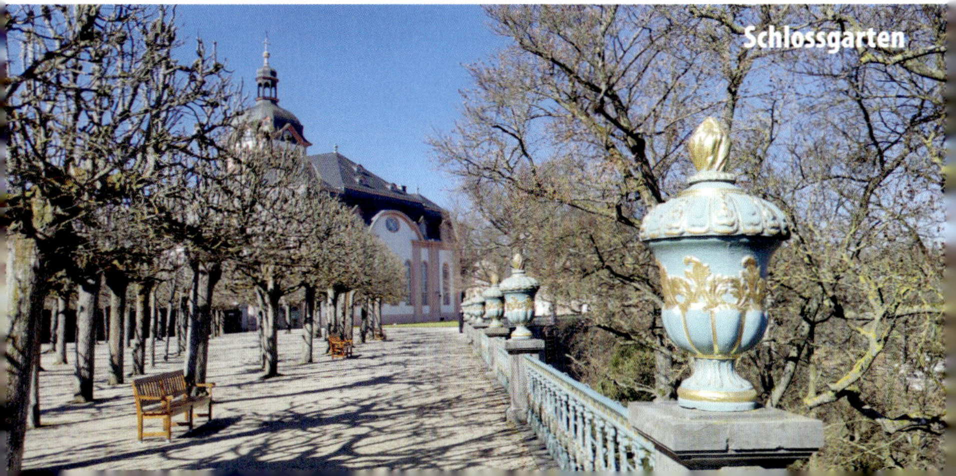

Schlossgarten

Im 16. Jahrhundert errichteten Graf Philipp III. und sein Sohn Albrecht von Nassau-Weilburg das **Weilburger Schloss** und Graf Johann Ernst baute es in der Barockzeit aus. Der letzte hier residierende Herzog, Adolph zu Nassau-Weilburg, wurde 1890 Großherzog von Luxemburg.

Weilburger Altstadt. Über die Schlossstraße erreichen wir den **Schlossplatz,** wo wir gleich zwei interessante Museen besuchen können.

Linker Hand befindet sich die Pforte zum **Weilburger Schloss 8** mit dem Eingang zum **Schlossmuseum**. Links vom Schlossplatz liegt das **Bergbau- und Stadtmuseum 9.** Die Entscheidung, in welchem der beiden Museen wir uns auf Zeitreise begeben, fällt schwer. Warum nicht beide besuchen? Lohnend sind sie allemal. Um zum Ausgangspunkt unserer Wanderung zurückzukehren, gehen wir vom Schlossplatz aus die Neugasse herunter, überqueren am **Kriegerdenkmal** die Straße und nehmen schließlich den Weg hinab Richtung Filmtheater.

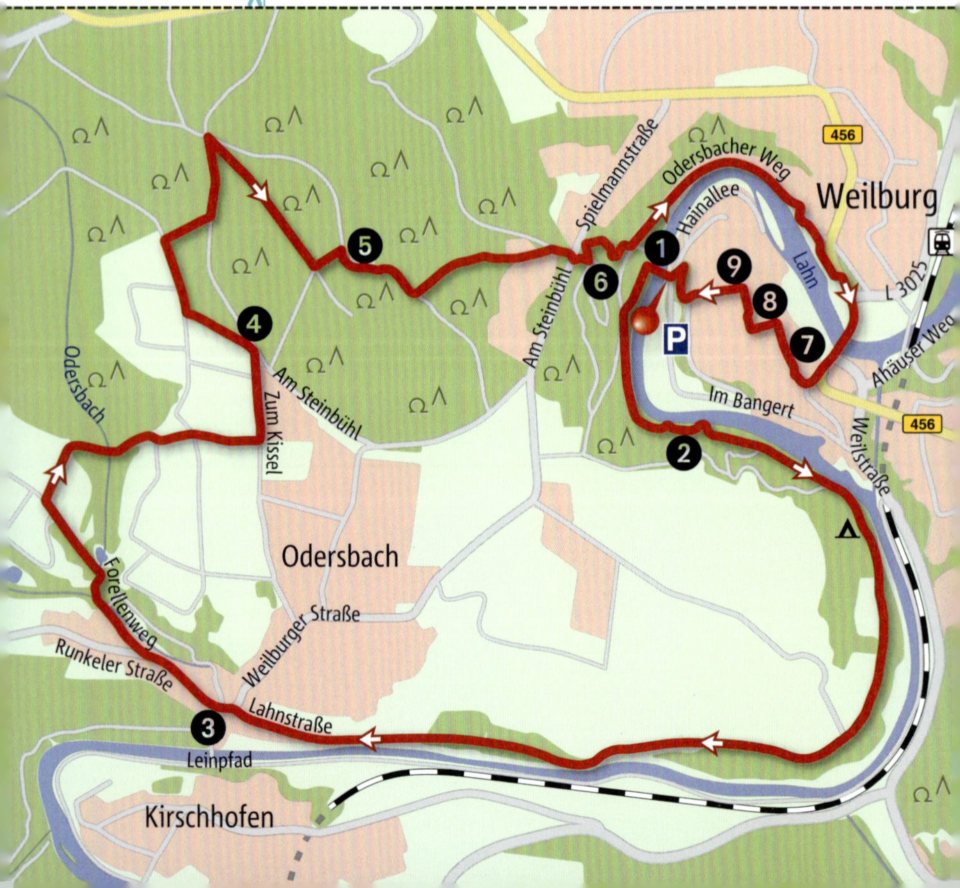

Alles auf einen Blick

WIE & WANN:
Überwiegend breite Feld-, Wald- und Wirtschaftswege. In den Ortschaften auf Bürgersteigen. Am Kranenturm und im Schlosspark über Treppenstufen. Ganzjährig lohnend.

HIN & WEG:
Auto: Hainallee, 35781 Weilburg (GPS: 50.48457, 8.25803)
ÖPNV: RB 25 bis Weilburg

ESSEN & ENTSPANNEN:
Café Untere Orangerie ❼ Pfarrgasse 13A, 35781 Weilburg

Außerdem bietet die romantische Altstadt Weilburgs eine Vielzahl an gemütlichen Einkehrmöglichkeiten.

ENTDECKEN & ERLEBEN:
Ernst-Dienstbach-Steg ❶
Hauseley-Felsen ❷
Dorfplatz ❸
Bank mit Aussicht ❹
Historische Wasserversorgung ❺
Kranenturm ❻
Weilburger Schloss ❽ Schlossplatz 3, 35781 Weilburg, Tel. (0 64 71) 9 12 70, www.schloesser-hessen.de/de/schloss-weilburg
Bergbau- und Stadtmuseum ❾ Schlossplatz 1, 35781 Weilburg, Tel. (0 64 71) 37 94 47, www.museum-weilburg.de

Entspannung ✱✱✱✱✱
Genuss ✱✱✱✱✱
Romantik ✱✱✱✱✱

Am Segelflugplatz

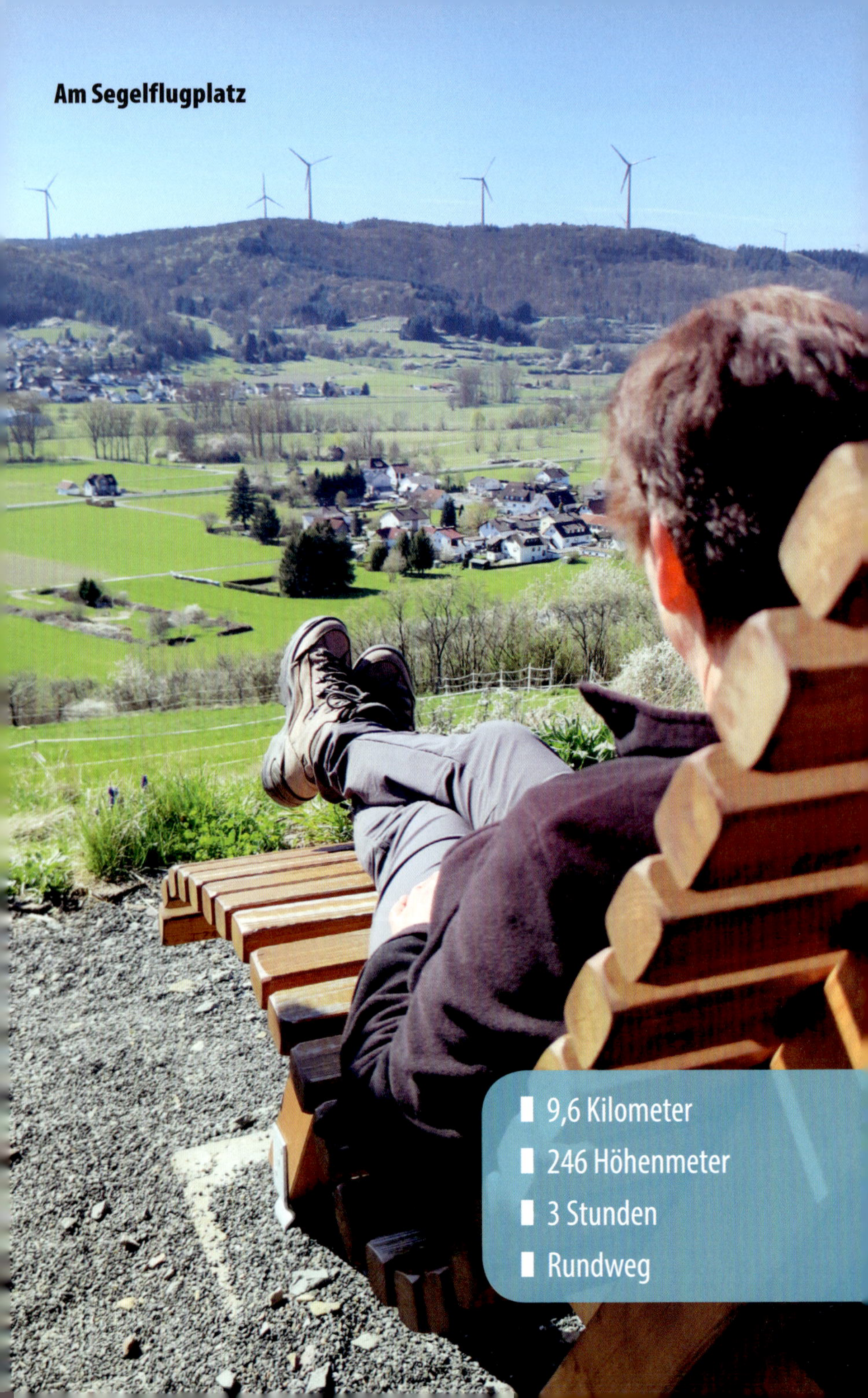

- 9,6 Kilometer
- 246 Höhenmeter
- 3 Stunden
- Rundweg

Wir starten am Wanderportal am Bürgerhaus der kleinen, aber sehr rührigen Gemeinde **Kombach,** die als Stadtteil Biedenkopfs zum Landkreis Marburg-Biedenkopf gehört. Von hier aus folgen wir den Markierungen der **Kombacher Runde** (KR) und wandern geradeaus in die Steingartenstraße. Entlang dieser gehen wir durch den Ort bergauf und erreichen nach 400 Metern, noch im Ort, einen ersten **Aussichtspunkt** mit Bank. Kurz darauf sind wir auch schon am Ortsausgang und biegen dort hinter dem letzten Grundstück auf der rechten Seite rechts in einen **Waldweg** ein. Dieser nimmt uns zunächst in einer Rechts- und dann in einer Linkskurve mit hinauf zu einer Ruhebank. Wie auf einem **Waldsofa** ❶ sitzen wir hier am sonnigen Waldrand und lassen unsere Blicke auf Kombach, dem Kombacher Hausberg Hirschstein und dem Lahntal ruhen.

Nun tauchen wir in den Kombacher Wald am Honigberg ein und nehmen am Ende einer kurzen Steigung den Weg nach rechts. Nach 450 Metern kommen wir an eine echte Rarität. Eine Kreuzung, von der sechs Wege abzweigen, die im Volksmund **Die drei Wege** ❷ genannt wird. Denn drei der sechs Waldwege führen nach **Katzenbach.** Wir nehmen den Weg, der halb rechts talwärts führt.

Ich weiß, wir wollen eigentlich für unsere Seele wandern. An dieser Stelle müssen wir aber kurz innehalten, denn wir treffen auf schmerzhafte Realität: Der Wald hier hat, wie anderswo auch, in den letzten

Vital und aktiv

Erfrischendes bei Kombach

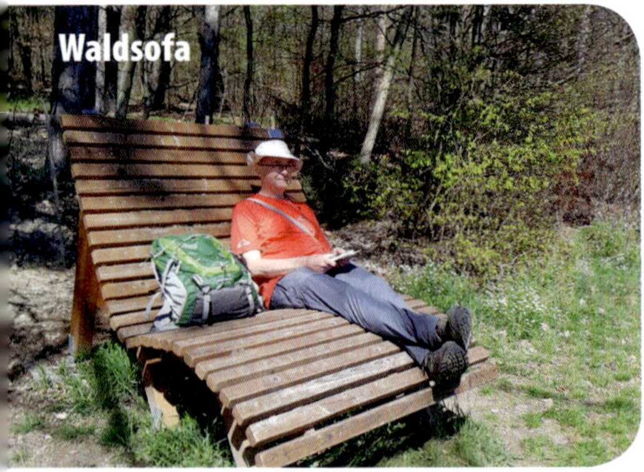

Jahren furchtbar gelitten. Dieser Anblick lehrt uns, in Zukunft achtsamer mit der Natur umzugehen. Wir wandern auf dem bestimmt früher einmal idyllischen Weg hinunter ins Tal. Er macht eine Biegung und wir folgen auf einem schmalen Pfad einem quirligen Bach, dem Trempelsgraben, talabwärts. Dieser speist das **Kombacher Tretbecken ③**, an welchem wir nun ankommen.

Was für eine schöne, gepflegte Anlage! Wir ziehen unsere Wanderstiefel aus und gönnen unseren Füßen das belebende Nass. Anschließend sitzen wir noch eine ganze Weile auf einer der gemütlichen Bänke und singen in Gedanken das Tretbecken-Lied. Den Text haben wir von einer hier aufgestellten Tafel. Voller Leichtigkeit und Elan setzen wir die Wanderung fort. Zunächst ein kurzes Stück entlang der Straße nach rechts und nach wenigen Schritten geht es auch schon rechts im Wald einen kleinen Hang hinauf. Wir kommen aus dem Wald heraus und bleiben noch eine

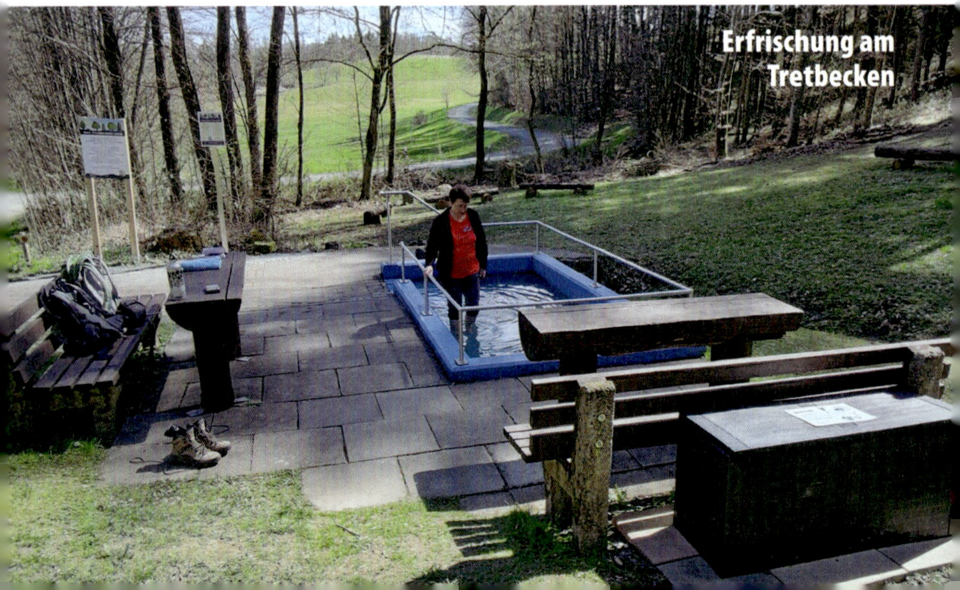

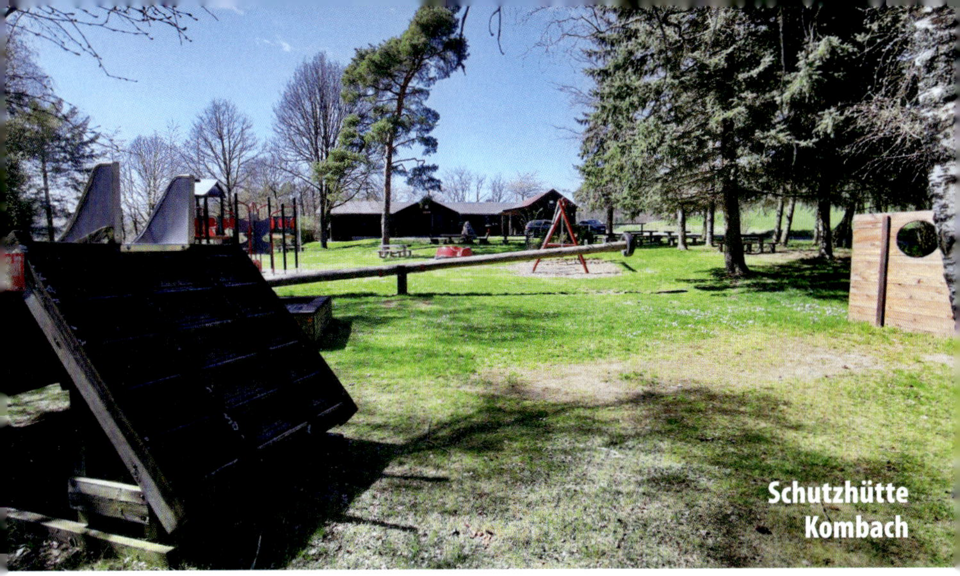

Weile auf dem Weg am Waldrand. Über einen Feldweg erreichen wir eine **Wohlfühlbank.** Der herrliche Blick reicht bis tief ins **Katzenbachtal** inmitten einer lieblichen Mittelgebirgslandschaft hinein.

Ein uriger Pfad führt uns teils am, teils im Wald in Richtung **Schutzhütte Kombach 4.** Der örtliche Verschönerungsverein pflegt diesen Platz liebevoll. Hier fühlt man sich gleich zu Hause. Es gibt eine ganze Reihe gemütlicher Sitzgruppen. Während die Kinder sich an den Spielgeräten austoben, genießen wir eine ausgiebige Rast in der Sonne.

Wir folgen dem asphaltierten Weg an der Schutzhütte nach links und gelangen nach kurzer Zeit wieder an die Kreisstraße. An dieser entlang gehen wir 100 Meter leicht bergan nach links. Dann biegen wir nach rechts in einen Feldweg ein. Wir befinden uns

*Ohne die **Tretbeckenfreunde Kombach** würde es das schöne Becken heute nicht mehr geben. 2015 stand es kurz vor dem Abriss, da es nicht mehr genutzt wurde und ständig vermüllt war. Die engagierte Gruppe sagte zu, sich um Becken und Umfeld zu kümmern.*

Für die Seele

Am ehemaligen Segelflugplatz blüht es bunt. Von der Sonne gestreichelt genießen wir die leuchtenden Farben und das Summen der Bienen.

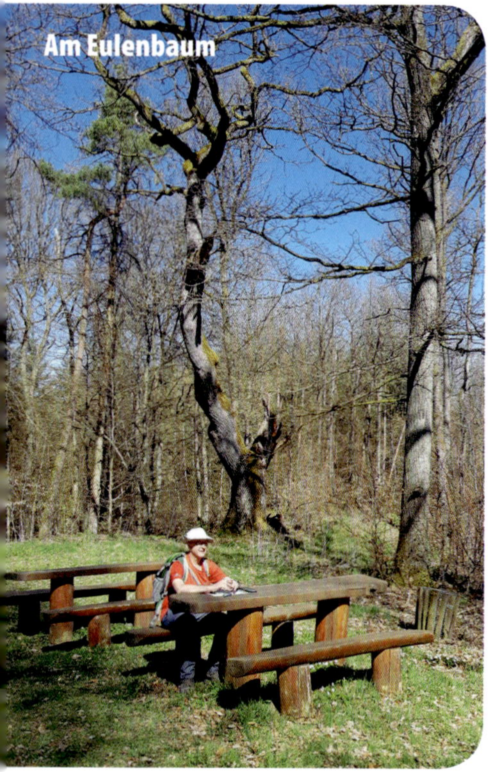
Am Eulenbaum

nun auf der **Trempelshöhe,** von der wir erneut ins Katzenbachtal blicken können. Der Feldweg führt am **Taubenstrauch,** einem Vogelschutz-Gehölz, vorbei und auch hier wartet eine gemütliche Pausenbank auf uns.

Bei der nächsten Möglichkeit biegen wir rechts ab und laufen nun in Richtung Hirschstein. Wir erreichen den Waldrand und tauchen in den lauschigen Wald ein. Nur ein paar Meter und die nächste, idyllisch gelegene Sitzgruppe erwartet uns. Wir lassen uns nieder und betrachten die uralte Eiche, die im Volksmund **Eulenbaum** ❺ genannt wird. Wen sie hier wohl schon alles gesehen hat? Wie kurz uns doch unser Leben im Angesicht eines solchen Baums erscheint! Wo kann man sich selbst besser begegnen als im Wald?

Vom Eulenbaum aus nimmt uns der Weg sanft weiter mit hinauf und bei der nächsten Möglichkeit biegen wir rechts ab. Beschwingt wandern wir mal leicht auf- und mal leicht abwärts durch den schattigen Laubwald, bevor wir nach 700 Metern eine kleine Lichtung erreichen. Hier, knapp unterhalb des Kombacher Hausbergs Hirschstein, haben früher Tanzveranstaltungen unter freiem Himmel stattgefunden. So wird der Platz heute noch liebevoll **Tanzplätzchen** genannt.

*Der Name **Eulenbaum** rührt daher, dass vor langer Zeit Eulen in einem hohlen Ast des Baumes ihre Jungen aufgezogen haben. Fast alle der heute in Deutschland vorkommenden zehn Eulenarten gelten als gefährdet und zählen zu den streng geschützten Arten.*

Vom Tanzplätzchen aus führt ein schmaler, naturbelassener Pfad rechts hinab und auf diesem erreichen wir den Waldrand. Linker Hand sehen wir schon die überdachte Sitzgruppe und eine Relaxliege, die zu einer aussichtsreichen Rast am **ehemaligen Segelflug-**

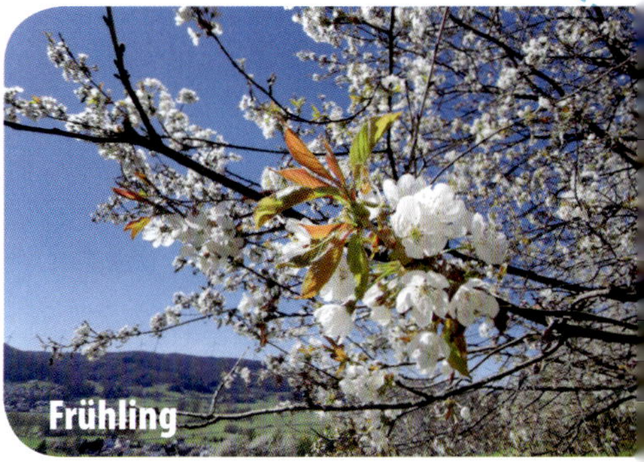

Frühling

platz 6 einladen. Wie schön das Lahntal hier doch ist!

Vom Aussichtspunkt aus wandern wir gut 500 Meter weiter am Waldrand entlang und kommen zu einem kleinen Naturschutzgebiet, der **Wacholderheide.** Wieder verlockt uns eine Bank dazu, die herrliche Sonne in dieser wundervollen Natur zu genießen. Wir biegen nach rechts ab und überqueren eine Straße. Leicht bergan wandern wir zum Waldrand des Ochsenbergs, gehen an diesem entlang und erreichen kurz darauf erneut eine **Sitzgruppe mit Ausblick.**

Leicht bergab geht es weiter am Waldrand entlang, bis wir einen **Hochsitz** erreichen, an dem wir scharf rechts abbiegen. Über Gras wandern wir an einer Hecke entlang. Wir stoßen auf einen asphaltierten Weg, dem wir dann nach links folgen. In der nächsten Rechtskurve verlassen wir ihn jedoch schon wieder und schlendern nun erneut einen Grasweg entlang. Diesem folgen wir mit schönen Fernsichten etwa 500 Meter bis zu seinem Ende. Ein Wegweiser lenkt uns zu einem weiteren

*Am **Segelflugplatz** fanden in den 1930er-Jahren abenteuerliche Segelflüge statt. Per Anhänger wurden Flugzeuge von Biedenkopf nach Kombach gebracht, zusammengebaut und mittels Gummizug auf die meist schon vor der Bundesstraße endende Reise geschickt.*

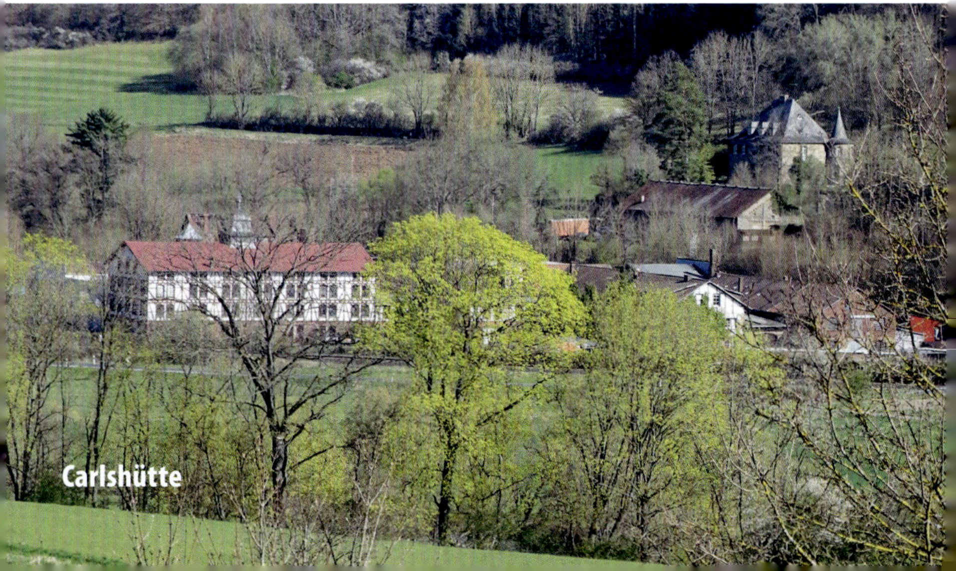

Carlshütte

Erfrischungstour 19

*Die nach Friedrich Carl Klein benannte **Carlshütte** wurde 1844 als letzte Eisenhütte im oberen Lahntal errichtet. Im Krieg blieb sie von größeren Schäden verschont. Danach spezialisierte sich die Hütte auf Gussöfen und ging 1975 leider in Konkurs.*

Aussichtspunkt. Über einen QR-Code erhalten wir weitere Informationen zur Carlshütte, einem ehemaligen Hüttenwerk. Wir folgen dem Wegweiser hinauf zu einer kleinen Anhöhe und genießen den **Blick auf die Carlshütte 7** und ins Lahntal.

Hier stoßen übrigens auch die Grenzen von Kombach, Friedensdorf und Buchenau zusammen. Von der Anhöhe gehen wir zurück zur Abzweigung und auf einem Feldweg nach links ins Tal hinunter. Wir erreichen einen gut ausgebauten asphaltierten Weg und wandern auf diesem nach links in Richtung **Kombach** weiter. Vorbei an Bauernhöfen führt er uns gemütlich wieder zurück zum Kombacher Bürgerhaus, das wir nach 1,5 Kilometern erreichen.

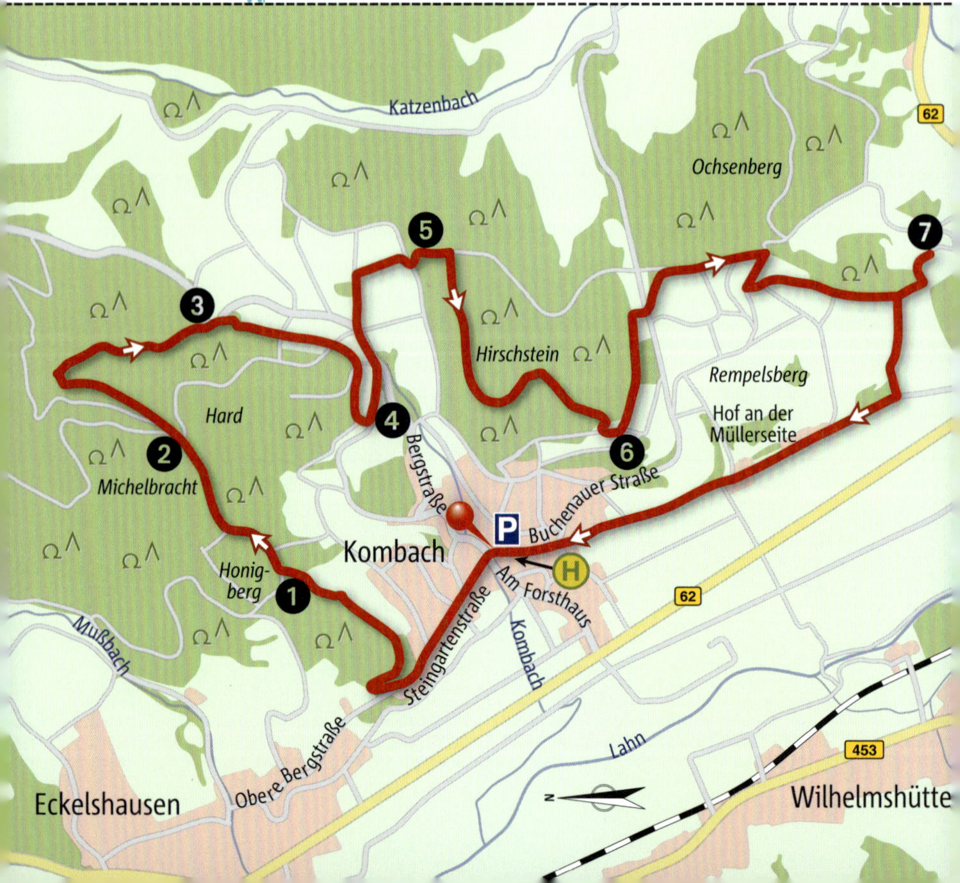

Alles auf einen Blick

WIE & WANN:
Naturpfade, Wald-, Wiesen- und Wirtschaftswege. Ganzjährig lohnend.

HIN & WEG:
Auto: Bürgerhaus Kombach, Buchenauer Str. 3, 35216 Biedenkopf
(GPS: 50.87743, 8.55946)
ÖPNV: Bus 40, 41, 51 oder 53 bis Haltestelle Biedenkopf-Kombach DGH

ESSEN & ENTSPANNEN:
In Kombach gibt es leider keine Einkehrmöglichkeit. Rucksackverpflegung und Getränke also nicht vergessen!

ENTDECKEN & ERLEBEN:
Waldsofa ❶
Die drei Wege ❷
Kombacher Tretbecken ❸
Schutzhütte Kombach ❹
Eulenbaum ❺
Ehemaliger Segelflugplatz ❻
Blick auf die Carlshütte ❼

Entspannung ✱✱✱✱✱
Genuss ✱✱✱✱✱
Romantik ✱✱✱✱✱

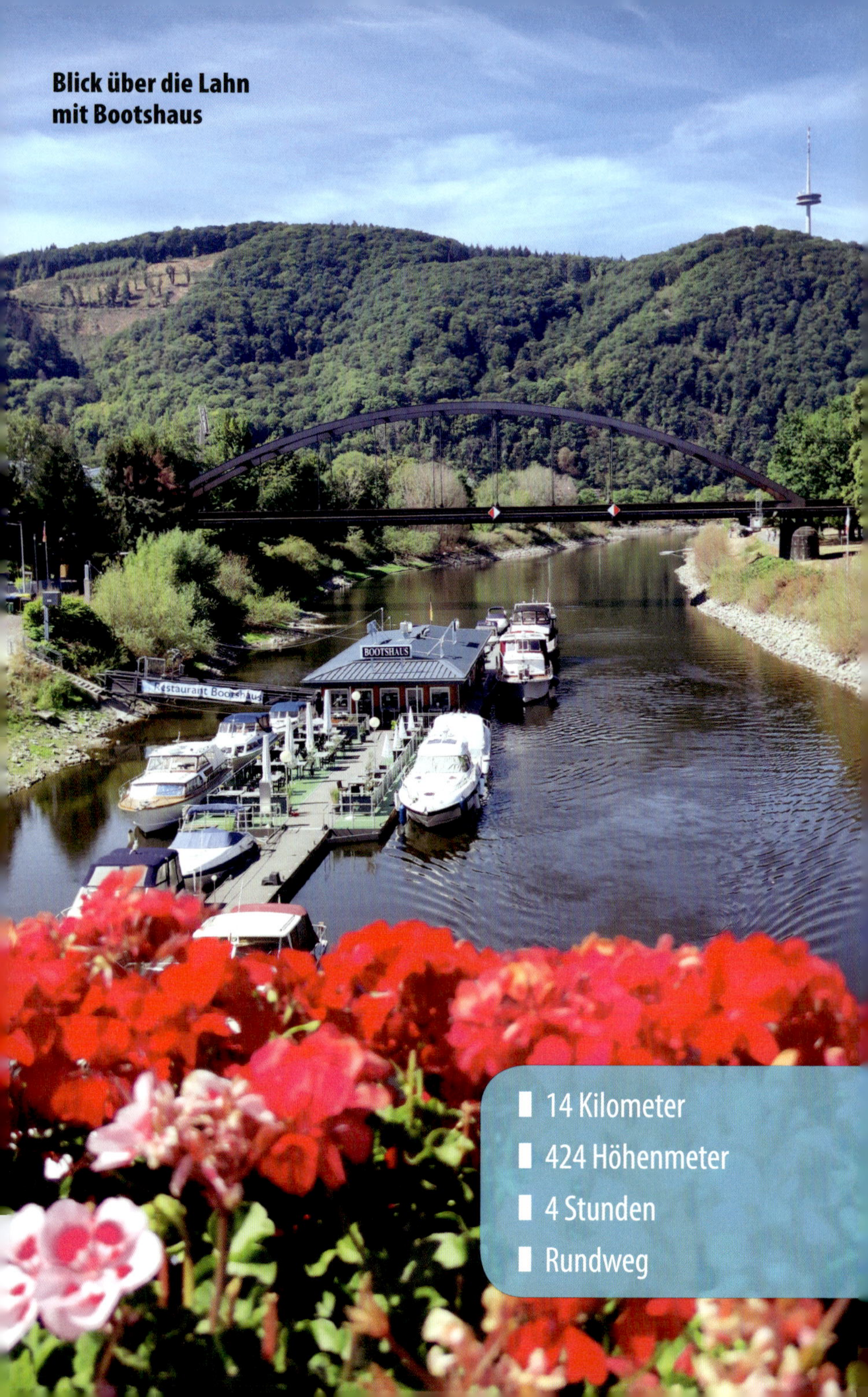

Blick über die Lahn mit Bootshaus

- 14 Kilometer
- 424 Höhenmeter
- 4 Stunden
- Rundweg

Los geht es an der Rückseite des Bahnhofes Niederlahnstein. Wir folgen dem Zuweg **Lahnwanderweg** (rotes LW auf gelbem Hintergrund). Dieser führt uns geradewegs zum majestätisch dahinfließenden Vater Rhein. Unwillkürlich zieht uns die sprichwörtliche Rheinromantik in ihren Bann. Wir beobachten die Vielfalt der Passagier- und Frachtschiffe und erkennen die weiße Silhouette der Burg Stolzenfels auf der gegenüberliegenden Rheinseite. Wir halten uns links in Richtung Lahnmündung. Hier sind viele Radfahrer unterwegs, wir achten also sorgfältig darauf, auf dem abgetrennten Fußgängerweg zu bleiben.

Auf diesem erreichen wir die **Lahnmündung 1.** Hier nimmt Vater Rhein die Lahn nach ihren fast 246 Kilometern quer durch Nordrhein-Westfalen, Hessen und Rheinland-Pfalz in seine Arme. Wir gehen nun an der Lahn entlang, unterqueren die Bahnbrücke und biegen vor der Rudi-Geil-Brücke nach links ab, da wir die Lahn nun auf dieser überqueren möchten. Von der Brücke haben wir einen schönen Blick auf den Fluss und das **Restaurant Bootshaus 2.** Ein genialer Einkehrtipp, denn in diesem etwas anderen Restaurant schmeckt es lecker und die Gastfreundschaft wird dort sehr großgeschrieben.

Von der Brücke aus gehen wir 400 Meter auf der Brückenstraße weiter. Auf der linken Seite erregt die imposante **evangelische Kirche Oberlahnstein** unsere Aufmerksamkeit. Hinter der Kirche biegen wir links in die Nordallee ein. Am ihrem Ende halten wir uns

*Die Figur, auf die wir in der Nähe der Lahnmündung treffen, zeigt den **„Baareschesser"** und spielt auf den Spitznamen der Niederlahnsteiner an. Mangels Quellwasser verzichteten sie auf Sickergruben und benutzten stattdessen die „Bahre" als Toilette.*

Confluentia

Lahnmündung und Ruppertsklamm

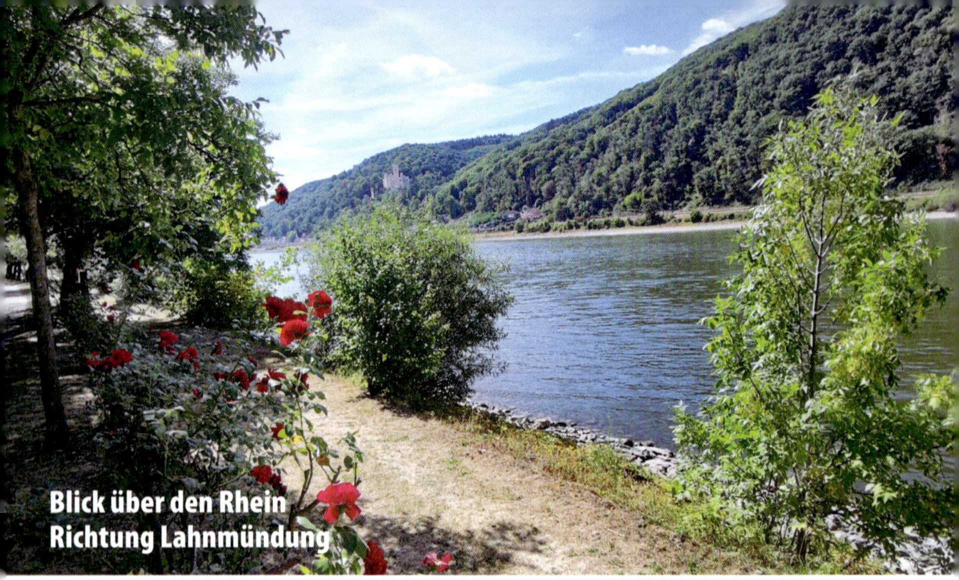

Blick über den Rhein Richtung Lahnmündung

rechts, wandern auf der Ostallee und kommen am St. Elisabeth Krankenhaus vorbei. Hinter dem Krankenhaus führt ein **Treppenweg** bergauf. Hier folgen wir der Beschilderung zur Burg Lahneck.

Die Stufen nehmen uns ein ganzes Stück mit nach oben und der Weg führt dann parallel zur Rheinuferstraße nach links. Diese überqueren wir schließlich über den Tunnel hinweg. Im Zickzack führt der urige

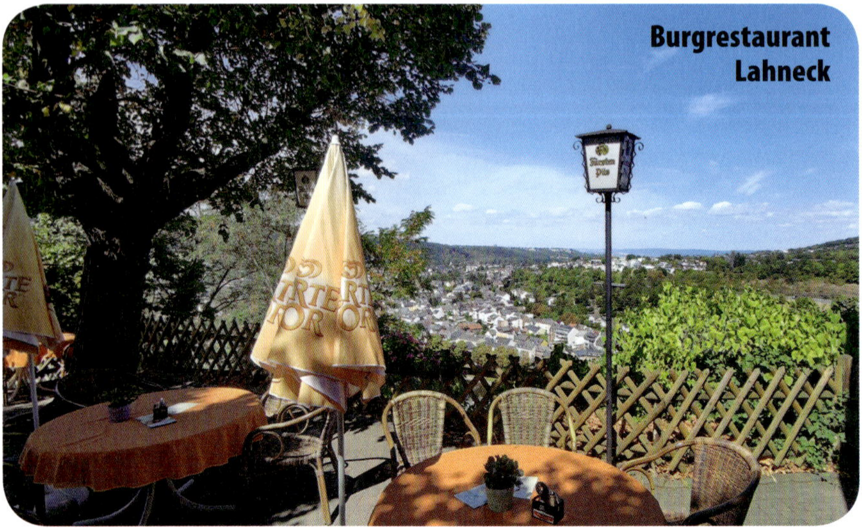

Burgrestaurant Lahneck

Pfad nun hinauf zur **Burg Lahneck 3.** Das Restaurant der Burg lädt zu einer aussichtsreichen Pause hoch über Rhein, Lahn und Lahnstein ein. Auf der anderen Seite des Lahntals erblicken wir bereits **Kloster Allerheiligenberg,** das wir am Ende unserer Tour besuchen werden.

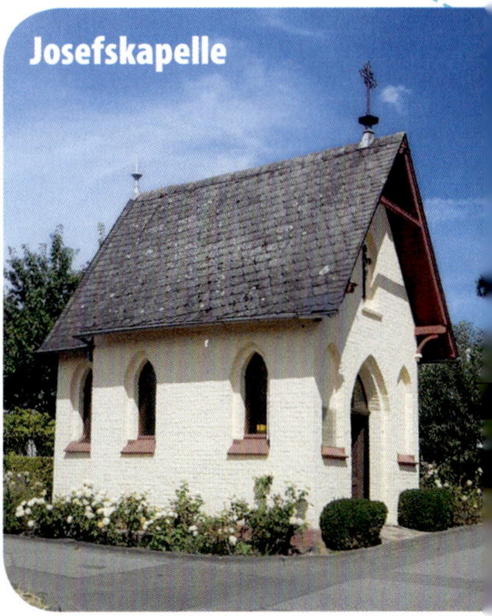

Josefskapelle

Wir verlassen das Gelände der Burg Lahneck über den Burgweg. Rechter Hand begeistert uns eine gewaltige **Felswand.** Wir erreichen den Parkplatz am Freibad und bleiben auch dort weiter auf dem Burgweg. Der Weg ist übrigens als **Lahnhöhenweg** (L) und als **Lahn-Camino,** also als Jakobsweg (Pilgermuschel), ausgezeichnet. An der **Josefskapelle 4,** die wir nun links über den Todtentalerweg erreichen, kann man sich den entsprechenden Stempel in den Pilgerpass drücken. Aber auch ohne Pilgerpass und Pilgerstock erfreuen wir uns hier an der gemütlichen Rast- und Andachtsmöglichkeit.

Der Todtentalerweg führt uns nun an einem Gestüt und an Aussiedlerhöfen vorbei, bis wir nach 600 Metern bei einer Bank den uns nun schon bekannten Markierungen nach links folgen. Auf dem gut ausgebauten Weg geht es leicht bergab und die nächste Feldwegekreuzung überqueren wir geradeaus. Wunderbar weite Blicke sind unsere Wegbegleiter und schon bald stoßen wir auf den **Rheinsteig** (weißes R auf blauem Grund). Auf diesem biegen wir nach

*Um die ab 1226 erbaute **Burg Lahneck** ranken sich einige Sagen. Beispielsweise sollen hier die letzten 12 Tempelritter nach heldenhaftem Kampf gefallen sein. Und 1851 verdurstete angeblich die schottische Touristin Idilia Dubb auf einem Burgturm.*

Für die Seele

Am Allerheiligenberg lassen wir uns von der besonderen Atmosphäre inspirieren und denken an eine ereignisreiche Wanderung zurück.

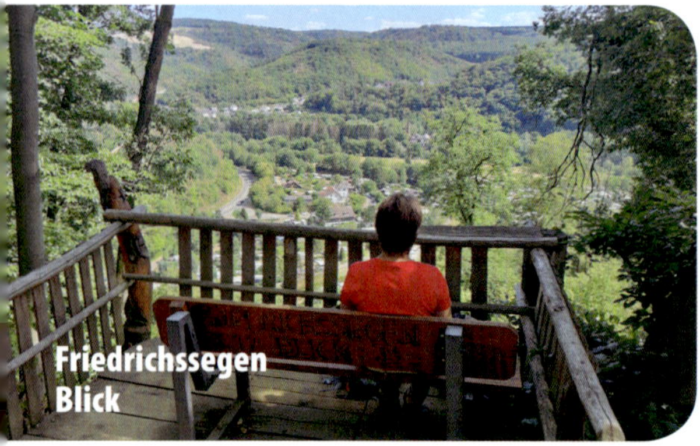
Friedrichssegen Blick

links in Richtung **Ruppertsklamm** ab.

Bei der nächsten Wegegabel bleiben wir weiter auf dem Rheinsteig und erreichen den **Friedrichssegen Blick ❺**. Ein wunderbarer Platz, um die Seele baumeln zu lassen! Wir schauen ins liebliche untere Lahntal und entdecken dort einen Campingplatz und eine der vielen Schleusen an der Lahn. Wie beschaulich es doch an der Lahn zugeht im Gegensatz zum etwas hektischeren Treiben am Rhein! Unser Blick fällt auch auf das **Wasserkraftwerk Friedrichssegen,** ein ehemaliges Grubenkraftwerk aus dem Jahr 1907. Zu erkennen ist es an seinen markanten Giebeln und dem Backsteinturm.

Weiter geht es auf dem Rheinsteig im Zickzack bergab. Der Rastplatz **Lahnoase** macht seinem Namen alle Ehre, denn er ist eine Oase der Ruhe und wir entschließen uns erneut zu einer kurzen Pause. Schließ-

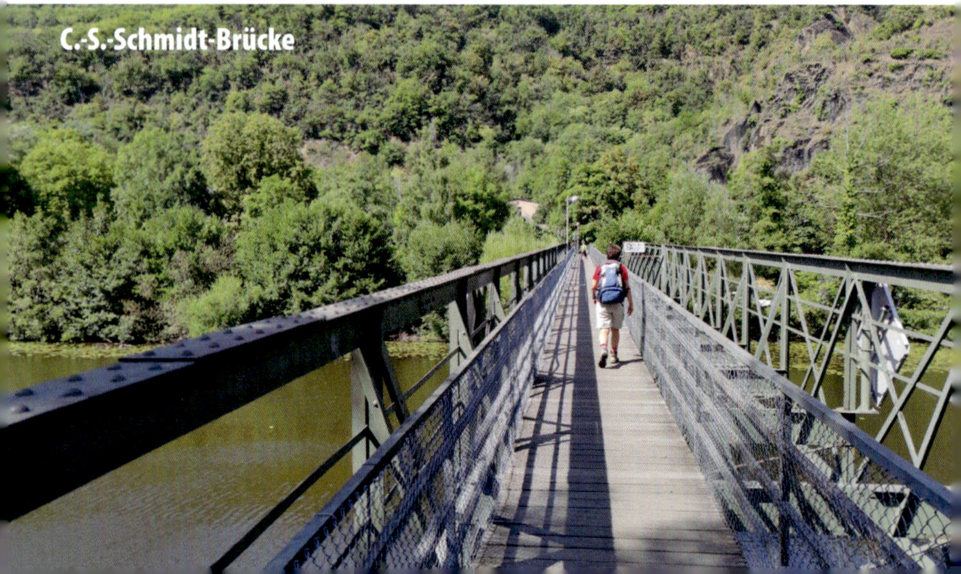
C.-S.-Schmidt-Brücke

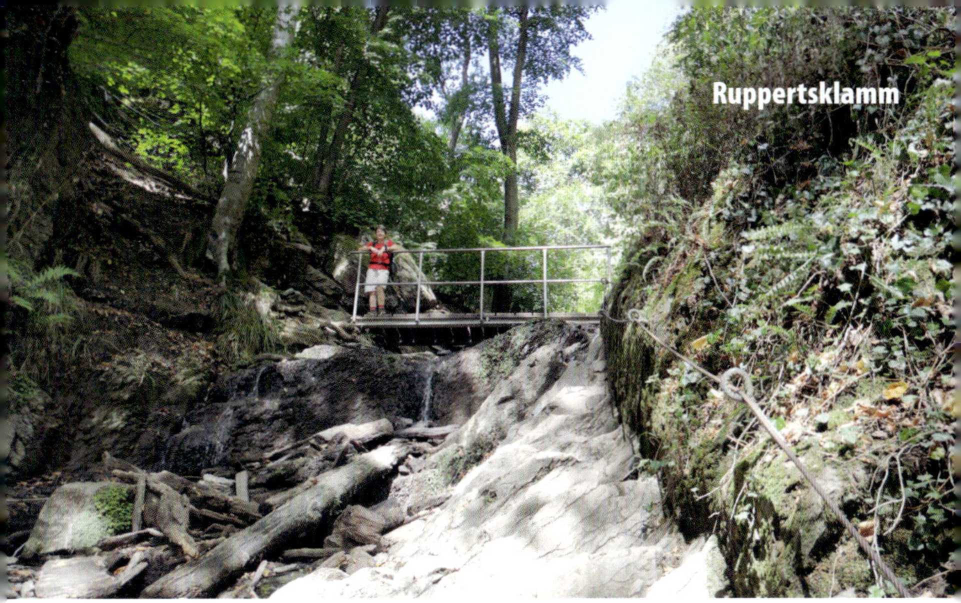

lich erreichen wir die Ortschaft **Friedland** und wandern gut 500 Meter entlang der Straße durch den Ort. Dann weist uns ein Wegweiser des Rheinsteiges nach rechts. Wir überqueren die Bahngleise und halten uns direkt nach diesen links. Nun sind wir wieder an der **Lahn** und überqueren diese auf der **C.-S.-Schmidt-Brücke.** Hinter der Brücke wandern wir gemütlich weiter am Fluss entlang in Richtung Niederlahnstein. Dabei geben wir aber sorgfältig acht, denn hier teilen wir uns den Weg mit den Radlern auf dem **Lahnradweg.** Vorbei am Schleusenhäuschen und einer romantischen Anlegestelle erreichen wir eine Bundesstraße, unter der wir hindurchwandern können. Im Anschluss überqueren wir noch eine Nebenstraße und folgen dem Wegweiser des Rheinsteiges.

Ein Stück weit wandern wir nun hinter der Leitplanke an der Straße entlang, bevor wir links zum Eingang der **Ruppertsklamm** ⑥ abbiegen. Wir passieren das Eingangsportal und tauchen in ein wildromantisches Naturjuwel ein. Je tiefer wir in die Klamm vordringen, umso spektakulärer wird der Weg, der uns am Ruppersbach entlang mit hinaufnimmt.

Über Brücken, in Fels gehauene Eisentritte und an Drahtseilen entlang kommen wir schließlich am Ende

*Das 11,6 Hektar große **Naturschutzgebiet Ruppertsklamm** besteht seit 1936. Der Ruppersbach, der ursprünglich mal Michelsbach hieß, hat sich tief in den Devonschiefer eingegraben. Eine Vielzahl von schützenswerten Tieren und Pflanzen findet hier ein Zuhause.*

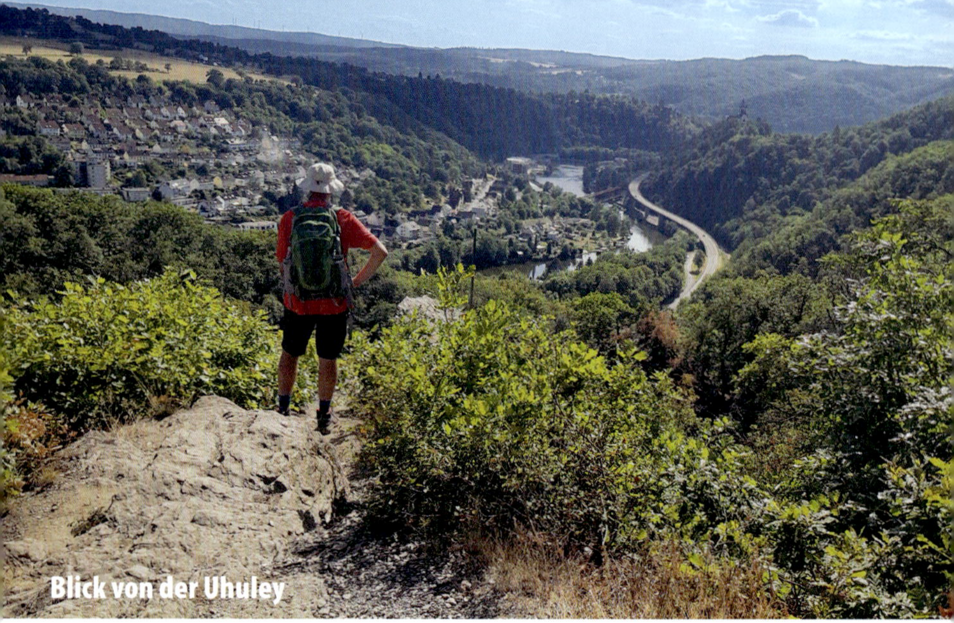
Blick von der Uhuley

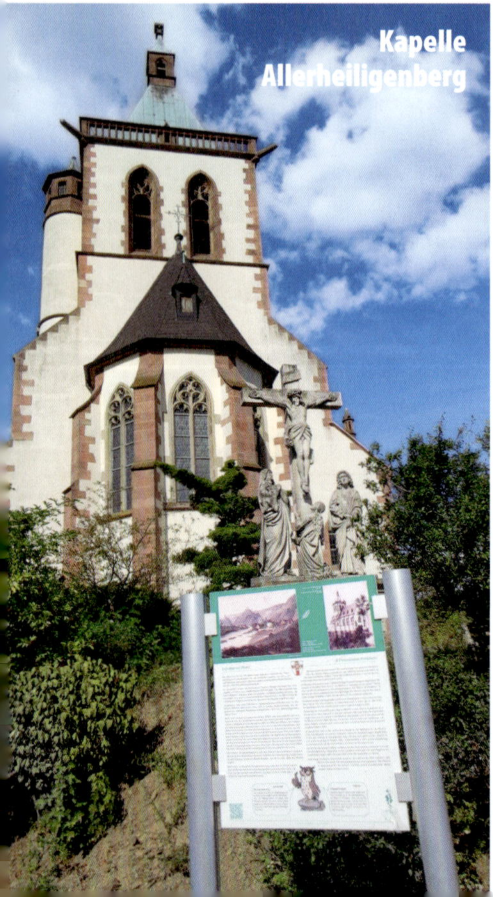
Kapelle Allerheiligenberg

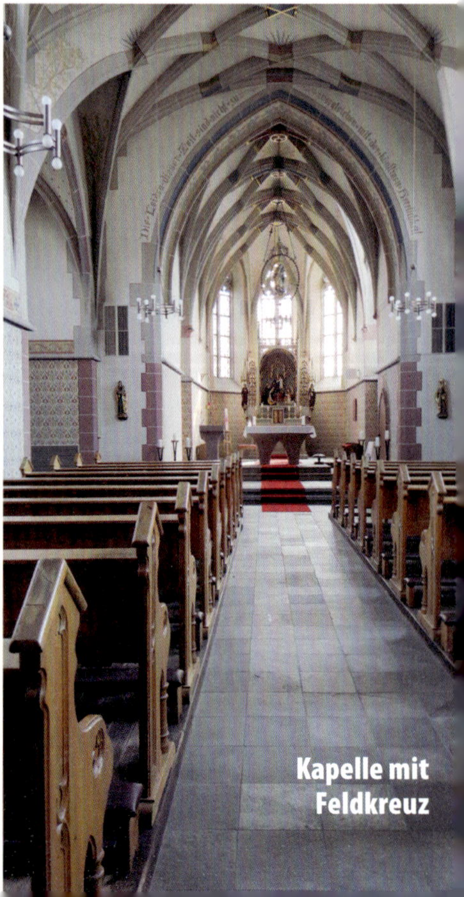
Kapelle mit Feldkreuz

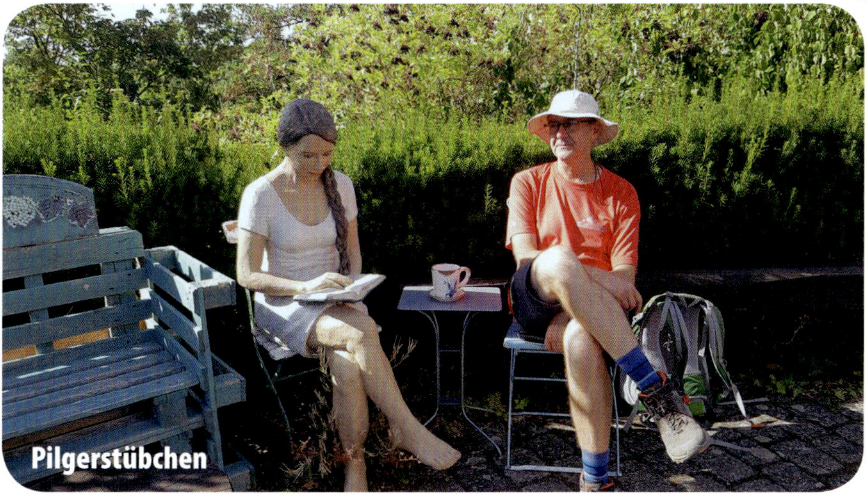

Pilgerstübchen

der Klamm zu einer **Schutzhütte.** Dort biegen wir scharf links auf einen breiten Weg, folgen also weiter dem Rheinsteig in Richtung Kloster Allerheiligenberg. Auf diesem Weg erreichen wir den spektakulären Aussichtspunkt **Uhuley** ❼. Hinter einer Rechtskurve führt eine Treppe hinauf zu einer gemütlichen Hütte.

Weiter geht es auf dem **Rheinsteig,** bis wir in 400 Metern eine Wegekreuzung erreichen, in der der bekannte Wanderweg nach rechts hinauf abzweigt. Wir aber folgen den Markierungen der örtlichen Wanderwege (A, B und das uns schon bekannte L des Lahnhöhenweges) geradeaus. Nun erreichen wir schon bald den Parkplatz des **Klosters Allerheiligenberg** ❽. Natürlich machen wir den Abstecher zum ehemaligen Kloster. Dort genießen wir die herrliche Aussicht und ein Tässchen Kaffee oder auch einen Wein im **Pilgerstübchen** ❾. Wir lassen uns von der Atmosphäre dieses inspirierenden Ortes einnehmen. Die Wanderung neigt sich dem Ende entgegen und am Allerheiligenberg kann man herrlich entschleunigen.

Nun wandern wir erholt zurück zu unserem Weg und folgen dem **Lahnhöhenweg** weiter nach links. Nach

*Neben dem inzwischen aufgegebenen Kloster befindet sich auf dem Allerheiligenberg die 1901 fertiggestellte gleichnamige **Kapelle**. Das darin hängende Feldkreuz aus rotem Sandstein diente wahrscheinlich als Gipfelkreuz der damals Kreuzberg genannten Kuppe.*

300 Metern halten wir uns rechts, bevor wir dann links auf den **Zuweg des Rheinsteiges** (weißes R auf gelbem Grund) abbiegen. Dieser knickt bei der nächsten Möglichkeit wieder nach links ab. Am Ende des Weges biegen wir rechts ab und gehen immer an den **Kleingärten** entlang. Ein schmaler Durchgang bringt uns zu einem idyllischen Pfädchen, das uns schließlich weiter hinabführt. Über eine Treppe stoßen wir auf die Straße Am Heiligenberg. Entlang dieser gehen wir hinab nach Lahnstein. Wir unterqueren die Bundesstraße und an der **Rosenkranzkapelle** biegen wir vor den Bahngleisen rechts ab. Der **Lahnhöhenweg** bringt uns nun über die Dr.-Michel-Straße und die Bahnhofsstraße zurück zum Bahnhof Niederlahnstein.

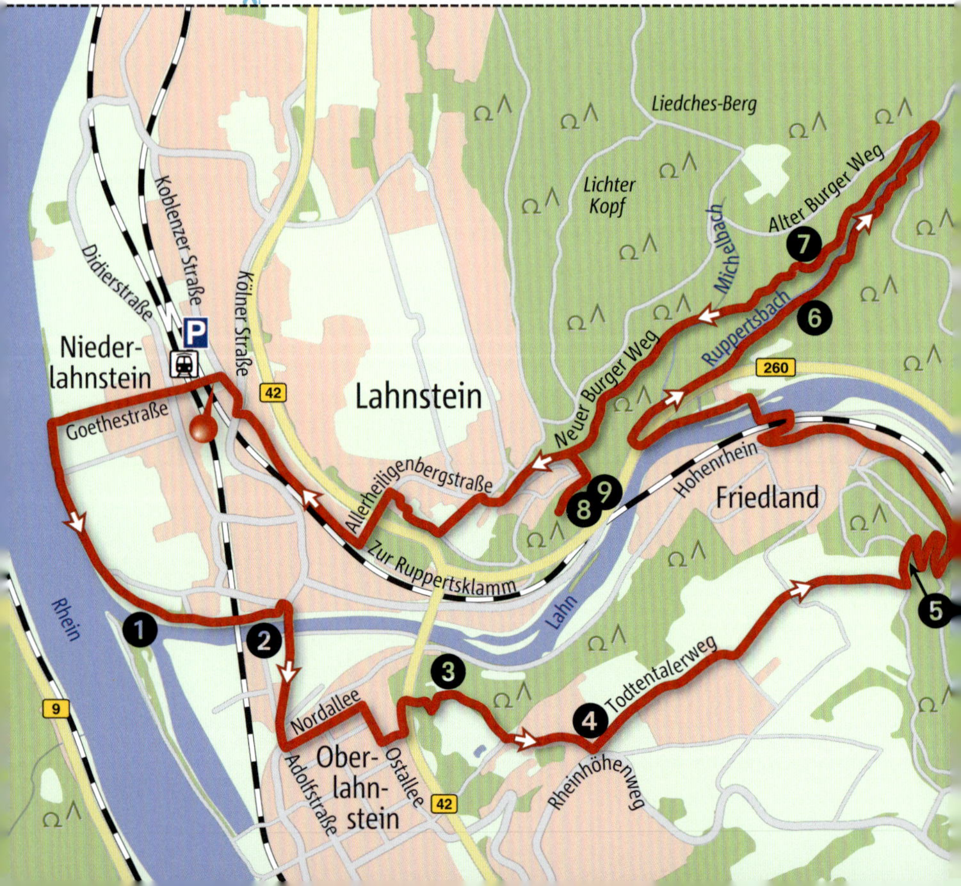

Alles auf einen Blick

WIE & WANN:
Feld-, Wald- und Wirtschaftswege sowie naturbelassene Pfade. In den Ortschaften auf dem Bürgersteig. Teilstücke über Treppenstufen. Trittsicherheit in der Ruppertsklamm erforderlich! Ganzjährig lohnend.

HIN & WEG:
Auto: Parkmöglichkeiten rund um den Bahnhof Niederlahnstein (GPS: 50.31755, 7.59948)
ÖPNV: Züge bis Niederlahnstein

ESSEN & ENTSPANNEN:
Restaurant Bootshaus ❷ Bodewigstraße 1A, 56112 Lahnstein, Tel. (0 26 21) 9 19 93 23, www.bootshaus-lahnstein.de
Restaurant Burg Lahneck ❸ Am Burgweg, 56112 Lahnstein, Tel. (0 26 21) 22 44, www.burg-lahneck.de
Café Pilgerstübchen ❾ Am Allerheiligenberg 63, 56112 Lahnstein, Tel. (01 79) 4 00 50 26, www.kloster-allerheiligenberg.com

ENTDECKEN & ERLEBEN:
Lahnmündung ❶
Burg Lahneck ❸ siehe ESSEN & ENTSPANNEN
Josefskapelle ❹
Friedrichssegen Blick ❺
Ruppertsklamm ❻
Uhuley ❼
Kloster Allerheiligenberg ❽

Entspannung ★★★★☆
Genuss ★★★★☆
Romantik ★★★★★

Die GPS-Daten zu jeder Tour gibt es auf
www.droste-verlag.de

© 2023 Droste Verlag GmbH, Düsseldorf
Konzeption: Droste Verlag, Düsseldorf
Satz: Vollnhals Fotosatz, Neustadt a. d. Donau
Einbandgestaltung: Britta Rungwerth, Düsseldorf, unter Verwendung von Bildern von © Fotolia.com: Andrey Kuzmin, undrey, dabost, niroworld; © www.stock.adobe.com: Franz
Fotos: Jörg Thamer, außer: S. 9: TKS Bad Laasphe
Textlektorat: Birgit Knape, Mainz
Karten: Thorsten David, Bochum
Druck und Bindung: LUC GmbH, Greven

Alle Angaben in diesem Buch wurden sorgfältig recherchiert und geprüft. Für die Richtigkeit der Angaben, für etwaige Unfälle und Schäden jeglicher Art kann keine Haftung übernommen werden; die Nutzung erfolgt auf eigenes Risiko. Abweichungen, die nach Redaktionsschluss erfolgten, konnten im Buch nicht mehr berücksichtigt werden. Hinweise und Änderungen nehmen wir gern entgegen.

FSC www.fsc.org
MIX
Papier aus verantwortungsvollen Quellen
FSC® C011279

ISBN 978-3-7700-2389-9
www.droste-verlag.de